万 镜

MIRROR

FOREST

迎着光的方向

贫困不是罪

困在美国司法制度里的穷人

［美］彼得·埃德尔曼——著

郝静萍——译

NOT A CRIME
TO BE POOR
THE CRIMINALIZATION OF POVERTY
IN AMERICA

上海教育出版社
SHANGHAI EDUCATIONAL
PUBLISHING HOUSE

献给埃利卡、佐薇、利维和伊莱贾

目　录

引　言

佐治亚州班布里奇市居民薇拉·奇克斯（Vera Cheeks）因为闯
停车标志而被拦下并吃了罚单。法官对她处以 135 美元的罚款，命
令她立即全额缴纳。她告诉法官，她失业了，正在照顾患有绝症的
父亲，没有钱缴纳罚款，于是法官说，他会给她 3 个月的"缓缴
期"。奇克斯是非裔美国人，据她讲述，法官将她带到审判室后面
的房间。"那里有一位着实高大的女士。房间两边是囚室，人们排
着队向这位女士交钱。他们都是黑人。这里像是灰色地带，令人
惶恐。"

这位女士称，奇克斯现在欠款 267 美元——罚款 135 美元、（有
偿）缓期付款者须缴纳的 105 美元，以及佐治亚州受害者应急基金 27
美元。女士将一份文件放到奇克斯面前，叫她签字。奇克斯说她是不
会签的。女士说："你这是拒绝签署文件。我要告诉法官，让你坐 5
天牢。"奇克斯仍然拒绝签字，最后女士要求她缴纳 50 美元，否则
就要坐牢。奇克斯的未婚夫当时也在，他典当了她的订婚戒指和一
件草坪修整工具筹钱。这使她暂时免受牢狱之灾，但奇克斯哪怕晚
交一次款，都仍有坐牢的危险。

奇克斯在纽约市长大，后来移居佛罗里达州奥兰多市。2014

年，一段罗曼史将她带到班布里奇（"我邂逅了一位绅士"），尽管她"更像都市女郎"，在小城镇"并不快乐"。她做过巡回乐队的歌手，还当过药房技术员，她说后者是她得到过的最好的工作。她在马里兰的摩根州立学院上过一年学，但在生下第一个孩子的时候退了学。她有两个女儿、三个孙辈，还有两条"狗孙"。她以前经常去做礼拜，但现在对牧师的印象一般，于是自行祈祷。她的健康状况不佳，不过她已经戒了烟，因为想陪伴孙辈长大，然后就能去旅行了。

佐治亚州班布里奇的法院系统惹错了人。薇拉·奇克斯火冒三丈。她从未见过这样的事情。眼前的景象使她"心灵受创"，在那里"哭着看那些人对人民的所作所为"。她认为有些事情完全不对劲，但她说这地方的人似乎不知道这有什么不对劲，并害怕对此采取任何行动。她回到家，开始找律师。她在电脑上用谷歌查询了 3 个小时，终于找到了南方人权中心的萨拉·杰拉蒂（Sarah Geraghty）。奇克斯与她取得了联系，并请她做律师。奇克斯说，杰拉蒂欣喜若狂，这位律师告诉她，她一直在寻找这样的案件。杰拉蒂不仅解决了奇克斯的问题，而且终结了当地法院从低收入人群和有色人种身上营利的制度。

奇克斯没有因贫困造成的罪行坐牢，这让她如释重负。她很高兴自己和杰拉蒂能为佐治亚州格雷迪县人民做点好事。

几十年来，大规模监禁一直在造成伤害，但薇拉·奇克斯的例子所体现的是一种更新的犯罪化——贫困犯罪化。奇克斯获救了，但其他数百万人就没有这么走运了。这种现象广泛存在，使奇克斯受到威胁的债务人监狱只是其中的一个方面：在今天的美国，贫困入罪的现象太常见了。

对穷人的惩罚和《圣经》一样历史悠久。在英格兰，早在 10 世

纪就出现了济贫院，《伊丽莎白济贫法》在 16 世纪末开始实行。美
国自建国以来就设有救济院、感化所和教养所，这在 19 世纪后期演
变为对贫民的拍卖，后来发展成所谓的科学慈善机构。

如今我们仍在惩罚穷人，不过这段当代历史更为复杂。罗斯福
新政时期，联邦政策开始以积极的方式惠及穷人。社会保障制度、
失业保险和公平劳动标准即使覆盖范围存在缺陷，仍带来了巨大的
改变。20 世纪 60 年代扶贫工作开始受到明确关注，贫困率从 1959
年的 22.4％降至 1973 年的 11.1％。同一时期非裔美国人的贫困率从
55.1％降至 31.4％，60 年代颁布的具有历史意义的民权法发挥了重
要作用。

从 20 世纪 70 年代开始，扶贫的进程放缓，公众态度出现倒退。　xiv
即便如此，在接下来的几十年里，政府还是采取了重要的新政策。
食品券（现称补充营养援助项目）、租房补贴券、所得税抵免、子
女税收抵免以及社会保障制度和其他已有项目产生了重大影响，如
果没有这些项目，将有超过 9 000 万人生活在贫困中，这个数目是
今天贫困人口的 2 倍。

然而，一系列因素使我们裹足不前：税收、就业和福利政策加
剧了不平等和贫困；我们国家的去工业化造成大量岗位工资降低；
工会受到削弱；家庭结构的改变致使许多妇女独自带着孩子依靠低
收入工作艰难度日；公共教育体系恶化，而它本该成为进步的踏脚
石；大规模监禁盛行；平价住房危机旷日持久；歧视问题持续存
在。所有这些问题叠加起来，在我们这个非常富有的国家造成贫
困，并使之恶化和长期延续。

与此同时，对穷人的消极态度和将这些态度体现在法律中的公
共政策得到强化，在乔治·W.布什任内我们遭遇经济大衰退的时候
和现在的特朗普时期，情况尤其如此。几十年来，人们在低收入工

作中挣扎，心中充满愤怒，随着经济大衰退的突然一击而爆发。收入较低的白人激烈地抱怨无所事事的失业者，称他们只知不劳而获，白白领取政府救济，还特别指出非裔美国人利用积极区别对待政策①夺走了他们的工作。更别提几近失效的社会福利制度和积极区别对待政策了。从东海岸到西海岸，无不是这一番老调重弹，而2016年的选举证明了这种论调的巨大影响。

尽管有各种力量共同作用，但在 2000 年我们的贫困率仍为11.3%，几乎和 1973 年的历史最低点平齐。尤其是从那时起，关于贫困和其他诸多问题的政治理念越来越糟，特别是种族情感更加恶化。种族主义是美国的原罪，这体现在刑事定罪的各个领域，无论是彻头彻尾的歧视、结构和制度上的种族主义，还是内隐偏见。贫困和种族主义交织在一起，产生了一种有毒的混合物，嘲讽着我们所谓法律面前机会均等、人人得到同等保护的民主修辞。

除了大规模监禁以外，20 世纪 90 年代我们开始采取一套新的刑事司法策略，进一步为穷人的贫困惩罚他们。低收入人群因为轻微违法行为而被捕，我们现在几乎是例行公事地处以高额罚款和收费，这对有产者来说只是小事一桩，但对穷人和贫困边缘的人来说则是灾难性的。付不起保释金的穷人会被关进监狱②等待审讯，处以额外罚款，费用会持续增加。如果仍未能支付，他们坐牢的时间将延长，利息累积，再加上新增的罚款和收费，债务进一步增加。

---

① 指对因种族、性别等原因遭歧视的群体在就业等方面给予特别照顾的政策。（本书页下注均为译者注。）

② 美国的监狱分为 jail 和 prison。jail 是通常由县政府管理并由县警察负责的地方监狱，类似中国的看守所，是短期监禁的地方，关押的主要是被判 1 年及以下监禁刑的轻罪犯和未保释的待审被告人，有时又称为惩教所。prison 通常由联邦政府和州政府管理，用于长期监禁，关押的一般为 1 年以上监禁刑的重罪犯，通常分为不同的警戒等级。本书论及的监狱主要为 jail。

对那些生活在贫困线以下或在贫困线附近挣扎的人来说，吊销驾驶执照也是种很常见的惩罚，且反复施加，会造成严重后果。穷人失去自由并经常失业，通常享受不到许多公共福利，可能会失去子女的监护权，甚至会失去投票权。[1]而移民，即使是有绿卡的移民，也可能会被驱逐出境。一旦入狱，穷人没有了工作收入，往往还要支付他们的狱中食宿费。许多欠债的人到死都还不清，经常被职业收账人和新的起诉弄得焦头烂额。[2]

　　现代劳役偿债制度是政府经营的高利贷项目，已经运作了好多年，但在迈克尔·布朗（Michael Brown）被杀①以后，根据密苏里州弗格森市披露的真相，公众才意识到这一问题。[3]过度收费和罚款是一项大规模的全国性业务，已司空见惯。目前在美国，1 000万人累计欠债500亿美元，包括日积月累的罚款、诉讼费、服务费、监狱里的食宿费以及其他不合理收费，这些人占美国今昔违法犯罪人员总数的三分之二。[4]社区治安已变成社区盘剥。[5]

　　"轻罪重罚"的问题遍布全国：南方的大部分地区，华盛顿、俄克拉何马和科罗拉多等州，当然还有弗格森市。这使人想起南方的佃农经济，每年年末佃农家庭欠种植园的债总是比他们从棉花作物上挣到的钱还要多，因此不得不再干一季的活儿。这种经济带有南方特色，一直持续到20世纪下半叶。

　　许多州在实施监禁的同时也广泛吊销驾驶执照。其他州主要利用驾驶执照的吊销来迫使人们还债，无视这会使贫困的劳动者更难上班还债的事实。

　　即使没有用到监禁和广泛吊销驾驶执照这些措施，高额罚款和

① 迈克尔·布朗是一名非裔美国人，2014年8月9日在弗格森市被白人警官枪杀，引发了一系列抗议、游行示威活动，后升级为暴乱，警方为平息暴乱甚至使用了催泪瓦斯。

收费也已成为美国大部分地区弥补减税造成的财政收入缺口的主要做法。与此同时，白领的金融犯罪使数百万人破产，受到的惩罚却只伤及皮毛，藐视法律的富人累计拖欠税款 4 500 亿美元，然而司法系统的罚款和收费却对低收入人群尤其是有色人种打击最重。

将无力支付罚款和费用的人关起来有失人道，具有破坏性，也浪费资源。付了罚款和费用的人，甚至只能通过不交水电费或者卖血凑钱的人，都是在为当局创收。不过监禁付不起罚款也无力分期付款的人，实际成本通常比收到的钱还要多。有些司法辖区已经明白了这一点，现在它们限制自己只通过吊销驾驶执照的方法和粗暴催收机构来讨债。即使不被监禁，刑事债务负担也会给人带来重大损失。

20 世纪 70 年代大规模监禁兴起时，受害者便大多是有色人种，这为针对贫困的新犯罪化埋下了祸根。但是，要理解使贫困成为一种罪行的新动力，我们必须追溯到始于里根时代的减税政策，这一政策在全国范围内造成了财政收入缺口。随之而来的是预算的大幅削减，从法院到执法机构乃至政府的其他部门，我们司法系统的支付重担开始转移到法庭的"用户"身上，其中包括那些最缺乏支付能力的人。穷人无力支付滚雪球一样的罚款和费用，这使他们持续因贫困而被定罪，从而陷入无法打破的循环。

xviii 营利性机构和它们的高压游说者——私营监狱、缓刑公司以及医疗服务和检查的提供商——使问题变得更加复杂。这些营利性机构承诺收取更低的费用，但只是通过提供极为劣质的服务来实现这一承诺，它们对犯人施虐或疏忽大意，结果是死亡时有发生。

反对征税的游说者告诉选民，他们不必缴税也能成事——州或市政当局会稍微勒紧裤腰带，从轻微违法者那里收取一大笔钱，一切都会妥妥当当。这不仅伤害了穷人。在一个又一个州，计税基数失守，严重削弱了公共教育，也损害了来自不同收入水平家庭的孩子的未来，受到伤害的孩子远不止生活在贫困中的那些。

反对征税的势力在其他领域也造成了损害，破坏了精神健康服务、法律服务甚至行政执法工作。预算削减导致精神健康服务和成瘾治疗服务进一步衰减，警察成为需要最先应对这一局面的人，而监狱成为事实上的精神病院，这对少数族裔和低收入人群也产生了特殊的影响。

"破窗"执法政策认为大规模逮捕轻微犯法者能强化社区的秩序。这助长了新的犯罪化趋势，警察成为伤害穷人的同谋。人们鼓吹实行"生活质量"规则是实现公民安宁、防止更严重犯罪的一种方式。实际上，它让牢房里关满了穷人，尤其是那些被逮捕后付不起保释金的人。

新的犯罪化不限于关押轻微犯法的低收入成年人，穷孩子也成为其目标。在公立学校读书的孩子，尤其是贫困有色人种社区的孩子，会因为校内的所作所为而被逮捕并送到青少年法庭甚至成年人法庭，而不久前，同样的行为还只会受到斥责。"超级掠食者"这一危险的名词和科罗拉多州哥伦拜恩中学的谋杀案①导致了"零容忍"政策的出台，公立学校的警力增加，这些警察被称为"驻校警官"。郊区的白人孩子被杀，随后出台的惩罚性政策却对市中心的穷孩子造成了最严重的打击，这一结果充满讽刺意味。

贫困女性也是新犯罪化的目标。为了寻找捷径，经费不足的警察局起初设计出了"习惯性滋扰"法令以关闭可卡因毒品站，但他们也开始要求房东驱逐那些频繁拨打"911"的人。这种现象在法律程序上完全缺乏正当性，实际上糟糕透顶。当法令被应用到家庭

①　1999 年 4 月 20 日，哥伦拜恩中学学生 17 岁的克里伯德和 18 岁的哈里斯，在校内安放近 30 个爆破装置，并携带多种武器在校园内大开杀戒，枪击持续数小时，造成 13 人死亡、23 人受伤。

暴力受害者身上时，显露出了狰狞的面目：现在，根据警令，有些贫困社区的女性因为受家暴经常拨打"911"寻求保护而被从租住的房屋驱逐。

　　无家可归的人一直是犯罪化的目标，他们现在也经受着新一波的刑罚性法律浪潮，其中包括监禁当众小便和在户外睡觉的人。当局越来越多地通过执法将无家可归犯罪化，而且要将无家可归者彻底赶出城市。对无家可归者的惩罚通常反映出潜在的偏见，而市政当局由于缺乏住房、精神健康服务、戒毒和戒酒治疗以及基本的现金援助所需的资金，现在正在采取更具惩罚性的措施。低收入人群由于福利欺诈的不实指控面临受制裁的威胁，这也使他们对公共福利望而却步。随着民选官员向"右"转，旨在阻止人们寻求援助的法律变得更加稀松平常。

　　在至少 20 年的时间里，在拙劣的执法权术和寻求收入的驱动下，针对贫困的新犯罪化蔓延到大大小小的社区，但公众对此关注甚少。当然，有些州和地区并没有过度罚款和收费，大多数法官也尽其所能秉公执法。当然，维护社区安全需要当局给出应对之策，在有些情况下是通过适当的惩罚。即便如此，针对贫困的新犯罪化仍已构成一个重大的全国性问题。

　　弗格森市的事件使我们擦亮了双眼。有迹象表明，针对新犯罪化和大规模监禁本身的抵抗运动正在发展，这一转变充满希望。组织者和一些公职人员抨击大规模监禁，律师质疑债务人监狱和金钱保释的合宪性，司法领导者呼吁公正地罚款和收费，政策倡议人寻求废除有破坏性的法律，更多的法官和地方官员秉公执法，记者对此进行了全面报道。奥巴马政府的司法部从多个领域介入了这场斗争。弗格森的星星之火使孤立的行动主义事件转变为一场全国性的讨论，并催生了无数倡议人和决策者之间的合作范例。

现在我们必须将这一切转变为一场运动。最终的目标当然是终结贫困本身。但在追求这一目标的同时,我们必须摈除不公正的法律和惯例,它们对无反击之力的数百万人实施监禁,毁掉了他们的生活。我们必须在任何存在大规模监禁和贫困犯罪化的地方进行抗争,也要和贫困做斗争。在邻里社区,在城市、州乃至全国范围内,我们必须组织起来。我们必须赋予人们权利,让他们为自己摇旗呐喊,让权利成为应对挑战最基本的工具。我们也需要民选领导人、法官、律师以及记者的加入,但如果我们根植于要求行动的人民,就可以做更多的事,更快地实现目标。

罗伯特·肯尼迪(Robert Kennedy)一直都在鼓舞着我,过去如此,现在也是如此。他致力于终结贫困和种族主义,并将这种尝试建立在倾听各种族低收入人群声音的基础之上。当他访问布鲁克林贝德福德-斯图文森社区的居民、加利福尼亚州的农场工人以及密西西比州和肯塔基州东部挣扎在严重营养不良困境中的人们时,我很荣幸能在他的身边。在 1968 年的总统竞选中,他吸引了大量不同种族的低收入选民,这绝非偶然。他和他们建立了联系,他们和他彼此相连。罗伯特·肯尼迪不仅在终结贫困的运动中激励着我们,也在终结大规模监禁和贫困犯罪化的运动中给我们以鼓舞。

在那以后,我们的发展势头慢了下来,在许多方面,我们已经迷失了方向。但我们有了新的觉悟,从弗格森街头的人们身上,在全国范围内人们应对贫困问题的基层工作中,我们可以看到这一点。

这推动了人们对公正的持续追求,布赖恩·史蒂文森(Bryan Stevenson)提醒我们这种追求的原因:"贫困的反面不是富有,而是公正。"

《申命记》赋予我们责任:"你要追求至公至义。"

第一部分

贫困犯罪化

第一章 弗格森无处不在：
21世纪的债务人监狱

在新奥尔良市法院 A 区，即使是在法官主持法庭的时候，也没
有听众能听清一个字。屋里同时进行着多场交涉，旁听席上没有人
能明白发生了什么。阴森的闹剧中心是身着橙色囚服、戴着手铐的
人，他们几乎都是非裔美国人，有的被扣押接受传讯，有的因为付
不起保释金而候审，有的因为未付清欠法院的债，又没有回应法院
扣押令或逮捕令构成了刑事藐视法庭，正在服刑。

这些戴手铐的人，许多相当年轻，他们大多将开始（或者已经
踏上）负债和坐牢的漫长旅程，甚至将永远无法抵达尽头。和其他
司法辖区不同，新奥尔良在犯人被处以罚款而无力缴纳的时候不会
让他们坐牢。但是这其实也没什么区别：许多被告被关押多日后才
受到传讯，更多人因为交不起保释金而被羁押候审，时间更长。然
而还有更多人因为付不了欠法院的债而多次坐牢，反反复复。[1]

像新奥尔良这样的场景每天都在全国的太多城市和小镇中上
演。细节有所不同，但无论在青少年法庭还是成年人法庭，高额罚
款和收费都是家常便饭。[2]即使是在低收入的被捕者初次受审不会被
判坐牢的辖区和个别法庭，由于公共辩护律师稀缺、（成年人法庭）

保释金的使用几乎无所不在、欠费不断加码，人们也会反复坐牢和债务失控。弗格森几乎无处不在。

法庭违反宪法的行为普遍存在，由于公共辩护律师紧缺，这种状况大多没有得到纠正。警察经常违反第四修正案，没有形成合理怀疑就拦截人，没有相当理由就逮捕人，并过度使用武力。第一修正案赋予公民的权利受到侵犯，言论自由受到压制，包括禁止在公共场合使用手机拍摄警察的活动。当警察、法官和其他官员无视平等保护和正当程序条款，在种族、经济和其他方面存在歧视的时候，第十四修正案中规定的权利也受到了损害。

为只需罚款的低级违法行为而监禁穷人的举措违反宪法，这类监禁许多发生在明文立法禁止债务人监狱的州。1983 年，联邦最高法院审理了丹尼·比尔登（Danny Bearden）的案件。比尔登是一名没有读写能力的九年级辍学者，他被判犯有收受赃物罪，判处缓刑及罚款 500 美元、刑事赔偿 250 美元。他的父母提供了最初的 200 美元。丹尼·比尔登准备自己缴纳余款，但被工厂解雇，丢了工作。他努力找工作，但最后只能告诉缓刑监督官，他失业了，交不起当时到期的款项。缓刑判决被撤销，他被投入监狱。联邦最高法院在比尔登诉佐治亚州案（*Bearden v. Georgia*）中判定，"因为一个人的贫困而对他进行惩罚"违反了平等保护条款，贫穷的被告不能因为无力缴纳罚款而被监禁，除非他"有钱缴纳却故意拒绝缴纳罚款或赔偿"。[3]

是的，人们每天都在无视比尔登案和州法律。审理低级案件的通常是市镇法院法官或治安法官，他们或者不具有执业律师资格，或者虽有执业律师资格，但只是兼任这一工作，平日所从事的法律领域大相径庭。有些法官不懂法，还有些法官熟知法律，却执法过严。

对于什么是"故意拒绝"，联邦最高法院没有给出明确指导。

大量文件资料表明，在有些案例中，法官称被告的鞋或类似物品看起来很贵，因此一定有支付能力。伊利诺伊州的一名法官询问所有被告是否吸烟，当他们回答"是"的时候，法官便称他们有钱缴纳。[4]密歇根州的一名法官因为被告安装了有线电视而觉得他有支付能力。[5]

当一个人未按计划付款，凭法院逮捕令被捕时，比尔登一案要求考虑被告支付能力的判决就不再适用，因为此时被告已犯了罪，要入狱服刑。未支付款项构成了刑事藐视法庭，被告可被判监禁和缴纳更多的罚款。因为刑事藐视法庭是一种罪，可处以监禁，所以穷人不受任何保护，比尔登案变得无关痛痒。源自吉迪恩诉温赖特案①的获得律师协助权适用于此情境，但比尔登案并不适用。

获得律师协助权甚至也明码标价。联邦最高法院在富勒诉俄勒冈州案（*Fuller v. Oregon*）中判决，如果本来会遭遇"明显困难"的人能免于付款的重负（这一必要条件在有些州被忽视），公共辩护律师收费就是符合宪法的。[6]实际上，有 43 个州对获得公共辩护律师服务进行收费。[7]佛罗里达州没有免除穷人 50 美元的公共辩护律师申请费，还命令法院将其作为量刑的一部分或作为判处缓刑的条件。[8]在北卡罗来纳州，被告不仅必须支付这 50 美元，还要为所提供的辩护服务全额付费。在弗吉尼亚州，被告必须为某些重罪的每项指控罪项支付高达 1 235 美元的公共辩护律师费用。[9]在南达科他州，公共辩护律师每小时收费 92 美元；即使被告被发现无罪，也会因为

6

---

① 吉迪恩诉温赖特案（*Gideon v. Wainwright*）是美国司法史上的里程碑式案件。1961 年贫穷白人男子克拉伦斯·吉迪恩被控夜闯入佛罗里达州巴拿马市一家台球厅行窃，法庭上他提出自己无力聘请律师，要求法庭免费为他指定一位律师，遭到拒绝。后来他在狱中手写了一封信，向联邦最高法院上诉，称自己因贫困被州法院无理剥夺了受律师协助进行辩护的权利并胜诉，联邦最高法院判决根据正当程序条款，州有宪法性义务为无力聘请律师的刑事案件被告人提供律师协助。

10 小时的代理而欠费 920 美元。如果他付不起，那就是犯罪。[10]

　　下一个问题是，金钱保释的合宪性问题重重——被告可按要求缴纳一大笔钱以保证他会出席庭审，不管他是否对社区或自身构成危险。无论是在低级案件还是在更为严重的案件中，交不起保释金的被告都要在等待审讯期间受到羁押。金钱保释对富人和穷人的影响显然不同，这就产生了迫切的诉讼需求。目前，越来越多的法院正在受理此类诉讼，依据的是平等保护和正当程序条款，以及第八修正案对"超过必要限度的保释金"的明确禁止。

7
"要么缴费，要么坐牢"

　　超速罚单罚款 50 美元或 100 美元的日子已经一去不复返。今天的罚款已达到 250 美元、300 美元或更多。弗格森市对人们院子里的"高草和杂草"罚款高达 531 美元。[11]这样或那样的费用——比如密歇根州的一个县收取法院健身房运营费 500 美元——累加在罚款之上，多项费用加起来，总额要高得多。[12]

　　20 世纪 90 年代，两种趋势加速发展并相互影响：对轻微违法行为的罚款和收费飙涨，案件数量显著增加。在 20 世纪 40 年代我小的时候，的确有治安法官和汽车超速监视区，但相对而言，那都是小事。我们在去祖母家的路上穿过明尼苏达州希尔城的时候，我的父亲总是宣称，他开得特别小心，以免超速被抓。但即便罚款，也只有 25 美元或 50 美元，而且很少有人在监狱过夜。不过，20 世纪 90 年代，对收入的需要促使政府官员增加罚款数额并巧施名目。随后警官就被要求完成新的逮捕配额。

　　"破窗"理论主导的治安催生了更多的罚款和收费。此外也有恶意的成分。俄克拉何马州塔尔萨市公共辩护律师吉尔·韦布（Jill

Webb）告诉我，那里的警察经常把巡逻车停在非裔社区的停车标志附近，专门逮捕那些只是放慢一下车速、没有依规完全停下的人。这样的事只会发生在非裔社区，与营收和"破窗"理论都没有关系。

塔尔萨极具代表性。俄克拉何马州塔尔萨市的罗莎琳德·霍尔（Rosalind Hall）今年 53 岁，毒龄 30 年，还有心理问题，多次在商店行窃，因此欠了 11 258 美元的罚款和费用。她因为犯罪而坐牢，现在努力戒毒戒酒，但每当她无力按期付清到期的那部分罚款和费用时，她都会被罚更多的钱，欠下更多的债，还要坐一段时间的牢。她的心理问题使她与稳定的工作无缘，她的未来看起来就是一个无穷无尽的循环——周期性地坐牢和背更多的债，直到尼古拉斯·克里斯托夫（Nicholas Kristof）在《纽约时报》的专栏中写出了她的故事。塔尔萨的法院非常尴尬，放她出狱并免了她的债。听到这个消息，霍尔潸然泪下。

塔尔萨的许多其他人就没有遇到这样的好事。《塔尔萨世界报》报道称，"2014 年，塔尔萨监狱登记入狱的将近 23 000 人，其中大约 28％因为和法院债务相关的指控而被捕"，这个数字在 2004 年为 8％。[13]原因何在？因钱而起。在俄克拉何马州，加税需要州议会大多数人投赞成票。其余的事情可想而知。仅 2015 财年，法院系统获得的州拨款就削减了 400 万美元，如今法院经费的 70％～90％必须自筹。[14]因此，每年从被告那里收缴的费用从 2008 年的 160 万美元增加到 2014 年的 400 万美元就不足为奇了。[15]

初犯酒驾轻罪的罚款和收费合计已从 498 美元（本就不低）上涨到 715.5 美元。罚款本身是 166.5 美元（这是最低的交通罚单罚款金额），还可能产生 15 种费用，包括法律图书馆费、法院信息系统周转基金收费、法医学改进评估费和反儿童虐待多部门账户费。这一金额还不包括法官强制执行的其他收费，比如"监管"费和药

9　　检费。被告如果拖欠，法院就会签发逮捕令，加收 80 美元。债务最终会被移交给讨债机构，此举会使债务总额增加 30%。

　　俄克拉何马州也不消停。2016 年，州议会令该州几乎所有的刑事案件和许多民事案件收费增加 1 倍。参议院拨款委员会副主席、参议员格雷格·特里特（Greg Treat）简明扼要地说："不筹集一些这样的费用，法院就无法履行职责。"地区检察官委员会助理执行协调员特伦特·巴格特（Trent Baggett）补充说："违法者应该为他们的案件支付检控费用。"[16]

　　从书面材料上看，俄克拉何马州的做法遵从了比尔登一案的判决。法院管理规定第 8 条要求对被告是否有支付能力进行司法调查。一些被告无疑确实避免了牢狱之灾，但是，仅塔尔萨县一年就有 6 900 人因为未支付强制执行的法院债务而坐牢，这个时候人们一定想弄明白发生了什么。吉尔·韦布告诉我，事实上，"法官发现被告有支付能力后才会开启司法调查。对于我们被告的支付能力，法官只知道他们穷得交不出保释金"。《塔尔萨世界报》报道称，"一位女性（向主审法官）解释说，她不得不在不被拉闸停电和支付法院费月之间做出选择"，法官解释说，法院的解决方法和电力公司的那些方法一样，只不过法院的版本是将人送进监狱。"我向你保证，没有人会赢。"法官总结道。[17]

　　全国上下的情况形形色色，但总结起来就是：在"要么缴费，要么坐牢"的残酷游戏中，抓住人们的低级违法行为，起诉他们，从他们身上榨取钱财，如果他们不缴费，就让他们坐牢。在一个版

10　本中，法官告诉被告，他可以选择现在缴费，也可以选择先坐牢，然后在需要的时间里按天偿还。法官可能会"慷慨地"提出，如果家人和朋友能够出手相助，他会尽量缩短被告坐牢的时间。当然，他们也属于低收入人群，如果说要凑点儿钱的话，也只能不付房租

或水电费，甚至卖血。有的法官允许用社区服务抵债，但有工作的人无法选择社区服务。在司法领域，社区服务就是做工的委婉说法，更像是内战重建时期后重新恢复的奴隶制，而不是像大多数人在听到"社区服务"这个词的时候所想象的那样，花时间帮助年轻人或老年人。[18]

我在新奥尔良遇到了娜塔莎·埃代（Natasha Edet），她曾是一名保安，此前从未有过逮捕记录。然而，她与从前的女性朋友打了一架，因此受到殴打他人的轻罪指控而入狱。她付不起500美元的保释金，坐了15天牢。杰克·缪斯（Jack Muse）被指定为她的公共辩护律师，为她成功办理了具结释放①。她最终同意承认犯了扰乱治安罪，但有人仍会疑惑，为什么埃代不得不坐牢，哪怕是1分钟。桑德拉·布兰德（Sandra Bland）因为违反交通规则在得克萨斯州休斯敦市监禁期间自杀，引起了全世界的关注。从一开始她就不该被捕，但一旦被捕，就应该办理具结释放。娜塔莎·埃代一定也一样恐惧。

在新奥尔良（和其他地方），金钱保释在向被告漫天要价的整个系统中成为关键。除非被捕者能够缴纳保释金，否则在候审期间都要受到羁押。如果不能获得保释，他们就会迫于压力做出认罪答辩，因为认罪才能出狱，但同时也会被判缴纳高额罚款和费用。公共辩护律师告诉我，地方法院的收费一般包括文稿费200美元、司法费用基金500美元、通常的重罪法庭费244美元、药检费至少300美元和法院要求征收的其他"服务"费。费用超过1 000美元是常事。

乔纳森·史密斯（Jonathan Smith）曾担任美国司法部民权司

---

① 具结释放，指被告或犯罪嫌疑人同意回来参加全部庭审，就可获释，无须缴纳保释金。

特别诉讼科负责人，表现突出。他告诉我："在新奥尔良，保释制度使整个腐败的系统得以运作。保释担保人找到州议会，让他们在通常为 10％的保释服务费基础上再增收 3％，这笔增加的金额在法院、检察官、辩护律师和监狱看守之间分配。现在每个人都能分一杯羹。"

缓刑和付款计划

如果被告不能支付罚款，法官可能不会将被告处以监禁，实际上多半会强迫被告为了出狱而认罪，可能会判他们"缓刑"并释放他们，但是只有被告在每月多缴纳 40 美元或更多钱（包括债务利息）的付款计划上签字后才会如此。这不是真正的缓刑。它被称为"违法者付费缓刑期"或"只有付款才能获得的缓刑"。[19]"缓刑"机构提供的唯一"服务"就是在本已负担沉重的付款计划外再收取"监管"费。[20]这样的事情随处可见。

12　　　缓刑可能本就是一场骗局。无论缓刑机构是公共机构还是存在于 13 个州的营利性公司，事实可能都是如此。佐治亚州居民阿德尔·爱德华兹（Adel Edwards）有严重的智力障碍，不能读写。他因未经许可焚烧树叶而违法，在佩勒姆市法院被处以 500 美元罚款和 528 美元缓刑费。出庭那天他没有钱，于是被处以 1 年缓刑。没有人询问他的支付能力。营利性缓刑公司红山（Red Hills）要求他立即支付 250 美元，而他无力筹款，因此坐了几天的牢，直到一位朋友设法拿出钱来才得以脱身。一年之中他又四次分期付款，累计支付了 138 美元。甚至在他的缓刑到期后，红山的人还是经常威胁他，如果他不支付欠他们的钱，就要让他坐更长时间的牢。

处于缓刑期的人数激增，从 1977 年的大约 80 万成年人增加到

2010 年的超过 400 万人。[21]在 44 个州，违法者因为自己的缓刑或假释而被收费（1990 年时有 26 个州如此），49 个州（除了夏威夷和哥伦比亚特区）在候审期间收取电子手铐费代替羁押。[22]被告还被收取药检费、酒驾车辆的酒精气敏点火自锁装置费、接受法院命令的任何治疗的费用，以及利息、滞纳金、付款计划费和托收费。这些费用可能非常高昂。居家监管费和酒精检测费每月 180～360 美元[23]，药检费每周可能要 25 美元，每年 1 300 美元。[24]

在科罗拉多州博尔德，缓刑费用可能高达每年 1 200 美元。初犯酒驾轻罪的收费大约为 600 美元。尿检费用为 8 美元，一周多次，持续一两年。此外还开设有反家庭暴力课、驾驶课、康复课和更多其他的课。戒酒课每节 23 美元，违法者必须上 15～20 节。审判期间或审前释放期的居家电子监测每天收费 14 美元。对于逾期付款的人，法院会很快"作废已缴费用并恢复监禁"，增加缓刑犯所欠的费用，经常还会吊销他们的驾驶执照。通常当局对将人投入监狱不感兴趣，因为他们想赚钱，而不是花钱。出于同样的原因，他们不会使用无监管的缓刑；"受监管的缓刑"可以带来钱。

人们可能会想到，博尔德是一个富有的郊县，因此这不会带来什么实质性的伤害。但博尔德的一位公共辩护律师向我提到，据她所知有一个人因为骑自行车时双手脱把而被捕，她补充说，被捕者不是白人大学生。她说，流动人口被捕的比例非常高。"这个社区表面上看是个自由派社区，每个人都投票给民主党。事实上，当他们加入了陪审团，又容不下他们完美的乌托邦的大街上有任何犯罪的痕迹。这里的陪审团很可怕。"

佛罗里达州的观察员将其附加收费称为"收银机正义"。1996 年，佛罗里达州增加了 20 多项收费，此后又增加了更多的收费名目。[25]该州撤销了无力付款之人的大多数免责规定，并增加了一项命令，规定不管被告是否有能力支付，都要支付起诉和公共辩护所产生的费用。[26]

佛罗里达州允许私人讨债公司对未支付的法院债务增收多达 40% 的附加费[27]。该州批准收取的费用包括食宿费、医疗费、缓刑监管费、药物滥用治疗费、电子监测费和尿检费。此外该州还征收费用补贴政府的其他职能：这些强制收取的费用被用到防止犯罪的各种项目上，比如刑事赔偿信托基金和犯罪线索举报组织信托基金等。纵观全州，重罪定罪至少收费 100 美元，轻罪定罪至少收费 50 美元。

佛罗里达州首席法官豪尔赫·拉瓦尔加（Jorge Labarga）强烈反对州议会和州长对该州法院系统的所作所为。2016 年 4 月，拉瓦尔加在白宫加入了各州首席法官有关罚款和收费问题的讨论小组，表达了他的不悦。他注意到，民事案件的起诉费如此之高，达到大约 400 美元，以致想离婚的人简直无法离婚。他说，法院的收费和罚款使得该州的财政收入增加了超过 10 亿美元，这笔钱大多用于与法院无关的用途，在最近的一次会议中，州议会实际削减了该州审判法院 270 万美元的预算。

美国的一些法院由法院书记员来设定付款计划，根本就没有什么"缓刑"。不要紧，只是钱的事情而已。在新奥尔良，人们就是这样做的。那些被定罪又无力支付罚款和收费的人拿到一个付款计划，每月分期付款，这对穷人和处在贫困边缘的人来说艰苦而又繁重。这种计划的主要目的是赚钱维持法院系统的运作，尤其是在交通法庭和州地方法院，前者累积的罚款最多，后者同样对人们处以高额费用。

债务也会不停上涨。[28]当人们拖欠款项的时候，法院就会签发当庭逮捕令（这在路易斯安那州被称为法院扣押令）。那些穿着橙色囚衣的人有的就是因为这样的逮捕令而被捕出庭的。他们会因为付不起钱而被判刑事藐视法庭，坐更长时间的牢，欠下更多的钱。

阿拉纳·凯恩（Alana Cain）的故事极具代表性。她在地方法院被判犯有重盗窃罪，处以罚款和缴纳诉讼费用，其中包括 600 美元的法官"司法费用基金费"。尽管凯恩一贫如洗，收费部门还是让她每月缴纳 100 美元。她向家人和朋友借钱，定期缴费，但是有一次她没有及时付款，这一异常情况触发了逮捕令，并最终导致她被捕入狱。监狱工作人员说，她必须打电话给家人确定开庭日，但监狱里没有免费电话可供她使用。她最后终于找到一个有电话账户的犯人，联系到她的姊妹，她为凯恩安排了开庭日。那个时候，她已经在牢里待了一周。法官告诉她，下次她如果再错过付款时间，将被关押 90 天。[29]

吊销驾驶执照

通常情况下，无论是否处以监禁，法官都会下令吊销欠债人的驾驶执照。失去驾驶执照常常意味着被告彻底成了无证驾驶，因为他还得上班，带孩子去看医生，或者去购买生活必需品。那些被吊销驾驶执照的人至少有 75% 在继续开车。[30]这样，欠债人就可能会因为无证驾驶再次被捕，这一次他们就逃不过监禁了，当然还会受到另一组罚款和收费的打击。

在弗吉尼亚有将近 100 万人曾被吊销驾驶执照，达米安·斯蒂尼（Damian Stinnie）就是其中的一个。尽管斯蒂尼童年的大部分时间在寄养中度过，他仍以 3.9 的绩点从高中毕业，截至此处，这还是个励志故事。进入就业市场后，他找到一份工作，后来失业，在继续找工作的时候收到四张交通违章罚单，罚款和收费累计达到 1 000 美元。新工作每周只能赚到 300 美元，他无力在 30 天内全额付费，因此驾驶执照被自动吊销，这意味着斯蒂尼成为那75％的一员，他们因为未能付款而非交通违章行为本身受到处罚。没有人询问斯蒂尼他是否付得起，在弗吉尼亚一贯如此。从那时起，他成为数百万人中的一员，他们进退维谷，需要抉择是否冒着可能受到处罚的风险无证驾驶去上班。1998年该州罚款和收费增加，2014年应缴纳金额估定从2.815亿美元激增到6.188亿美元，收缴到的费用从1.922亿美元增加到2.586亿美元。[31]

加利福尼亚州是最先采取吊销驾驶执照这一做法的，并一直支持这样做。截至2015年，有超过400万加州人未能按时缴纳某种罚款因而失去他们的驾驶执照，他们的违法行为通常与开车毫无关系。这一数字超过加州成年人口的六分之一。[32]

佛罗里达州为所欲为地吊销驾驶执照。[33]该州在这样做的时候不会询问当事人是否有能力支付原本欠下的法庭债务。如果当事人在驾驶执照被吊销的情况下开车被捕3次，就要坐5年牢。[34]不用说，许多人冒险这么做是因为他们别无选择。我曾参加过在白宫举行的一次会议，佛罗里达州首席法官拉瓦尔加在会上说："佛罗里达州喜欢吊销驾驶执照。你如果在街上吐痰，就会失去驾驶执照。"

得克萨斯州大约有120万居民失去驾驶执照，这个数据在佛罗里达州大约为70万。[35]在那些州，如果人们在驾驶执照被吊销的情况下开车而一再被捕、债务失控，下一步就是坐牢，不管他们是否贫穷。布伦南司法中心（Brennan Center）里程碑式的2010年报告里，作为研究对象的15个州中有8个通过吊销驾驶执照来惩罚没有支付刑事法庭债务的人。[36]

驾驶执照的吊销不只发生在交通违法中。蒙大拿州会吊销未偿还学生贷款者的驾驶执照。艾奥瓦州会吊销在公共场合酗酒者的驾驶执照，即使他并未酒驾。其他州则会吊销开空头支票、任意涂鸦或乱扔杂物者的驾驶执照。[37] 2012 年，田纳西州增设了"因与交通无关的违法行为而吊销驾驶执照"这样一个类别，在该类别下现已吊销驾驶执照 9 万例，而因与交通相关的违法行为吊销驾驶执照的为 17 万例。[38] 加州蒙特雷海军研究生院的罗伯特·伊格三世（Robert Eger III）所做的一项研究指出，至少有 18 个州因为未缴纳和驾驶无关的交通违法行为罚款而吊销驾驶执照，累计占全国所有驾驶执照吊销案件的 40％。[39]

有经济能力的人往往能够通过缴纳罚款和费用预先阻止驾驶执照被吊销，尽管这样的罚款和费用金额不菲；而无经济能力的人就会陷入一再被吊销驾驶执照和债务不断增加的恶性循环。当然，有些人醉酒驾驶，失去驾驶执照罪有应得，不管他们收入几何。从另一方面来说，因为不相关的行为而吊销驾驶执照，这对每个人来说都是不公平的，应该废除这种做法。不过，只要那些措施仍在实施，现状就不会改变：有经济能力的人被吊销一次驾驶执照就会和法院了结官司，而那些没有经济能力的人很可能会被一而再、再而三地吊销驾驶执照，罚款和费用不断增加，没完没了。

"缴 费 坐 牢" 　　　　　　　18

被定罪者在坐牢和假释期间，其刑事债务规模持续扩大，这是贫困犯罪化的加剧，源于当局对收入的贪婪追求。尽管"要么缴费，要么坐牢"的黑暗闹剧所造成的破坏令人无法容忍，但"缴费坐牢"——向穷人收取坐牢的费用——更为下作。

国家公共广播电台报道称，41 个州在监狱中收取食宿费。[40] 加利福尼亚州里弗赛德县向牢里的人收费每天 142 美元。[41] 这笔费用不只是食宿费。向被定罪者收取的费用还包括刑事实验室检测费、管理费、犯罪应急反应相关费用、监狱建设基金，甚至还有起诉补偿费。入狱者通常会被收取医疗费用。[42]在青少年法庭和成年人法庭都是如此。[43]在达拉斯，有人发现一名犯人在受到单独监禁的时候失去知觉，他被送到医院，宣告死亡。达拉斯市政府向他的父亲寄去发票，向其收取1 000多美元的救护车费。[44]

这些收费起初是为了从宽缓诉①，本可以成为犯轻罪的人免于留下犯罪记录的一项有益政策。然而，从宽缓诉的实现往往是代价高昂的，因此低收入人群是无法获益的。《纽约时报》面向200名辩护律师进行了一次全国性的调查，其中三分之二称他们的委托人因为费用问题实际上被排除在缓诉项目之外。其价格不菲，例如，在亚拉巴马州多森市，对一桩醉酒驾驶指控的收费高达5 000美元。[45]

19　　在假释期间，犯人仍然受到压榨。在得克萨斯州，假释犯人与违法相关的债务为500～2 000美元。县书记员记录的轻罪相关的法院费用至少有39个类别，重罪案件相关的至少有35个类别。[46]如果你以为州实际上并没有想方设法地敛财，请你三思。伊利诺伊州惩教部起诉约翰尼·梅尔顿（Johnny Melton）并胜诉，法院判决梅尔顿须缴纳近2万美元以支付他因为吸毒罪而坐牢15个月的费用。在关于他已故母亲的遗嘱的诉讼中，他获得了部分转让财产，这本该在他获释后帮助他重建生活，但他的钱被法院拿去支付他坐牢期间的费用，他被假释后无家可归。不久以后，他身无分文地死去。[47]梅尔文·穆尔（Melvin Moore）从他的祖母那里继承了近1.4万美元，这引发了一场诉讼，要求他为20年监狱生涯支付33.865万美元，判决结果是他只能继承4 000美元，这一结果受到法律保护。

---

① 缓诉（diverson）指对犯罪嫌疑人暂缓起诉，条件是犯罪嫌疑人同意并履行某些义务，如参加治疗或改造项目。在缓诉监督官的监督下，如犯罪嫌疑人改邪归正，检察官通常将不再起诉。该措施通常适用于青少年和轻罪的犯罪嫌疑人。

很容易看出，人们最终是如何落到什么都还不起的地步的。我们经常听到"从学校到监狱之路"和"从摇篮到监狱之路"这样的说法，实际上这些说法还太保守。随着监禁甚至是逮捕带来许多附加后果，我们已在美国建立起一个刑事司法系统，确保人们走在"从摇篮到棺材之路"上。

第二章　反击：辩护律师及其工作

托马斯·哈维（Thomas Harvey）2009 年从法学院毕业以后不久，就意识到圣路易斯县 82 家市镇法院在造成伤害。在法学院读书期间，他曾在圣路易斯公共辩护律师办公室实习，经常看到穿着橙色囚服的非裔被告，他们被绑在一起，被控犯下低级轻罪，"却受到非人的对待"。用他的话说，他们"不是罪犯，只是被这一系统抓住的穷人，受到 48~72 小时的关押，不能见任何人"。在尽力帮助无家可归者解除逮捕令时，他发现，逮捕令问题在整个县普遍存在，不只发生在无家可归者身上。

"这一系统需要被废除，"哈维说，"50 年来它一直在掠夺黑人
和穷人，将法院当作持续实施系统性种族主义的工具。"他总结说，唯一有意义的改革措施就是在整个地区建立一个集中的全职专业化法院系统。

根据司法部前雇员乔纳森·史密斯的说法，从种族和贫困的角度来看，密苏里州和美国的许多其他地方一样，在许多种意义上是被时光遗忘的土地。密苏里州让史密斯想起了马里兰州东海岸："感觉很长时间以来民权都没有光顾这个地方。你的世界观和 20 世纪 50 年代的没差别，而且你不会为此感到尴尬。"

托马斯·哈维和拱门城市辩护律师事务所建立了一个团队，对整个县的法庭进行观察。他们撰写了一份有力的报告，记录了市镇法院对穷人的控制，这些穷人往往各自在全县辖区内背负着多达 10 起未结案件。这份报告为关于弗格森市的重要报告奠定了基础，而弗格森报告是史密斯在司法部工作期间协助撰写的。[1]

在弗格森市变得声名狼藉之后，拱门城市辩护律师事务所的第一个重大举措就是联合其他方面人士一起起诉该市和密苏里州詹宁斯市，以终结两地法院中的不公正现象。[2] 2016 年 7 月，他们与詹宁斯市达成协议，彻底重塑该市的政府结构和债务人监狱制度。协理律师亚历克·卡拉卡特萨尼斯（Alec Karakatsanis）当时在"法律面前人人平等"组织工作，现就职于"民权团体"组织，他称该案的决议是"有史以来最为重要的债务人监狱解决方案"。这项决议释放了监狱里所有受到不公正对待的在押及服刑人员，向累计关押了将近 8 300 天的近 2 000 人总共支付了 475 万美元，返还了他们缴纳的所有罚款和费用，免除了现存的全部债务，并将未撤销的低级轻罪转为民事侵权行为。[3]

弗格森市的故事更为复杂。在拱门城市辩护律师事务所进行诉讼期间，联邦政府和弗格森市官员之间的协商一拖再拖，最终在 2016 年 3 月达成了双方都同意的判决。[4] 这一最终结果是强有力的，涵盖了从警务执行到市镇法院改革的广泛协议，旨在从总体上减少将罚款和收费当成城市储钱罐使用的情况，但是通向协议的道路颇不平坦。

克里斯蒂·洛佩斯（Christy Lopez）时任司法部律师，在这一过程中起了关键作用。她说，弗格森的地方官员"从不认为他们存在问题"，他们在即将达成协议的时候退出了。联邦政府不得不对该市提起诉讼，后来该市官员终于相信情况严重，同意了解决方案。即使在达成协议之后，该市在遵行协议方面也拖延了好几个月。

　　弗格森市最终确实显著改变了其一贯做法。该市聘请了新的城市法官和书记员，撤销了此前的 1 万份逮捕令，将通过罚款和收费取得的城市财政收入上限从预算的 30％降低到 12.5％，并废除了其中一些最为离奇的"罪名"，比如"路上行走方式罪"。总的来说，弗格森的交通罚单数量下降了 85％，逮捕量降低了 86％。但截至 2017 年 3 月，拱门城市辩护律师事务所的诉讼还是没有最终达成有约束力的协议，而这样的协议对于该市就其越权行为给受害者个人造成的伤害进行赔偿至关重要。洛佩斯称，至此取得的进展是政府和私人律师协作的良好例证，持续抗议和市政府选举改革也发挥了作用。2017 年 4 月又倒退了一步，在这个非裔美国人占总人口 67％的城市，现任白人市长击败了非裔竞选对手获得连任。

　　在詹宁斯市和弗格森市的成功基础上，哈维和拱门城市辩护律师事务所接下来获得了阿诺德和波特律师事务所的支持，他们联合起诉了密苏里州圣安市政当局。圣安市只有 1.3 万居民，却有一所庞大的监狱，它与其他 20 座城市签订协议，容纳它们靠不正当手段逮捕的人。拱门城市辩护律师事务所在这里的策略是，向其他城市关闭圣安监狱的大门，这些城市大多仍在从四处欠债的本县居民身上搜刮罚款和费用。许多人刚还清一个地方的债，却发现自己在另一个地方被打入监狱，这种行为被称为"债务穿梭"。

　　拱门城市辩护律师事务所的另一个行动是联合威廉斯和康诺利律师事务所，共同起诉整个圣路易斯县，对被称为"通缉"的无证逮捕程序的合宪性提出质疑。据称，该程序本是为了提醒全县的警察留意某人的行踪，警官有意对其进行"询问"，但在实际操作中却变成了一种无需逮捕令就可以逮捕此人的指令。此外，拱门城市辩护律师事务所还与泰科和扎瓦雷律师事务所共同起诉了该县的弗洛里森特市和梅普尔伍德市监禁无力缴纳罚款者，这两座城市的行为是对联邦最高法院关于比尔登诉佐治亚州一案判决的公然藐视。

通过这些尝试和其他种种努力，哈维及其同事在法律方面做了重要的工作，推进撤销对穷人的定罪。总体上看，该地区市镇法院的收入从2014年的5 400万美元降到了2016年的2 900万美元。

"大快活城"的公共辩护律师 25

为反对将穷人犯罪化而斗争的另一个例子是公共辩护律师们在新奥尔良市各法院为被告提供代理。在漏洞百出的执法系统中，奥尔良公共辩护律师办公室是个引人注目的例外。这个机构在2005年卡特里娜飓风后重组。公共辩护律师是保护低收入人群免遭高额罚款和收费的名副其实的第一道防线。虽然即使是最有能力、资源最充足的辩护律师也不能每次都成功反击合乎宪法却压根就不公正的起诉，但辩护律师的存在和一个好的辩护律师的及时出手常常足以避免不公正的发生。然而，在许多州，公共辩护律师实际上并不存在。在另外一些州，他们受雇于法院，拿着微薄的薪水，更多地是对法官负责，而不是对客户负责。

尽管奥尔良公共辩护律师办公室的预算只能勉强维持其运作——在2015年年末甚至到了宣布不得不限制代理人数量的地步，还一度众筹求助——但它还是因其工作中体现出的职业素养而广受尊敬。早在2007年博比·金达尔（Bobby Jindal）当选为州长的时候，这一机构的经费就已捉襟见肘，而金达尔大幅削减预算更使这个监禁率已经达到全国最高的州方方面面雪上加霜。[5] 为了抓住救命稻草（也为了引起公众注意），奥尔良公共辩护律师办公室在2016年安排美国公民自由联盟起诉奥尔良公共辩护律师办公室本身和州公共辩

26　护律师委员会，要求它们充分履行职责，希望由此可以获得更多的资金。2017 年，联邦法院拒绝受理这一案件，在州法院，这一案件被由律师民权委员会、南方贫困法律中心和两家提供无偿服务的私营律所提起的新案件取代。

丹尼·恩格尔伯格（Danny Engelberg）是奥尔良公共辩护律师办公室的庭审负责人，也是领导层的一员。团队每天都深陷泥泞之中，与种族主义、腐败和贪婪进行斗争，尽职尽责，作风强硬。丹尼称，部分问题在于，该市仍然相信"破窗"执法理论。另一个问题是，法院系统的资金即来自大规模的高额罚款和收费。也许在某种程度上是为了使游客感到更安全，警察逮捕"阻塞通道者"、"在公共场合酗酒者"、闲荡者、行乞者、交通违章被开罚单者和贩卖毒品者，同时也让法院赚取了大量资金。在这个城市，一半以上的人是非裔美国人，被捕者大约 90% 是黑人。[6] 85% 的被告属于贫困人口，符合由公共辩护律师代理的条件。[7] 在市法院和交通法院，人们每天早晨都像在虚拟流水线上等待，因为交不起到期的费用而面临高额罚款和收费。乔恩·伍尔（Jon Wool）在新奥尔良维拉司法研究所工作，他说："在新奥尔良的法庭上，法官的一天可能是这样开始的：和被告交谈，对他说：'你的钱在哪儿？我需要钱。'原话如此。"

2010 年，有人揭露奥尔良县刑事地方法院法官挪用法院罚款和收费用于个人医疗和其他保险福利。[8] 进一步调查显示，这些法官 6
27　年来在这些项目上花费了超过 190 万美元。[9] 地区检察官和路易斯安那州法律授权的审计人员各自展开调查，证实了这一腐败行为。[10] 地方监察团体大都市犯罪委员会主席拉斐尔·戈耶内切三世（Rafael Goyeneche Ⅲ）称："路易斯安那州资助其刑事司法系统的方式就是努力提供尽可能多的使用费。"[11]

新奥尔良在法院之外的改革尝试略有进展。市监狱是主要焦点。旧监狱规模过大，不宜居住，对被关押者和工作人员都有说不出的危险，如今，一处耗资 1.45 亿美元的建筑已经取而代之。开始是麦克阿瑟司法中心在 2012 年与南方贫困法律中心一道起诉县治安官以期减少监狱人口、改善监狱环境，美国司法部随后也加入了。它们在 2013 年达成双方同意的判决，截至 2016 年 6 月，监狱人口从 6 000 人减少到 1 600 人（并非所有人都关押在新监狱里）。

有诉讼对持续不断强加和征收罚款、费用的整个系统的合宪性提出质疑，数千新奥尔良人在这一系统中长期受到奴役。这一诉讼是最具深远意义的改革尝试。截至 2017 年 5 月，有人三番五次要将这一诉讼逐出法庭，它都一一挺过，原告准备力主形成一项动议，提请裁定在整个系统中存在违反宪法的利益冲突，因为法院、地区检察官和公共辩护律师所收到的运营资金都来自罚款、收费和保释金。[12]

在这一切的中心，公共辩护律师每天都在发挥作用。资金问题确实存在并且具有破坏性，但奥尔良公共辩护律师办公室正为居住在路易斯安那州的穷人的生活带来可观的变化。

打地鼠：县县相连，法官相牵

28

诉讼迫使越来越多的债务人监狱停止运营，它们大多位于特定的县和市，但有问题要解决的地方还有许多。华盛顿州就是其中之一。这可能令人吃惊，但多年来该州的律师和学者一直指出这一问题真实存在。2008 年的研究证明，在州一级和特定的县，不仅存在粗暴施加罚款和收费的现象，而且这一现象对少数族裔造成影响的比例过高，无休无止的还债压力也造成了累犯等负面影响。[13]

随后，美国公民自由联盟华盛顿州分会和哥伦比亚法律服务处对记录最差的四个县进行了调查。[14]除了州规定的受害人刑罚评估费500美元（如果适用）、强制征收的DNA数据库费用100美元和欠费按原始金额12％收取的利息，每家法院还有权征收每年100美元的托收费和20项其他费用，比如公共辩护律师费、陪审团审判费、逮捕令送交费和刑事立案费。[15]报告指出，克拉克县实际上向每位贫穷的被告收取了至少800美元的公共辩护律师费，单个案件的刑事债务中位数是2 072美元。[16]

本顿县的情况更为糟糕。其监狱人口的20％是因为未偿还刑事债务而受到处罚。县高级法院法官罗伯特·斯威舍（Robert Swisher）告诉国家公共广播电台记者约瑟夫·夏皮罗（Joseph Shapiro），如果某人身上有一样贵的东西，比如穿着国家橄榄球联盟的队服或胳膊上有价值数千美元的文身，他就知道他付得起钱。

根据所有这些信息，美国公民自由联盟华盛顿州分会的瓦妮莎·埃尔南德斯（Vanessa Hernandez）和普拉奇·戴夫（Prachi Dave）、美国公民自由联盟全国总会的努斯拉特·乔杜里（Nusrat Choudhury）以及特雷尔·马歇尔法律小组起诉本顿县屡次违反美国和华盛顿州宪法。[17]原告杰恩·富恩特斯（Jayne Fuentes）的故事集中体现了该县的态度和行为。在2010年和2011年，法院命令她偿还刑事债务3 229美元，包括与三项轻盗窃罪判决有关的公共辩护律师费。法官没有询问她的支付能力，公共辩护律师也没有提出异议。富恩特斯在2009年之前领取联邦残疾人福利金，但因为坐牢而失去资格。2012年，因为两项轻盗窃罪，她的刑事债务增加了2 486美元，还是没有法官对她进行询问，公共辩护律师也没有对此进行陈述。

故事仍在继续。2013年，法院命令她加入工作队，通过体力劳动还债。还是没有人询问她的财务状况。事实上，她刚刚结束近

1年的监禁，收入包括每月 200 美元的食品券和州惩教部发放的临时住房援助。她在 2014 年年初完成工作队的任务，但 2012 年的债务仍未还清。以她打零工的收入和获得的食品券甚至连基本的生活必需品都买不起，她不得不向家人借钱勉强度日并还一点债。

这当中的法律问题显而易见。本顿县地方法院蓄意不去查明被告缴纳罚款、费用和其他征费的能力，也没有为被告提供有效的辩护，这违反了比尔登案和吉迪恩案的判决，也违反了州法律。2016 年此案达成和解，该县不再因为人们欠债而对其进行关押，也不再因为他们还不起债而命令他们在工作队中做工，并且不再因为未付费而发出逮捕令。

这些都是好事，但正如美国公民自由联盟俄亥俄州分会的迈克·布里克纳（Mike Brickner）对这一系统的描述，就像打地鼠一样，你抓到其中一个坏家伙，但又一个会冒出来。[18]

缓刑私营的世界

凯文·汤普森（Kevin Thompson）18 周岁，非裔，生活在佐治亚州迪卡尔布县，因无证驾驶被捕。经过评估，汤普森共需缴纳 800 美元费用和罚款，要在 30 天之内缴清小额款项 80 美元。虽然他出席了每一次缓刑会议，但当他因为驾驶执照被吊销无法工作而没有按时付费的时候，还是坐了 5 天牢。法官草草进行了听证，没有特意询问汤普森的支付能力，也根本没有询问他为什么没有律师。汤普森尽力解释他因为驾驶执照被吊销而不能工作。但法官对此漠不关心，将他送入监狱。

营利性缓刑尤其令人痛苦。[19] 如凯文·汤普森所经历的那样，公共缓刑机构时有越权，而营利性缓刑公司一贯如此。佐治亚州是营

30

利性缓刑世界的最大玩家，2012 年共有 25 万起案件判了缓刑，其法院当年对未支付缓刑费用的人发出了 124 788 份逮捕令。[20]该州私营公司收取了 1 亿美元的罚款、诉讼费和赔偿金。田纳西州的案件数量在 5 万～8 万起之间，赢利幅度直追密歇根州、蒙大拿州、犹他州和华盛顿州。[21]田纳西州拉瑟福县就是营利性缓刑公司越权的典型。最近一年，PCC 有限公司在该县从 3.22 万名被告身上收取了 1 700 万美元。"该县没有向任何人付酬就得到了这笔钱，"小本·霍尔·麦克法林（Ben Hall McFarlin Jr.）法官在接受一家报纸采访时为拉瑟福县的缓刑私有化辩护说，"我不理解纳税人会有什么不同意的地方。"[22]

事实上，他们确实会有不同意的地方。县治安官罗伯特·阿诺德（Robert Arnold）告诉当地报纸，在他的监狱里，837 人中有386 人是因为违反缓刑条件而入狱的，他认为，如果没有这么多人因为违反缓刑条件的轻罪而入狱，监狱运营成本就会大幅削减。这一报道开头部分的重点是阿米莉娅·劳伦斯（Amelia Lawrence），她是一名学生，因有 3 次没有打电话给她的缓刑监督官报告情况而被判在该县感化中心坐牢 11 个月 29 天。纳税人可能要问，监禁阿米莉娅·劳伦斯将近 1 年的费用对他们来说花得是否值得。[23]

现在在民权团体工作的亚历克·卡拉卡特萨尼斯与贝克、多纳尔森、贝尔曼、嘉威尔和伯科威茨法律事务所一起向联邦法院提起诉讼，称该县的政策是"图谋勒索"和"阴谋"，并称 PCC 在所有其他罚款和收费之外每月收取缓刑监管费 45 美元。每次进行药检，它都会收取 20 美元，这也成为一项惯例。它还要求定期进行这样的药检，即使债务人的违法行为和毒品根本没有任何关系。（人们也普遍认为，缓刑公司经常篡改这些检查结果。）[24]PCC 还收取启动费（别管这指的是什么）和社区服务参与费，并对债务人经它裁定必须参加的每门戒瘾康复课收取费用。

没有人问过债务人他们是否有支付能力。如果他们想请求法院裁定他们的确贫困，所谓的缓刑监督官就会在他们面前进一步设置一系列财务障碍。如果被告请求举行法庭听证，这家公司会收取 25 美元，并通常要求缴纳 20 美元进行药检作为先决条件。不出意料地，公司会"丢失"付款记录，因而总会在与债务人的付款纠纷中获胜。因为 PCC 收取的钱款优先流进了公司自己的腰包，所以尽管债务人付的款足以支付最初的罚款，却往往还是欠费：他们的钱付给了私营公司而非政府。这就带来了又一年的缓刑和收费。PCC 常常设置新的规定或给出额外解释以增加更多的债务，并/或者编造新理由来指控债务人违反缓刑条款。

针对民权团体的诉讼，联邦法官凯文·夏普（Kevin Sharp）在文书中写道，私营缓刑公司，尤其是 PCC，"连续多年设置圈套，使缓刑犯陷入毁灭性循环"，并列出了一名原告的经历，他"陷入"缓刑公司的圈套达 5 年之久。2015 年年底，法官命令 PCC 和其他被告更改他们的候审政策。他还命令立即释放 13 名因为违反缓刑条件而受到关押的犯人，并命令免除近 1 万名因为违反缓刑条件而面对着法院逮捕令的缓刑犯的保释金。根据这一诉讼和法官的裁决，该县断绝了与 PCC 的关系，转而自己运营该业务。然而，诉讼还在继续，因为该县的政策仍然具有争议。截至 2017 年 5 月，谈判仍在继续，以期达成解决方案，如果进展顺利，原告将获得重大胜利。

南方人权中心是最早对私营缓刑公司提起诉讼的组织之一。该中心由传奇人物斯蒂芬·布赖特（Stephen Bright）建立，以在死刑诉讼方面的工作著称。南方人权中心（特别是专职律师萨拉·杰拉蒂）开始收到来自佐治亚州各地的来信，人们谈起他们如何在本来很小的案件甚或根本不算案件的案件中受到不公正对待。

杰拉蒂、美国公民自由联盟的努斯拉特·乔杜里以及美国公民自由联盟佐治亚州分会共同代理的凯文·汤普森案就是最初的案件之一。[25] 不到两个月，律师就与该县达成了解决方案，制订了从程序上保护所有被告的详细列表，其中包括对汤普森先生的金钱赔偿，这使他能够实现梦想，开启了拖车生意。[26] 杰拉蒂接下来又战胜了格雷迪县的两个市及其营利性缓刑公司。[27]

2015 年和 2016 年，佐治亚州议会对此越权行为做出了部分回应，对残疾、贫困和最近坐过牢的被告做出经济困难的假定，并对缓刑公司设了限。但杰拉蒂称，州议会仍给这些公司留出了大量空间，使它们能够继续强加昂贵而又不必要的检查。他们仍在继续努力，目标是完全取缔营利性公司，将罚款和收费降低到合理水平，并废除毫无意义的法律和法令。

亚拉巴马州也取得了进展，取缔了遍及全州的营利性缓刑公司——司法矫正服务有限公司。第一步是起诉哈珀斯维尔镇，该镇因地方法院监禁贫困被告并强迫他们进行无限期监外就业而受到全美关注，据称，缓刑公司撒谎说债务人没有对逮捕令做出回应。[28]

接下来是亚拉巴马州蒙哥马利的哈丽雅特·克利夫兰（Harriet Cleveland）案，该案也在全国轰动一时。[29] 克利夫兰已经当了祖母，在受到经济衰退的影响之前从事日托工作。她在自己居住的非裔社区的警察检查点被拦下，因为没给车辆上保险（她没有足够的钱）和在驾驶执照被吊销的情况下开车而吃了罚单。而她的驾驶执照被吊销是因为她没有全额支付之前的罚单。她的磨难从此开始。她被处以"缓刑"，5 年里向司法矫正服务有限公司缴纳了超过 3 000 美元，随着缓刑费用和其他债务的增加，她仍欠款 2 714 美元。她多次坐牢，失去了车，经历了破产，最终失去了房子。有一次，她告诉法官她刚找到一份工作，但法官无论如何还是将她送入了监狱，她就失去了这份工作。没有人问过她，她是否还得起债，或告诉她，她有权利要求法院为她指定辩护律师。[30]她最终在法院遇到南方贫困法律中心的一名律师，当时她因再次延迟付款被量刑。这次偶遇结束了她个人的噩梦，并最终改变了蒙哥马利的整个司法程序。

2014年，南方贫困法律中心获得了新的盟友——亚历克·卡拉卡特萨尼斯（现就职于民权团体）和菲尔·特尔菲扬（Phil Telfeyan），他们创立了法律面前人人平等组织，该组织现在在许多辖区分别发起诉讼，对债务人监狱和金钱保释的合宪性提出质疑。卡拉卡特萨尼斯2008年从哈佛大学法学院毕业后一直在亚拉巴马州担任联邦公共辩护律师，他决定从该州起步。回到蒙哥马利市法院的第一天，他就见到了67人，全都是黑人，全都有未付清的交通罚单。这些听证会的持续时间从10秒钟到1分钟不等。被告陈述了他们的贫困处境，却受到斥责，他们被送回监狱，还要还清自己的罚款。卡拉卡特萨尼斯回忆说，一名法官因为一名残疾人不能讲话而嘲笑他。

卡拉卡特萨尼斯得以和一些犯人交谈，他们之前从未得到过法律援助。一名妇女说，因为4年前的一张交通罚单，她在家当着孩子们的面被捕。她成为他在法律面前人人平等组织的第一位客户。他代表一群原告提起诉讼，取得了预先禁令①，不过地方法官们并未遵守。[31]这座城市逐渐恢复理性，释放了所有因未还清债务而坐牢的人——总共大约60人。南方贫困法律中心和卡拉卡特萨尼斯共同与该市谈判解决问题，结束了哈丽雅特·克利夫兰等人的磨难。

南方贫困法律中心的萨姆·布鲁克（Sam Brooke）接着写信给与司法矫正服务有限公司有合同关系的100个市，敦促它们结束合作，否则将面临被起诉的危险。他们有一项特殊优势：这些合同并

---

① 预先禁令，也叫"中间禁令"或"临时禁令"，指起诉后、判决前由法院签发的强制令，禁止被告实施或继续某项行为。这是司法过程中重要的临时补救措施，目的是避免原告遭受某些不可挽回的损失。

不合法，因为它们并未经过公开竞标，而且州法律禁止市镇法院收取缓刑费用。2015 年 10 月，司法矫正服务有限公司撤出该州。

这对亚拉巴马的低收入人群来说很重要，但并未改变基本状况。公共缓刑机构也会敲穷人的竹杠。例如，弗格森市没有和私营公司签订这样的合同，但它的所作所为也很可怕。

驾驶执照：加州人如何反击

加州利用交通违章罚款筹钱，但数额较之过去有所下降。经过立法倡议人和民选官员的努力而制定的新法带来了一些新改变，警察开罚单的数量也有所减少。

弗雷德里克·杰斐逊（Fredrick Jefferson）案是个很好的例子，它既体现了加州存在的此类问题，又体现了立法倡议人改变这一系统的方式。杰斐逊收到交通罚单时有一份稳定的工作，是洛杉矶的一名重型设备机械师。这张交通罚单使他失去了驾驶执照，也失去了工作。债务迅速增加，他欠下 5 000 美元，变得无家可归，每个月只能从州一般性援助那里获得总计 221 美元的现金收入。根据新的法律，他被纳入一项付款计划，每月缴纳 1 美元，过了不久，他的驾驶执照就恢复了。[32]

37　　2015 年，五家公益法律组织共同撰写了一份倡议报告，这份令人印象十分深刻的报告全面揭露了加州的状况。报告题为《弗格森问题并非独有：交通法庭如何促使加州不平等》，对壮大改革的声势发挥了重要作用。正如这份报告所记录的那样，加州在其罚款中增加了过多的"罚款评估费"，各种收费名目包括州罚款评估费、县罚款评估费、DNA 鉴定基金费、州附加费、定罪评估费、法院建设费、法院运营费、紧急医疗服务费、紧急医疗空运费和夜间法庭费等。[33]在

2011 年，即使按时缴费，一张 500 美元的罚单实际也需支付 1 829 美元。如果不能提供车险证明，你将得到一张 100 美元的罚单，实际需支付 490 美元；如果驾车者没有按时缴费或没有出庭，需另外支付 325 美元。[34]加州现在还有超过 100 亿美元的法院征收债务未缴清。[35]

该州为那些还不起债的人提供了社区服务的选项（虽然并非所有的法院都遵守这一规定，还有些法院向参与者收取费用），但闯红灯的罚款需要 49 小时的社区服务才能还清，这就是说，假定一个人有固定工作，他需要翘班超过一整周。[36]

类似的违法行为涵盖范围很广，不仅包括轻微交通违法，比如尾灯失效、注册贴纸贴错位置和未报告地址更改，还包括在公共场所闲荡、乱扔垃圾、在公共场合携带开口酒精容器和未支付交通费用。对所有这些违法行为如果没有按时缴纳罚款，都会被处以更重的罚款并吊销驾驶执照。接着，在 58 个县中的 54 个县，私营公司牵扯进来，用粗暴的手段向人们催讨，另外还要收取 13%～17% 的佣金。重点在于，法院由于其预算在经济衰退中受到削减，已对罚款和收费形成依赖，其中显然存在利益冲突。

有色人种付出的代价最高。在奥克兰，黑人占该市人口的比例不到三分之一，而失去驾驶执照的那些人中有 60% 是非裔美国人。[37]同样，旧金山的非裔美国人占其人口的 6%，在 2014 年旧金山民权律师委员会召开的逮捕和定罪分析会上，他们却占据了参与客户总数的 70.4%。在整个州，非裔美国人失去驾驶执照的可能性比非拉美裔白人高 60%，而拉美裔失去驾驶执照的可能性比非拉美裔白人高 20%。

尤其离奇的一点是，有些法院在对人们是否有罪和是否有能力支付进行听证之前就要求他们缴纳他们所谓的欠款。[38]因此，尽管州法律要求对人们的支付能力进行评估，这些人却得不到评估，除非他们先缴纳自己所谓的欠款。他们如果不缴，就会另外欠下多达

300 美元的民事评估费，通常是 300 美元的全额费用。这 300 美元全部用来协助法院运营，因此又存在完全的利益冲突。[39] 即使最终发现某人无罪，民事评估费也不会返还。[40] 法庭本该提供付款计划、降低罚款、提供社区服务的选项，但书面材料中一般都没有提及这些内容，一旦人们全额缴费并被判有罪，这些都变得无关紧要。[41]

埃莉莎·德拉-皮亚纳（Elisa Della-Piana）当时就职于伯克利东湾社区法律中心，她告诉我，围绕吊销驾驶执照问题展开的斗争在州议会已取得部分成功。2012 年，有着驾驶执照吊销问题的大量客户开始现身于该组织每周在东湾召开的一般性分析会。埃莉莎和她的同事询问周围的人，发现其他提供法律援助的组织也目睹了同样的情况。吊销驾驶执照的措施以前很少使用，但它在经济衰退时期开始发挥日益重要的作用。罚款和收费上涨，法院加大力度推进收缴，更多人因为失业而无法支付。

法律援助提供者们联系了西部法律和贫困中心的迈克·赫勒尔德（Mike Herald）。赫勒尔德在萨克拉门托建立了联盟，敦促采取行动。而参议员罗伯特·赫茨伯格（Robert Hertzberg）和州议会的同事们一路引领，在 2015 年和 2016 年取得部分成功。

当首个法案悬而未决之时，州首席法官塔妮·坎蒂尔-沙卡伊（Tani Cantil-Sakauye）呼吁采取紧急措施，尽可能减轻现行法律的恶劣影响。在她的领导下，该州司法委员会颁布了新规，禁止因被告不先支付罚单和费用就拒绝举行初次听证的做法。新规不适用于人们在错过出庭日期或缴费期限之后请求举行听证的情况——在这些情况下，被告仍需全额缴费才能获准举行法庭听证。

首部新法于 2015 年 10 月 1 日生效。它减免了 2013 年 1 月 2 日前到期的款项，将每项债务金额减半，对低收入债务人减免 80％的债务并停止收取 300 美元的民事评估费。不过，法庭获得授权，可收取 50 美元的新费用来处理减免申请，大多数法院会收取这项费用。它也对除了公共福利没有任何收入的人予以全免。订立新计划并在付款上保持"良好信誉"的人可以拿回他们的驾驶执照。然而，扣押工资、冻结银行账户和退税等措施仍然存在。

2015 年的法律迈出了重要一步，但还没有做到本应该做到的所有事情。对那些因为拖欠法院债务或未出席庭审而被禁止进入法庭的人来说，除非他们先缴纳法庭认为他们欠下的债，否则法律不会为他们提供任何救助。人们称之为"缴费参与"。2016 年，赫茨伯格参议员与西部法律和贫困中心等提出议案，禁止官员以未出庭或未支付交通罚单为由吊销驾驶执照。他们的议案未通过，但他们得以使先前的赦免范围扩大到 2017 年年初及之前的债务。赦免范围仍不包括过去的违规停车罚单和拖车费，此外还有许多与驾驶毫无关系的刑事指控，比如使用空头支票，仍可能导致驾驶执照被吊销，一些案件根本就不应该构成违法。

2017 年 1 月，杰里·布朗（Jerry Brown）州长在其政府预算案中提议废除因未能支付罚单而吊销驾驶执照的规定，迈克·赫勒尔德在 4 月预测州议会会接受这一提议。与此同时，赫茨伯格参议员提议永久性降低对低收入人群的罚款数额并根据人们的支付能力收取费用。这一提议在 2017 年 4 月仍悬而未决。

加州反对吊销驾驶执照的故事既反映出政府为平衡收支在多大程度上有意向低收入人群施加损害，也揭示出立法倡议可以如何减少损害。

费 城 故 事

2009 年，《费城询问报》刊载了一篇题为《暴力犯罪分子无视千疮百孔的保释制度》的报道，这是广受关注的"被延迟、抛弃和否认的正义"系列报道的一部分。这篇报道用文件材料证实了民选法院书记员——"民选"在这里是关键词——这一有着 300 年历史的职位上长期存在的不称职现象，几十年来这一职位上的人没有留下规范的法庭记录，也没有在刑事案件中征收保释金和罚款。在因经济衰退急需资金维持法院运作的时候，这篇新闻报道使法院官员和政治家感到尴尬并惊慌失措。[42]该市取消了民选书记员这一职位，将征收费用和罚款的职责移交给法院。普通法院首席法官帕梅拉·P.登贝（Pamela P. Dembe）带头解决问题。[43]一场骚扰运动随后发生，主要针对穷人，他们占很大比例。

登贝法官认定，从 20 世纪 70 年代算起，这座城市被拖欠的刑事债务多达 15 亿美元，其中大约 10 亿美元是被告未出庭而应没收的保释金，还有 5 亿美元是监管费、赔偿金、罚款和其他费用，这些债务没有人设法征收。在没有对债务的准确性进行任何调查的情况下，法院依赖存在漏洞的计算机数据库向超过 32 万人发出缴费通知（有些账单的日期为几十年前）——这些人中五分之一是城市居民，多数属于低收入人群。[44]

大多数人对发生的事情一无所知。他们面临的债务总额高达 10 万美元甚至更多。最初的通知到达之后，电话和恐吓信接踵而至。这个国家最受尊敬的法律援助机构之一社区法律服务中心和其他机构尽其所能向许多客户提供援助——记录往往不知去向，许多债务显然有误——但能帮到的只是这场雪崩中被埋的一小部分人。当地媒体的头版报道了一位妇女的故事，她在 2009 年被告知因为未出席 1990 年的一场听证会而欠下 900 美元。听证会召开时她正在坐牢，却不能证明这一点，因为监狱的记录在 1991 年的一次洪水中被毁。[45]她绝不是唯一陷入这种困境的人。

　　社区法律服务中心，尤其是以莎伦·迪特里希（Sharon Dietrich）为代表的法律援助人士，组建了一个联盟，其中包括美国公民自由联盟宾夕法尼亚州分会、费城辩护律师协会和一些社会服务及社区组织。这个联盟面见了法院方面的相关人员、市长及其他关键个人，他们据理力争，指出通过惩罚穷人达到法院账目收支平衡的做法不仅不公正，而且执行成本必然会高于回报。此外，社区法律服务中心还发动了媒体，甚至引发了全世界的关注。另一边，人们捡瓶罐废铁、卖血才缴得起欠账。他们对坐牢充满恐慌。

　　2014 年 9 月，该市和法院做出了退让，至少是部分退让。它们宣布，不再征收 2010 年 3 月 4 日之前的保释金债务（虽然不包括其他法庭债务）。成千上万的费城人不仅从债务和压力中获得解脱，还得以删除他们的犯罪记录、获得赦免，并能够享受负有保释金债务的人无法享受的公共福利。

　　登贝法官有些刺耳的回应发人深省。"在我们小小的心灵深处，我们知道我们绝对无法完成那么宏大的收款目标，"她说，"但这是我们力争达到的目标。我们确实尽力了。"[46]

　　2016 年，法院撤销了最后 10 亿美元的保释金判决，但陈年的罚款和费用债务仍记在账目中。它们仍对删除犯罪记录和获得公共福利构成障碍，但至少不会再有人因此遭受骚扰和监禁。

　　尽管如此，债务仍高得离谱，给人们留下终生负担。

第三章　金　钱　保　释

　　卡利夫·布劳德（Kalief Browder）从 16 岁开始，在纽约市的里克斯岛监狱被羁押了 3 年，他在为没有犯过的罪候审，只因交不起保释金。布劳德的磨难集中体现了我们保释制度的不平等，以及它如何导致了贫困犯罪化。正如珍妮弗·冈纳曼（Jennifer Gonnerman）在《纽约客》发表的一系列令人心碎的文章中所叙述的那样，布劳德于 2010 年被捕，受到偷窃背包的指控，这一罪行可能从未发生。他随后被送到里克斯岛，这对一个 16 岁的少年来说非常可怕。由于所谓的罪行发生在布朗克斯，负责处理布劳德案件的法院拥挤不堪、人手不够到令人难以置信的程度，待审案件目录上的案子排到好几年以后。更糟糕的是，为他提供代理的不是全职的公共辩护律师，而是与法院系统签订合同的私人律师（这往往意味着客户获得的代理服务有失水准）。

　　法官没有调查他家庭的财务状况——他们一贯疏于这一点——
就将保释金定为 3 000 美元，因为布劳德此前供认了乘坐偷来的运货卡车兜风的罪行，已经处于缓刑期。他的家人凑不出 3 000 美元。在背包偷窃案中，法院向他提供了认罪协议，但他不愿意供认没有犯过的罪，宁愿行使自己接受审判的权利，尽管在布朗克斯，所谓的快速审判法根本就没法让诉讼进程快起来。羁押候审期间，布劳德遭受了看守和犯人的虐待，这被录像记录了下来。他在里克斯岛的 3 年间，有 2 年多共计 800 天受到单独监禁，曾多次试图自杀。等找到更好的律师并重获自由的时候，他已经变得非常偏执。他努力恢复以前的生活，回到学校，由于媒体报道了他的故事，他接触到了许多尽力提供帮助的名人。但他未能从磨难中恢复过来，于 2015 年 6 月自杀。[1]

　　坐牢时患上精神疾病且未得到治疗、单独监禁、惩教官和犯人的虐待、不称职的律师以及运转不良的法院都促使卡利夫·布劳德走向悲剧。但从一开始，他就不该被关在里克斯岛，他去了那里的原因只有一个，就是他的家庭太贫困，付不起保释金。

　　美国人通常都知道，在任意时间点上，我们的监狱里都关押着 220 万人，其中 70 万被关在我们的县级和市级监狱里。大多数人不知道的是，在特定的年份，总计有 1 170 万人在美国的县市监狱关押过，这个数字比 1983 年翻了一番。[2]其中五分之三的人未被查出犯有任何罪行；四分之三的人因为非暴力交通违法和其他低级违法犯罪指控被关押在那里，有的已被定罪，有的还在候审。非裔美国人受到羁押的比例比白人高出将近 5 倍，比拉美裔高出将近 3 倍。[3]每年总开支达 90 亿美元。

　　这是为什么？答案很简单：金钱保释。

　　金钱保释指的是被告被命令向法院暂缴一定数额的钱以担保他或她会出庭受审，用于从最恶劣（如果法官认为被告应该获准保释）到最轻微的各种违法犯罪行为。甚至因微不足道的违法行为而受到指控的人也常常被羁押候审，除非他们能够缴纳保释金，这对那些贫困的人来说通常是不可能的。（在少数几个州，相当多的被告办理了具结释放，这意味着法院相信他们会出庭受审。）轻微违法行为的保释金可能高达 1 万美元。有些被告能够支付现金，但大多数被告必须使用保释担保人的有偿服务，后者会收取保险公司发放的担保保释金总额的 10％或更多（即使法庭判决被告无罪，这笔钱也不会退还）。通常情况是，低收入被告无力支付保释担保人的费用，于是为了出狱做出认罪答辩，尽管他们是无罪的。

近年来，情况变得更糟了。如今因为低级违法行为而被捕的人数量巨大，他们大部分在缴纳保释金之前遭到羁押，而非直接获释候审。入狱的绝大多数人都在贫困或贫困边缘徘徊，没有钱向保释担保人支付履约保证金。

48   20 世纪 60 年代，我是司法部的一名年轻律师，后来在参议院为罗伯特·肯尼迪工作。我知道肯尼迪作为司法部部长与当时刚在纽约成立的维拉司法研究所一起为改革国家的保释制度采取了初步行动。其理念是，大多数没有支付现金即获释的被告不会给社区带来危险，也不会不出庭受审，这在当时和现在都入情入理。这一理念行之有效。纽约通过了一项法律，概括了九条标准，据此决定一个人是羁押候审、缴纳保释金后才能获释，还是不必缴费办理具结释放即可，这项法律现在仍然有效。法官需要按照标准考虑性格、就业情况、财力、社区关系、犯罪记录和是否有逃跑前科等问题。具结释放的理念似乎有望传播普及。

然而现实正相反，在 20 世纪 70 年代，犯罪率开始上升，政客们借此煽动恐慌。这种恐慌没有多少事实依据，更多源自种族主义。但法官，尤其是不得不通过竞选连任的法官，因此只要感觉违法者在候审期间有哪怕一点再犯的可能性，都不敢让他们办理具结释放。大规模监禁的时代已经开始。1975 年，我成为州青少年惩教机构"青少年纽约分部"的负责人，当时的社会开始急于把大批人尤其是非裔男人和男孩关起来。面对这种状况，我寻求进行改革，却发现自己受到攻击。

在保释担保人游说行动的唆使和煽动下，各州的保释制度改革搁浅了。我们大多对惩教官联盟的政治权势之盛有所耳闻，保释担保人也具有同样的影响力。惩教官联盟十分成功地推动了越来越多的监狱的建设，而保释担保人在确保把不断扩大的监狱塞满方面也取得了同样的成功。全国大约有 1.5 万名保释代理人，他们每年签发 140 亿美元左右的保释金，这些保释金有强大的保险公司做后盾，这些公司也拥有可观的政治权力。[4]保释担保是一桩利润丰厚的大生意。

一个拙劣的体系由此产生。布鲁克林辩护服务机构特别诉讼律师苏珊娜·卡尔松（Susannah Karlsson）称，在纽约，"这就像坏唱片一样没完没了。你只有两个选择，要么拿出现金，要么和保释担保人打交道"。这一做法直接略过了具结释放的标准评估。卡尔松接着说："截止到最近，我听说布鲁克林采用其他条件释放嫌犯的次数用一只手都数得过来。"

金钱保释每年都在毁掉差不多几百万穷人的生活，也让这个国家白白浪费掉了几十亿美元的监禁费用。从 2000 年到 2014 年，地方监狱人口增加了 19.8%，审前羁押的犯罪嫌疑人占其中的 95%。仅以费城为例，其监狱运作费用为每名犯人每天 110~120 美元，这是全国大城市的典型代表。[5]审前羁押的被告几乎都具有一个特征，那就是穷。富人获得保释，这对穷人却遥不可及。不管穷人是否确实有罪，他们都因无力付钱出狱而被当作罪犯来对待。

法官、检察官和公共辩护律师严重短缺，再加上羁押候审的人数量众多，这就引发了危机。并非每名想出庭受审的被告都有出庭的机会，因此法院需要想办法阻止一些审判发生。通过监禁无力付钱保释的穷人，法院系统采取威胁或实际延长监禁时间的手段迫使他们认罪，甚至对无辜的人或得到其他有效辩护的人也是如此。他们得不到及时的审判，就只有一个选择——认罪。这是一种不得已的选择，甚至比许多被告意识到的还要糟，因为他们可能甚至没有意识到认罪有严重的附带后果，这些后果将伴随终生。然而在全美各地，每天都有数千人认罪。

更具讽刺意味的是，他们如果认罪，就可以用已羁押的时间抵扣相应的刑期，然后就能回家了。当他们被推定为无罪的时候①，却因太危险或太不可靠而不能保释，但一旦被定罪，他们就会被放回家。

卡尔松说，情况逐年恶化。她说："年长的从业者还记得，有段时间只有受到严重重罪指控的客户才必须交钱保释，除非他们被羁押、不得保释，但如今所有人都受到审前监禁，甚至被控有无须监禁的轻微违法行为的当事人现在也需要保释。可以预见的结果是，在我们的委托人中，许多人即使能得到很好的辩护或完全无罪，也会为了出狱而认罪，而不是一边坐牢一边打官司。"

取消金钱保释还远不能解决纽约里克斯岛监狱的问题，但肯定会有所帮助。在一年的时间跨度内，大约有 4.5 万人在那里坐牢，只因为他们付不起保释金。[6]不管哪一天，岛上都有 1 500 人已在那里待了 1 年多还没有受审，400 人待了 2 年多也没有受审。[7]里克斯岛监狱的容量为 9 600 人，却平均每天关押有 1.1 万人，还不时会激增到 1.5 万人。在这一年里，有 7.7 万人在那里被关过，其中 85% 还未被定罪。[8]2010 年，人权观察组织估计，纽约市每年关押非重罪被告的花费达 4 200 万美元。[9]

这种情况显然在破坏人们的生活，有具体数字可以证明。2012

---

① 美国刑事诉讼法遵循无罪推定原则，即被告人在被证明有罪前就是无罪的，在被法院依法判决有罪之前，应被视为无罪。

年，纽约市刑事司法代行机构公布，在 10 年间，审前没有受到羁押的被告有 50% 被判有罪，而审前受到羁押的那些人中有 92% 被判有罪。对数据的考察显示，羁押本身是最重要的预测因素，原因是被告遭受了认罪的压力。[10]休斯敦的约翰和劳拉·阿诺德基金会支持的一项研究着眼于肯塔基州监狱的 15.3 万份逮捕和入狱登记记录，发现即使是被羁押 2～3 天的低风险被告，与被羁押时间少于 24 小时的情况类似的被告相比，再次犯罪的可能性也要高 40%，羁押时间越长，再次犯罪的可能性越高。[11]

纽约州前首席法官乔纳森·李普曼（Jonathan Lippman）告诉《纽约时报》："必须取消现金保释。"[12]他在与《纽约观察家报》交谈时进一步表示，保释制度"在各方面都完全违反常理，那些交不起 500 美元保释金的人最终毁在监狱里，失去工作，和家人分离，而他们完全不会威胁到任何人"[13]。2013 年，李普曼还在担任首席法官，他向州议会提交了一系列改革议案，为减少金钱保释的使用进行了认真的尝试。他没有成功，保释担保行业和保险公司的利益占了上风。

改 革 之 风

蒂姆·默里（Tim Murray）和审前司法研究所长期以来一直在努力改变这种状况，他们看到这一制度开始改善。"我们对司法系统前沿政策和实践的考察达到了前所未有的程度，"他告诉我，"人们意识到，从前认为无足轻重的决定却产生了深远而持久的影响。"

默里指出，与保释相关的一些新事态相互交织，可能会形成前景喜人的完美风暴："对现有保释制度的失败的讨论引起了更多关注，统计科学的引入也推动了讨论。"因此，默里说，"在全国范围内，我从未见过这么多讨论。话锋已经转向询问我们为什么要关押这么多人、花费这么多钱了。"他认为"这场讨论如果能得到适当的协调和鼓励，可能会发展成全国性的运动，可以修复许多遭到破坏的东西"。

在具体的交织因素中，默里提到了州法院首席法官会议，与会者一致要求进行保释改革。国家警察局长协会已要求进行各种改革，同样提出这一要求的还有全国县级协会、州法院管理者会议和辩护社会团体。民意调查表明，公众也认为当前的做法没有什么意义。在公共福利基金会的长期领导下，麦克阿瑟基金会和阿诺德基金会为改革尝试注入巨资。麦克阿瑟基金会在全国范围内选择了 20 个地点，要求对应的各个司法辖区调查监狱人口构成及其受监禁原因，计划在未来几年投资总计 7 500 万美元，还在讨论在此基础上大幅增加投入。

阿诺德基金会的工作在改变金钱保释的现状方面取得了关键性进展。改革者认同重建保释制度必须对被告进行基于风险的评估，以识别出会造成不可控风险者。肯塔基州和哥伦比亚特区这些司法辖区担当了开路先锋，人们通常认为其管理体系运作良好，在其中引入正式的风险评估机制对其改革至关重要。然而，处于意识形态立场两端的人都忧心忡忡。一些左派担心风险评估会被用作监禁少数族裔的借口，而保守派则担心这会导致获释的人危害社区。

因此，对于投资 120 万美元建立公共安全评估系统的阿诺德基金会来说，开发以证据为基础、实时评估被告危险程度的算法就成为一项重要工作。该基金会的研究人员从美国 300 多个辖区采集了 150 万起刑事案件，对其数据进行分析后发现，年龄、犯罪记录（违法时间越近，权重越高）和有无未出庭的先例成为风险评估的最重要因素，就业状况、社区关系和吸毒酗酒史等问题相对而言并不那么重要。截至 2017 年年初，有 29 个辖区正在使用这些评估工具或正在努力落实，有百余个辖区对此表现出兴趣。[14]

哥伦比亚特区在保释制度改革方面一直发挥着带头作用。蒂 54
姆·默里称之为"黄金标准"。特区法律确实允许法官要求被告为
获释采用履约担保，但法院几十年来一直未使用这一权力。特区处
于改革先锋的位置纯属碰巧，这源于一项保守性举措——预防性羁
押，其理念是羁押待审被告以防止他们进一步犯罪（或者，对其最
激进的支持者来说，是羁押人们视为危险的人，即使他们现在还没
有犯罪）。1984 年，国会为联邦系统和特区制定了相对温和的预防
性羁押措施，特区在实施这一措施的时候特别谨慎。

特区法律的核心是审前释放推定，这一点确实行之有效——进
入法院系统的所有人中，88％办理了具结释放。哥伦比亚特区法律
禁止仅仅因为付不起保释金就在审前拘禁任何人，这在更大程度上
助推被告获释。蒂姆·默里说，从那些政策中吸取的教训最终在向
其他辖区渗透。

以社区为基础的非营利保释基金于 2007 年在布朗克斯率先启
动，随后发展到布鲁克林和其他地方，协助取得了近乎完美的被告
出庭率记录。它们帮助被告绕过了保释担保人——即使被告被判无
罪或指控被撤销，付给保释担保人的费用也从不会被退回。按比例
计算，这些保释基金或许既能降低纳税人的花费，又可减轻对人们
生活的巨大破坏。具结释放可能是更好也更省钱的政策，但保释基 55
金是对现有的营利性保释制度的明显改进。

肯塔基州许多年前就采取了风险评估制度，在出庭率方面表现
出色，再犯率也很低。[15]该州在 2013 年配置了阿诺德评估工具，促
使公共辩护律师在全州范围内发起了一场敦促使用该工具的运动。
默里说，现在因为没有钱而受到羁押的人比该州历史上的任何其他
时间段都要少很多。

新泽西州决定彻底改革其审前司法立法，这是最近特别耐人寻味的一个进展。为使改革成为可能，该州通过了一项州宪法修正案，授权其司法系统评估审前风险，随后又通过了关于使用阿诺德评估算法的立法。新泽西的决定具有特殊的重要性，因为该州不是十分崇尚自由主义的州，而且是保释担保行业和营利势力的堡垒，然而，州长克里斯·克里斯蒂（Chris Christie）仍与民权组织和州最高法院一道支持这一尝试。[16]

在北卡罗来纳州夏洛特市，人们发现，使用阿诺德评估工具 1 年后，其监狱人口下降了 20%，报案数也没有增加。[17]包括科罗拉多州和亚利桑那州在内的数个州，以及像伊利诺伊州库克县治安官汤姆·达特（Tom Dart）这样的地方领导者，在这一过程中的表现也十分亮眼。还有新墨西哥州法院行政办公室负责人亚瑟·佩平（Arthur Pepin），他在阿尔伯克基市的领导工作使该县监狱人口在 2 年内下降 38%，节省了 500 多万美元，并避免了数百人的生活被毁。[18]

56　　马里兰州最高法院于 2017 年年初加入不断扩大的改革队伍，在州总检察长布赖恩·弗罗什（Brian Frosh）的强烈支持下改革了法院保释法规，对于他们视为不具有危险性也没有逃跑风险的被告，在进行保释时尽量使条件不那么苛刻。[19]马里兰州的情况阐明了其中所有的政治关系：在法院采取行动之后，保释担保人游说团体找到州议会，企图废除新规。他们失败了，但并没有像改革者所希望的那样不堪一击。

卡利夫·布劳德的悲剧发生后，纽约市长白思豪（Bill de Blasio）在 2015 年提出，每年支出 1 800 万美元，实现在社区接受审前监督而非审前羁押的被告人数增加到原来的 3 倍，这将节省可观的监禁费用。该市估计，这一行动将惠及本将面临牢狱之灾的 3 400 人，这一数字大约占现阶段里克斯岛监狱平均人口的 30%。不过，这位市长的提议没有得到普遍赞同。布朗克斯辩护律师办公室执行理事罗宾·斯坦伯格（Robin Steinberg）及理事会主席戴维·费热（David Feige）认为，这些监督项目毫无必要，他们在关于这一"马歇尔计划"的专栏评论中直言不讳地提到它可能对其客户产生的影响："多年来的经验表明，政客们几乎无法抗拒冲动，不去干预我们胡乱投入刑事司法系统的那些人的生活，无论他们是否有罪。因此，尽管事实上确保人们回到法庭的最有效方法就是释放他们并只用电话或短信友情提醒出庭日期，但该市仍已表明，它将致力于创建一个'审前服务系统'，这一系统每年估计会花费 1 800 万美元。"

斯坦伯格和费热称，实际上这一提议集成了被告需要越过的各种昂贵而又无用的障碍，如果他们没有越过这些障碍，就要坐牢。于是，一个受到入店行窃指控并声称自己无罪的人可能要参与毒品教育计划等项目、接受药检，并且每周要向审前服务官员报告。此外，他们断定，法官立刻就可以选择办理具结或安排签署期票，而不是让被告预先支付现金。当然，斯坦伯格和费热也非常清楚，法官不会做出这样的选择。[20]

苏珊娜·卡尔松说："使人们回到法庭的是提醒和地铁卡，而不是钱，也不是脚镣和社会工作者——只需要一个电话和一张地铁卡。"

所以这是怎么回事呢？是政治，当然，这种政治衍生的远非最佳政策。斯坦伯格和费热说："虽然'监督'在晚间新闻里可能听起来不错，但对卷入其中的那些人来说却非常可怕——他们中的许多人挣扎度日，要打两份工，上班时间不灵活，还要兼顾育儿和其他职责。对他们来说，官方关于服从的硬性要求会使他们的生活变得极不稳定。"

审前司法研究所的蒂姆·默里称，纽约反对审前监督的情况特殊。他说，几十年来，监督释放在包括哥伦比亚特区在内的许多辖区得到有效应用。他认为，如果监督释放是防止人们因为付不起保释金而坐牢被毁的代价，那就是值得的。

58　　　苏珊娜·卡尔松正在推动自下而上的改革，得到了布鲁克林辩护服务机构的同事的协助。他们敦促法官充分利用 20 世纪 60 年代的开创性法律中关于具结释放的规定。由于过去这些年此类主张只是零星出现，此前它们并未被采纳，也没有发展为限制使用金钱保释的判例法。

　　公众对过度采用金钱保释的再次关注带来了新一波的支持浪潮。卡尔松称，"最终法律大环境可能使纽约的非货币保释方案被搁置"，这可能会带来司法创新，比如在刑事法庭设置特殊法官，重审保释决定和辩护律师对保释决定合宪性的常规质疑。

　　"改变既往观念，让人们系统性地重新认识保释制度是一件难事，"布鲁克林辩护服务机构执行董事莉萨·施赖伯斯多夫（Lisa Schreibersdorf）补充说，"因此，我们在使用之前未被充分利用的技术检验那些关于保释制度的根深蒂固的观念。我们认为，我们获得的结果能够讲清法官应该考虑什么——我们客户的财务状况、人们不应该仅仅因为交不起保释金就坐牢的事实，以及一项规定了几乎所有的低级案件都不适用金钱保释的政策。"2015 年夏天，卡利夫·布劳德去世不久后，卡尔松表示，这是一个特别的机会。"我们一直在努力改变这场对话，现在我们终于迎来这样的一个时刻，公众愿意承认审前羁押会带来可怕的后果，而且几乎从来都没有必要。"

　　在纽约，无疑还有其他地方，在进行保释改革的同时，快速审判法的有效性也需要重新考察。里克斯岛和其他大城市、大县监狱
59　的长时间审前羁押显然表现了对快速审判理念的反感。相关法律的运作方式——什么算在必须提交庭审的法定时限内，什么不算——颇为复杂，但基本点是，与法庭案件积压有关的延迟不会被计入时

限。卡利夫·布劳德有律师，也做好了受审的准备，但在现行制度下，每当与此无关的案件积压造成延迟开庭，计时都会停止。

民权团体的亚历克·卡拉卡特萨尼斯、法律面前人人平等组织的菲尔·特尔菲扬、拱门城市辩护律师事务所和托马斯·哈维与越来越多提供无偿服务的私营律师事务所合作，开辟了又一条反对金钱保释的新战线。正如卡拉卡特萨尼斯所说，法官和相关人员"声称债务人监狱让他们义愤填膺，但所有的州都在做同样的事——在审判前羁押无罪的人——我们称之为保释制度。每天都有50万人因为付不起保释金而坐牢"。

卡拉卡特萨尼斯担心，有些采纳了风险评估方法的辖区会以卑劣的方式行事，将之嫁接到金钱保释制度上，这样的话，除了为关押有支付能力却不应该获释的人提供了更为有力的依据之外，并不能改善现状。他和其他人还担心，风险评估即使没有和金钱保释制度挂钩，也有可能被用来针对某些种族，例如，调用以前的逮捕记录会使有色人种被告处于不利的地位。

卡拉卡特萨尼斯等人已决定基于比尔登诉佐治亚州一案涉及的同一理论抨击金钱保释。这一理论认为，没有询问被告的支付能力就对穷人实行金钱保释违宪，由此推演，整个制度应该以具结释放和风险评估分析为基础。他能理解任何收入水平的人都可能会对社区造成风险因而需要受到监禁，但他认为，采用比尔登案的思路会突出在监禁穷人之前认真进行风险调查的必要性。

卡拉卡特萨尼斯在亚拉巴马州的联邦法院提起过诉讼，认识那里的法官，他决定在那里检验保释实践。2015年，他第一次提出了针对保释的质疑，对象是亚拉巴马州克兰顿市。他向司法部寄了文件，司法部发出了对此案的意向声明。法律面前人人平等组织的网站称："美国宣布了官方立场，认为仅仅因贫困就羁押某人的做法违宪，这是美国刑事法律体系的一个历史性时刻。"不久之后，这个网站又称："克兰顿市宣布将改革其保释制度，停止对新的被捕者采用货币担保保释的方式。被捕者不会再因无法支付使自己获得自由的钱而遭受监禁。"[21] 这意味着他们会通过无担保保释保证书获释，当本人出庭的时候，规定的保释金会被取消。这不同于具结释放，因为通过无担保保释保证书获释的被告如果没有出庭，就必须付款，不过这已是一大进步。

在法律理论层面之外，卡拉卡特萨尼斯的策略是从一些小辖区入手，这些辖区如停止金钱保释，不会出现太大的财政收入问题，也不会想花钱打官司。截至 2015 年秋季，他已在 8 个州提起了 10 起这样的集体诉讼，在亚拉巴马州、密苏里州、密西西比州和路易斯安那州的市和县引发了针对被捕者保释实践的改革。亚拉巴马州的 20 个县停止使用货币担保保释。在律师们与拱门城市辩护律师事务所的合作下，联邦法院做出反对密苏里州维尔达市做法的裁决，宣布在逮捕贫困之人后对其进行羁押并采用有担保的金钱保释违宪。在亚拉巴马州、密西西比州、田纳西州和佐治亚州，类似诉讼正处于不同审理阶段。

到 2017 年的时候，律师们已着手操作更大的案件，继续向金钱保释发起挑战，范围涵盖旧金山市县所在的加利福尼亚州、休斯敦市所在的得克萨斯州哈里斯县、芝加哥市所在的伊利诺伊州库克县和马萨诸塞州。在旧金山，市检察官丹尼斯·赫雷拉（Dennis Herrera）和治安官薇姬·亨尼西（Vicki Hennessy）支持这类诉讼，而参议员罗伯特·赫茨伯格正在推动全州立法。[22]

休斯敦案是迄今为止最重要的案件。该县治安官、地区检察官和一名刑事法官都是2016年新当选的官员，他们都支持原告。[23] 2017年 4 月，联邦法官李·罗森塔尔（Lee Rosenthal）经过漫长的听证，在一份长达 192 页的意见书中给出了初步判决，判定哈里斯县的保释制度违宪。[24] 考虑到有广泛的证据表明哈里斯县妄用保释制度（其中包括一部令人不安的影片，显示当地法官对待被告的方式非常可怕），法官强烈暗示，她的最终决定会和初步判决一致。

金钱保释制度毁灭了如此多穷人的生活，现在它受到了半个世纪以来前所未有的打击。2016 年 8 月，司法部向州首席法官和法院管理者们发出一封信，总结称："不考虑被告财力的保释金额设置会导致个人遭受监禁，并非因为他们威胁到公共安全或有潜逃的风险，而是因为他们付不起指定的保释金。"罗伯特·肯尼迪会为此而高兴。

62

第四章　精神疾病犯罪化

63　　如果我们在 20 世纪 60 年代关闭精神病院的时候能重点投资社区精神健康服务，达伦·雷尼（Darren Rainey）可能现在还活着。如果我们没有在 20 世纪 70 年代开始以高得离谱的速度监禁人，他可能现在还活着。如果我们没有在 20 世纪 80 年代大幅削减成瘾治疗资金，他可能现在还活着。如果我们没有在 20 世纪 90 年代雇用私营公司运营我们的监狱或其中的一部分，且只付给他们微薄的报酬，他可能现在也还活着——捉襟见肘的资金使得他们只能招募未经培训、极不称职还常常施虐的惩教人员，招到的精神健康专业人员也往往工作内容太宽泛，难以胜任，且经常在极其糟糕的条件下工作。但他死了，原因是在过去半个世纪里，精神病院去机构化①后，我们的一系列所作所为都是我们能做出的最糟的选择。

　　雷尼患有精神分裂症，是非裔美国人，生活拮据，50 周岁，因64　犯吸毒罪而服刑，被关押在佛罗里达州惩教部戴德惩教所，2012 年6 月 23 日死在了那里的过渡护理部门或称精神健康病房。惩教官安

---

① 去机构化，此处指美国 20 世纪 60 年代精神医疗领域的一种趋势。1963 年，肯尼迪政府决定，将医院中的慢性精神病患转移至社区，希望他们能够接受以社区为基础的照顾，并由联邦政府大量拨款，推动《社区精神健康中心法》的实施。

装了淋浴设施，用 180 华氏度（约合 82.22 摄氏度）的滚烫热水折磨他们视为不配合的犯人。达伦·雷尼在牢房地板上大小便，不肯清理干净。惩教官罚他冲了将近 2 个小时的淋浴，在他惊恐而痛苦地拼命叫喊时，他们在一边嘲笑他。最终雷尼被烫死了。犯人马克·乔伊纳（Mark Joiner）还记得这件事。"我听见他们锁了淋浴间的门，他们还嘲笑他。"乔伊纳说，"他大喊，请停下来，请停下来。他们只是说'好好冲个澡吧'，然后就走了。"[1]

佛罗里达州的监狱人口在美国排名第三。1996 年至 2014 年，佛罗里达州患有精神疾病的犯人增加了 153％。[2]然而，佛罗里达州在精神健康方面的人均花费比爱达荷州以外的任何州都要少。

一些消息人士称，淋浴折磨只是戴德惩教所狱警用来使患有精神疾病的犯人乖乖听话的方法之一。雷尼去世 3 个月后，同样关押在精神健康病房的理查德·梅尔（Richard Mair）在空调通风口上上吊自杀。他留下一张字条，说他和其他犯人常常遭受狱警的肉体摧残和性虐待。字条上接着写道："如果他们不喜欢你，就会让你挨饿。"狱警还强迫白人和黑人囚犯互相打斗，并打赌谁会赢。[3]营利性公司派驻监狱的精神健康专业雇员对此保持沉默。

精神疾病和吸毒成瘾导致贫困，而贫困也会导致精神疾病和吸毒成瘾。毒性压力①是人们正在应对贫困的标志，往往最终导致精神疾病和吸毒成瘾。研究表明，收入低于贫困线的成年人中有 8.7％有严重的心理困扰，相比之下，在收入高于贫困线 400％的成年人中，这一比例为 1.2％。[4]贫困人口患有严重精神疾病的可能性是普通人的 2 倍。[5]失业和抑郁症密切相关，以至于美国疾病控制与预防中心宣布失业是公共健康问题。[6]低收入社区中精神健康和戒毒服务的

65

---

①　毒性压力，指身体遭受强烈的、频繁的或长期存在的压力。

缺乏与监狱人口中精神健康和毒瘾问题高发相互关联。对太多穷人来说，我们的监狱就是今天的精神卫生系统。通过用监狱替代精神病院，我们实际上已经将精神疾病和贫困一起犯罪化了，而贫困常常是精神疾病的根源。

这一循环一旦开始，就持续不断。曾遭受监禁的重度精神病患再次入狱的可能性要比没有这些疾病的人高 2.4 倍，双相情感障碍①患者再次入狱的可能性要比没有这一疾病的人高 3.3 倍。[7]

从病房到牢房

在发生大规模监禁的几十年里，全美各州的精神病院床位数量从 1955 年的每 10 万人 339 张减少到 2015 年的每 10 万人不到 20 张。[8]现在我们监狱中的精神病患人数是州精神病院患者人数的 10 倍。[9]治疗倡导中心的 E. 富勒·托里（E. Fuller Torrey）医生说："我们基本上已经退回到 170 年前的处境。"[10]迪安·奥夫德海德（Dean Aufderheide）用一个令人回味的说法概括了从精神病院到监狱的转变——"机构转变"，显然不是每个经历了去机构化的人都遭遇了"机构转变"，但如今有精神健康问题的犯人的百分比糟糕透顶。[11]

据多项不同研究估算，监狱中患有严重精神疾病的在押及服刑人员数量为 30 万～36 万。[12]在地方监狱中，七分之一的男性和近三分之一的女性患有严重的精神疾病，比整体人口中的比例高 4～6 倍。[13]特定机构和系统中的比例更高。例如，里克斯岛监狱公布，有将近 40％的人被诊断出患有精神疾病。[14]总的来说，监狱人口从 20

① 双相情感障碍，又称躁郁症，心境障碍的一种类型，病发时患者情绪会间歇性高低起伏，出现狂躁和抑郁两种情感轮流交替的现象。

世纪 70 年代末的 50 万人增加到现在的 200 多万人，粗略估计，增量中有四分之一源于对精神病患的监禁。[15]最新数据显示，患有精神疾病的在押及服刑人员有 83％入狱后未得到治疗。[16]美国全国精神疾病联盟估计，有 25％～40％的精神病患在生命中的某个时刻受到监禁。[17]

不幸的是，达伦·雷尼案和佛罗里达的状况是全国千千万万类似状况的写照。监狱系统中通常充斥着缺乏培训甚至行为粗暴的狱警，患有精神疾病的人面临着最恶劣的虐待。即使是在好一点的地方，关押精神病患的囚室也人手严重不足，现有工作人员极度缺乏培训。过度使用单独监禁造成了深层次破坏性影响只是后果之一。

人权观察组织在其影响力巨大的报告《残忍无情》中保留了对里克斯岛监狱和新奥尔良奥尔良教区监狱"虐待文化"的最终负面评级。个别原告提起诉讼，接二连三达成和解，他们很多是精神疾病患者，里克斯岛的故事随之逐渐浮出水面。杰罗姆·默多（Jerome Murdaugh）和贾森·埃切瓦里亚（Jason Echevarria）是其中两例。默多 56 岁，患有精神疾病，以前是海军陆战队士兵，后来无家可归，因非法侵入被捕。他交不起 2 500 美元的保释金，因而在温度达 101 华氏度（约合 38.33 摄氏度）的牢房中关了 4 个小时，不幸死亡。该市以 225 万美元达成和解。[18]25 岁的埃切瓦里亚也患有精神疾病，他吞下了有毒的肥皂。工作人员漠然置之，他就这样死去。该市以 380 万美元达成和解，里克斯岛监狱的一名副巡长因此被判有罪并处以 5 年有期徒刑。[19]归根结底，他们如果当初能正确对待默多和埃切瓦里亚，就不用花费这么多钱。

克里逊公司是美国监狱和感化中心最大的营利性医疗和精神健康服务提供商，它或许最能体现精神病院病房转变为监狱牢房的结果。克里逊公司是监狱健康服务有限公司和惩教医疗服务机构于

67

2011 年合并的产物。这家公司在官网上夸耀自己服务于 27 个州的
531 所惩教机构和 33.5 万名犯人。公司的收益大约为 15 亿美元。[20]

人们不必深挖就可以看到克里逊公司及作为其前身的两家机构
所留下的肮脏行迹。《纽约时报》在 2005 年对监狱中的健康状况进
行了为期 1 年的调查，发现监狱健康服务有限公司提供的身心健康
服务糟糕透顶，由此导致的死亡层出不穷。[21] 自 2012 年以来，克里
逊公司失去了缅因州、马里兰州、明尼苏达州和宾夕法尼亚州全州
范围内的合同。2013 年，债务信用评级公司穆迪投资者服务公司以
克里逊公司新近失去合同的事实为依据，两次降低了它 3.6 亿美元
的债务评级。2015 年年中，克里逊公司与里克斯岛监狱的合同没有
获得续签。[22]

2011 年，佛罗里达州决定将提供医疗和精神健康护理的业务承
包给克里逊公司和韦克斯福德健康资源公司（这家公司后因负责护
理达伦·雷尼而受到指控）。此后，犯人死亡和对病人视而不见的
事件激增。2015 年年底，《棕榈滩邮报》发表了一系列相关报道并
获了奖。可以说，克里逊公司随后就先治安官一步撤出了佛罗里
达。[23]这是魔鬼的交易：佛罗里达州需要最低廉的基础服务，而克里
逊公司之流愿意提供，即便他们知道其服务在数量和质量方面都不
合格。

变革促进者

伊利诺伊州库克县拥有仅次于洛杉矶县的美国第二大地方监
狱，其治安官汤姆·达特为我们做出了改革的表率。该县监狱关
押的 8 000 人中有三分之一患有精神疾病，达特称之为美国最大
的精神病院，并任命临床心理学博士妮卡·琼斯·塔皮亚

(N'neka Jones Tapia) 医生担任监狱长。[24] 达特说："人们并非自愿成为精神分裂症患者。大部分精神病患因为非暴力犯罪行为到了这里，比如为了活命偷窃食物，或非法侵入某地，通常只为寻找一个睡觉的地方，再或者因为自己给自己看病用药而以滥用药物的指控被抓。这和关押糖尿病人有什么区别呢？监狱从来都不应成为精神病院。"[25]

塔皮亚在成为监狱长之前负责监狱的精神健康护理工作，因此变革早已开始。现在，所有入狱者在到达监狱时都要去见医生，其间医生会了解他们的精神病史、做出正确的诊断并开药。监狱会向提审法官提交一份报告，希望他们将被逮捕者转到精神健康护理部门而不是监狱。他们尽可能将被逮捕者纳入医疗保险计划，以方便他们获释后的病例管理。

塔皮亚医生最引以为豪的是她于 2014 年创立的精神健康过渡中心。该中心可以同时为 15 人服务，这些受到抑郁症、双相情感障碍和精神分裂症等精神健康问题困扰的人，中心会为之提供认知行为治疗、就业准备技能培训和额外的娱乐活动。一年以后，接受过治疗的 43 名获释者无一再次被捕。[26] 2016 年，该县在芝加哥市南区开设了社区分诊中心，旨在使人们远离监狱和医院。这个中心全天候开放，提供评估、援助和转诊。人们可以进去求诊，警察也可以带人来。[27]

这座监狱处于联邦政府监管之下，因人满为患、帮派横行和硬件设施破旧一度臭名昭著，实际上情况才刚开始改善。从 2014 年开始，监狱人口在 3 年间下降了 25%，减少了大约 700 人，降至 1991 年以来的最低水平。[28]

另一方面，库克县行政委员会主席托妮·普里克温克（Toni Preckwinkle）承认，监狱人口的 70% 是受到非暴力犯罪指控的人，

他们中很多有行为和精神健康问题，之所以被关在这里只是因为付
不起保释金。[29] 2016 年 10 月，民权团体律师亚历克·卡拉卡特萨尼
斯、麦克阿瑟司法中心和一家私营律师事务所提起诉讼，质疑该县
保释制度违宪。[30] 就这样，监狱仍然人满为患，尽管程度有所减轻，
庭审甚至传讯仍然需要等待很长时间。帮派之争仍然存在。监狱本身
实际上正在分崩离析，在押和服刑人员除了看电视和睡觉几乎无事可
做。伊利诺伊州连续 4 年大幅削减精神健康预算，两家州立机构不得
不彻底关闭。[31] 尽管如此，库克县监狱还是在朝着正确的方向前进。

　　洛杉矶是美国最大的县监狱系统所在地，该系统有大约 4 000
人患有精神疾病，是所有监狱中精神病患人数最多的，也是各种形
式的精神健康机构中最大的（与库克县不相上下）。前任县治安官
李·巴卡（Lee Baca）坚决否认县监狱存在重大问题，最终离职。
新任治安官吉姆·麦克唐奈（Jim McDonnell）说，他想"为精神疾
病患者护理写下新的篇章，他们进了我们的监狱，最终会重返我们
的社区"。玛格丽特·温特（Margaret Winter）在 2016 年之前担任
美国公民自由联盟国家监狱项目副主任，她说："这是我在职业生
涯中经历的为数不多的大规模改革之一。并不是说重大问题全都得
到了解决，但这一改革举足轻重、名副其实。"[32]
　　聚焦洛杉矶监狱的维权、新闻和政治活动已持续了几十年。美
国司法部于 1996 年开始对该监狱进行调查，此外，由公益律师和私
营律师事务所无偿代理的狱友团体多次提起诉讼。《洛杉矶时报》
等媒体也对此进行了持续不断的报道。温特自 2007 年起就一直在处
理监狱内部案件，她说："我从未见过有什么可以与这样的恐惧、
对精神病患的虐待、人满为患的地牢般的环境相提并论。"[33]
　　2015 年 8 月，在一系列协议和解决方案都未能带来持久性变化

的情况下，司法部、洛杉矶县和麦克唐奈治安官达成了一项全面解决方案，解决精神健康护理极度匮乏和常规性武力滥用的问题，加速改革势头。法院监督和独立监督人会确保监狱实施这些改革。[34]这份长达58页的协议包含的措施有减少自杀，确保更好地评估犯人的精神健康状况，改进危机干预和其他员工培训工作，整体减少武力滥用，允许在押、服刑人员在牢房外度过更长的时间以及再聘用500多名工作人员（包括更多精神健康专业人士）。[35]

2013年，麦克唐奈聘请特丽·麦克書纳（Terri McDonald）担任助理治安官管理监狱。大多数报道称，截至2015年年末，在她任职的3年里，暴力事件发生频率有所下降。袭警和攻击在押、服刑人员的行为都显著减少。米丽娅姆·柯林斯基（Miriam Krinsky）曾担任监狱暴力公民委员会执行理事，作为检察官和儿童辩护律师曾有出色的职业表现，后来成为麦克唐奈的高级助手。她说，她在巴卡任职期间访问监狱的时候感到内部氛围非常"紧绷"，但"如今他们已没有这种感觉"。美国公民自由联盟南加州分会法律事务负责人彼得·埃利亚斯贝格（Peter Eliasberg）指出，"野蛮殴打的行为显著减少"。

2015年协议的实施仍面临着重大的挑战，虽然县督导委员会已批准了一项耗资20亿美元的重建计划，但年久失修、虫害肆虐的男子中央监狱仍有待重建。[36]那些为无家可归又患有精神疾病的获释人员争取权益的人士称，这一解决方案没有打破从贫民窟到监狱牢房的循环，他们会有这样的看法并不奇怪，也不无道理。[37]"现在就要尊严和权力"组织的马克-安东尼·约翰逊（Mark-Anthony Johnson）说："治安部门需要将自己和精神健康服务提供者区分开来。那些患有精神疾病的人是我们所爱的人，他们需要在社区接受以社区为基础的治疗。"[38]

72

2017 年开年，事情就向着积极的方向进一步发展。县治安部门宣布会增加 25 名职员，将其精神评估小组的规模从 10 人增加到 23 人，并将设立分诊服务台，接听遇到心理危机的居民打来的电话。《洛杉矶时报》的马娅·劳（Maya Lau）报道称，该县精神评估小组在前一年已经"将他们接触到的 1 200 人中的 99％转移到刑事司法系统之外"。[39] 此外，该县开设了戒瘾中心，旨在防止人们因醉态而入狱。[40] 该县还建立了治安官民事监督委员会，这是该县委任的第一个负责监督治安部门的纯民事审查委员会。[41]

至少就改善监狱整体状况而言，改革所必需的各种力量看起来比大规模监禁时代的任何时候都更好地联合起来了。精神卫生却是另一回事。由于预算一直很紧张，要打破无家可归和坐牢的无尽循环并全面改善以社区为基础的精神健康服务仍是一个挑战。实现精神健康问题的非犯罪化是一项长期的工程。

尽管监狱中的犯人和一些专业人员是佛罗里达州达伦·雷尼死亡事件的可靠证人，但在《迈阿密先驱报》记者朱莉·布朗（Julie Brown）持续不断地关注这一问题前，该州对此没有做出任何回应。人们这才注意到这件事，公众和一些立法委员积极跟进事态进展，该州行政部门的态度则是不情愿的，不过没有人因为雷尼的死而遭到检察官起诉。虽然布朗发现一份写于尸检当天却从未公布的初步报告提及"死者全身有明显创伤"，但于 2016 年 1 月最终完成的阴性解剖[①]发现，雷尼死于"精神分裂症、心脏病和淋浴'禁闭'的并发症"。后来，在 2017 年 3 月，雷尼去世将近 5 年后，检方终于

---

① 阴性解剖，通常指法医在对尸体进行系统的解剖学、组织病理学分析过程中未发现致死性改变。

公布了一份长达 101 页的调查报告，判定惩教官没有犯任何罪。布朗和其他对这一案件感兴趣的人发现这份报告自相矛盾，她报道称，一些了解真实情况的工作人员受到威胁，并指出犯人的证词不被采信。[42]

戴德惩教所仍是佛罗里达州最致命的监狱，但至少在这一体系和过渡护理部门中发生了一些富有建设性的事情。

朱莉·布朗的报道确实促使州惩教部领导层重组并实施了一些改革。过渡护理部门最重要的具体举措是于 2015 年 5 月就一起关于该处实际状况的诉讼达成和解，布朗的报道可能在其中发挥了促进作用。这起诉讼由佛罗里达州残疾人权益组织和目前就职于此的彼得·斯里斯曼（Peter Sleasman）以及霍兰德与奈特律师事务所（可能是该州实力最强的律师事务所）提起，指控这一精神健康部门的犯人一贯受到虐待和歧视，其中包括暴虐行为、剥夺食物以及身体和言语上的骚扰。[43]

这一和解协议内容广泛，包含实质性的改革措施、实施步骤和违反协议的后果，都非常详细。[44]斯里斯曼称，这一协议引起了重大变革。该部门清理了安保人员，并安装了新的视听记录系统。斯里斯曼多次到访，以制订关于精神健康治疗内容的遵约计划。2017 年 5 月，这个和解协议即将失效，但在此几周前，该州与其卫生和精神健康服务承包商解约，原因是承包商在戴德和其他两所机构的表现不佳。斯里斯曼告诉我，他打算请求法庭延长和解协议的期限，以便监督撤换承包商可能带来的不确定状况。

2014 年 11 月，斯里斯曼还代表达伦·雷尼的家人提起了非正常死亡诉讼。他将此案移交给私人律师，截至 2017 年 5 月，案件仍在审理中。这起诉讼曾一度遭到搁置，直到 2017 年 5 月才恢复审前证据交换。斯里斯曼告诉我，这一诉讼的前景并不明朗，因为尸检发现雷尼没有被烫伤的说法引发了争议。

2014 年 6 月，美国公民自由联盟佛罗里达州分会和一些其他组织最终请求美国司法部调查达伦·雷尼的死亡以及整个佛罗里达州惩教系统中对患有精神疾病的在押及服刑人员的治疗情况。[45]2015 年 5 月，司法部对达伦·雷尼的死亡展开刑事调查，宣布正在考虑对佛罗里达州所有监狱中虐待精神病患的指控进行"模式或惯例"调查。[46]截至 2017 年 5 月，这项调查没有任何公开结果，随着管理层的更迭，调查似乎不太可能获得任何积极的结果。

在纽约，过去 25 年多的时间里，有五起针对里克斯岛监狱的集体诉讼胜诉。每起诉讼都涉及过度使用武力等虐待行为。其中几起诉讼确实让特定问题有了巨大改观。其余诉讼的影响昙花一现，在法院命令到期后就渐渐被人淡忘。虽然虐待行为不只针对有精神健康问题的监狱在押及服刑人员，却与此相关，因为尽管他们只占 40%，但对监狱在押及服刑人员施加伤害的行为有 75% 是针对他们的。[47]

随着里克斯岛的悲剧最终成为一个公共问题，无名英雄乔纳森·沙桑（Jonathan Chasan）律师渐渐受到人们的关注。他是法律援助协会囚犯权利计划的工作人员，自 1980 年以来一直致力于保护里克斯岛监狱的在押及服刑人员免遭武力滥用的侵害。他最重大的成功是 1993 年对这座监狱的单独监禁部门提起的集体诉讼。在此期间，他揭露了狱警在这场诉讼前的 5 年里致 300 多名犯人重伤，包括骨折、鼓膜穿孔等，不一而足。这次集体诉讼迫使该部门做出了许多改变，包括安装 300 个摄像头。这带来了转机，但和解协议终止后，一切又回归原样。[48]

2012 年，沙桑和法律援助协会联合罗普斯和格雷律师事务所以及埃默里、切利、布林克霍夫和阿巴迪律师事务所两家私人律所（尤其是乔纳森·阿巴迪［Jonathan Abady］）共同提起诉讼，以制止针对狱中青少年的暴力行为。由于纽约州法律的特殊性，年满16周岁者就可以被关押在里克斯岛，他们尤其容易受到狱警和狱友的虐待。（这项法律最终在2017年得到修订。）在努涅斯诉纽约市一案中，律师们提交的诉状长达96页，轰动一时。除了原告（每个人都曾遭受工作人员的野蛮攻击）以实名示人，这份诉状还详细记述了一长串的和解案件，每桩和解案件都花费了该市几十万美元甚至更多。[49]

当律师们为努涅斯案做准备并建档调查的时候，联邦政府也在进行自己的调查。同一时间，《纽约时报》记者迈克尔·韦纳里普（Michael Winerip）和迈克尔·施维茨（Michael Schwirtz）发表了一篇强有力的报道，讲述了里克斯岛监狱中的精神疾病和野蛮行为。这两位记者凭借一份秘密泄露给他们的城市研究报告，对其中论及的129桩案件开展了深入的调查工作。研究报告中没有指出当事人姓名，但能够辨认出受害人的身份，也写出了他们经受折磨的细节。[50]这对律师来说意义重大。

白思豪市长当时刚刚履新，也致力于变革。他从当政初期就开始投资改善里克斯岛的状况，包括推出专门的治疗措施，奖励行为的改善并减少单独监禁。

司法部于2014年报告称，它发现了"一种根深蒂固的暴力文化"。这份联邦报告特别关注犯人及在押嫌犯中患有精神疾病（占受伤者的四分之三）以及年纪较轻者，发现其中44％曾是过度使用武力的受害者，很多人受了重伤。美国在2014年年末提起公诉，随后加入努涅斯案。正如珍妮弗·冈纳曼在《纽约客》的文章中所言，乔纳森·沙桑"得到了终极盟友"。[51]

2015年6月，努涅斯案的和解谈判最终达成一份长达63页的协议，联邦法官劳拉·泰勒·斯温（Laura Taylor Swain）于当年秋季接受了这一协议。尽管白思豪政府已经落实了一些改革举措，但原告一方的律师十分明智地要求它们在协议中有所体现，将来一旦有人倒行逆施，可以使他们受到法律制裁。合众国检察官普里特·巴拉拉（Preet Bharara）称之为能够"修复破损的体系、破除数十年来的暴力文化"的"开创性框架"。白思豪市长表示，此前已经采取"特别举措对里克斯岛监狱进行改革"，这一"协议表明我们为实现扭转数十年虐囚恶习的目标采取了又一有力举措"。惩教官联盟负责人诺曼·西布鲁克（Norman Seabrook）明显对此缺乏热情就毫不奇怪了。[52]

这项协议适用于整个机构并重点关注年龄较小的在押及服刑人员。协议对暴力行为的报告和调查提出了新要求和新标准，规定加强对使用暴力的工作人员的问责，建立识别工作人员暴力行为的早期预警系统，新安装 7 800 个摄像头，实施执法记录仪试点计划，安装摄像机记录犯人从牢房被转移出去的过程，用计算机分析处理暴力使用数据，加强对工作人员招聘的关注，改进晋升审查，增加对工作人员的培训，允许、采纳匿名举报，并向合众国检察官报告使用武力过程中可能引发的犯罪。[53]新的武力使用政策明确禁止击打头部、面部、腹股沟、颈部、肾和脊柱，且禁止踢打和锁喉，除非狱警认为自己面临死亡或重伤等迫在眉睫的危险。[54]

涉及年龄较小者的要求也很详细。首要的一条是结束对十六七周岁在押及服刑人员的单独监禁，这已经成为行政命令，同时还禁止对患严重精神疾病的 18 周岁在押及服刑人员实行隔离。此外，还有关于工作人员比例、居住区日常检查、分类、规划、处于危险中的年龄较小者的转移、监督程序、工作人员培训和对在押及服刑人员的纪律处分程序的审核等的细节要求。该市承诺"尽最大努力"为未满 18

周岁的青少年在里克斯岛以外寻找替代场所，并在 2016 年 7 月提出了将 200 名十六七周岁的在押及服刑人员迁至布朗克斯的提案。[55] 一位独立监督人正在监督该要求的遵守情况。[56] 关于年龄较小者，最重要的一点是，州议会最终于 2017 年采取行动，将大多数未满 18 周岁的青少年视为未成年人，这意味着他们不再会被关押在里克斯岛。

克里逊公司被逐出里克斯岛也是一个重要事件。许多人已经知道克里逊公司和监狱健康服务有限公司有多么恶劣却听之任之，这很不幸。迈克尔·韦纳里普和迈克尔·施维茨在《纽约时报》对克里逊公司结束服务的报道开头就说："克里逊公司的严重问题，纽约市政官员已知晓多年。"记者写道，克里逊公司和监狱健康服务有限公司在那里的 15 年"存在诸多问题"，他们援引了该市调查局的一份新报告，报告指出，克里逊公司"雇用的医生和精神健康工作者有纪律问题和定罪记录，罪行包括谋杀罪和绑架罪"，其雇员"最近可能导致了至少两名入狱者的死亡"。[57]

2015 年 12 月上旬，该市有 592 名新任惩教官宣誓就职，这是一个明确的利好。这是未来 3 年将聘用的约 1 800 名新警察中的第一批，也是该市历史上规模最大的一批。白思豪市长对这批人发表讲话的时候，强调了他们的资历——他们中有 57 人服过兵役，超过 100 人担任过公职。《纽约时报》记者迈克尔·施维茨引用了一些人的话，他们表达了从事这一工作的理想主义缘由。[58]

当然，最重要的是要应对里克斯岛反常的文化，尤其是透明度的缺乏、基础设施的落后和对民众监督的敌意，要解决过度使用武力的问题，就必须处理上述所有问题。[59] 备受尊敬的领导者们多年来一直表示，没有任何策略能成功改造里克斯岛，唯一恰当的行动就是将其关闭。2017 年 3 月，根据一个著名的独立委员会撰写的一份长达 97 页的惊人报告，白思豪市长终于表示打算关闭这座监狱。尽

79

管这项计划的附属细则称，这将用 10 年时间来完成，并以将监狱人
口降到 5 000 人为条件，但这无疑是件大事。在联邦政府和其他改
革倡导者的压力下，白思豪市长和他的工作人员当下的作为仍至关
重要。这一场所的关闭遥遥无期，现在被关押在那里的人们应该拥
有一个不那么具有破坏性的环境。城市管理部门和不断扩大的外部
维权工作所取得的成绩很重要也很有价值，不过这仅仅是个开始。

　　所有这些问题中最恶劣的就是对监狱中人的可怕虐待。但结束
这种虐待行为只是消融了大规模监禁和社区精神健康与戒瘾服务短
缺问题的巨大冰山的一角。改善监狱的精神健康与戒瘾服务只是第
一步。如果我们要减少被关押的精神疾病患者的数量，结束大规模
监禁非常必要。在社区中为低收入人群提供便于获取的行为健康服
务至关重要，这样他们就不必为得到治疗而不得不在监狱待上一段
时间了。

　　实现监狱改革、改善为精神疾病患者提供的服务以及对成瘾者
的治疗（这通常是同一批人）没有什么万全之法。得到修复的问题
常常过一阵子又变得令人不安。在有些州，州长、州议会领导层甚
或进步的惩教专员都会引领变革之路，但州长、州议员和专员都来
去匆匆。律师、其他支持维权人士和记者等局外人更多时候是变革
的催化剂，一旦实现变革，他们必须成为让变革持之以恒的力量。
但必须指出的是，一直以来，都有富有爱心、充满勇气的精神健康
专业人员日复一日地坚守，并抓住一切发言机会敦促改革。

　　不过，根本性问题是这一体系的文化必须改变，而这自然是所
有问题中最难的。更大的问题是，我们如何从总体上改善精神健康
与戒瘾服务，这样我们就不会仅仅因为不知道如何对待他们而将他
们送去坐牢。尽管改革债务人监狱和金钱保释很困难，但我们用监

狱替代恰当的精神健康服务所造成的混乱更难修复。监狱的服务当然应该得到改善，但解决这一体系性问题的真正答案是以社区为基础的行为健康服务，这有助于防止人们犯罪，并使轻罪犯免于牢狱之灾。达伦·雷尼不应该白白死去。

第五章　子女抚养费：
　　　　 贫困父亲犯罪化

　　南卡罗来纳州北查尔斯顿居民沃尔特·斯科特（Walter Scott）命丧黄泉，起因是他付不起子女抚养费。仅仅因为他是个黑人，警察在他驾车途中拦下了他，而他设法逃脱警察的追捕。他之所以逃跑，是因为害怕由于拖欠子女抚养费而被捕。手无寸铁的他被警察开枪击中后背。

　　监禁拖欠子女抚养费的人是一种更为复杂的债务人监狱类型。该州从轻微违法的低收入人群那里榨取罚款和费用，这很难令人信服，虽然对那些有能力支付者的真正违法行为进行合理罚款和收费不存在问题。但总的来说，没有收费为法院系统创造收入造成的只是州的收入损失。

　　相比之下，拖欠子女抚养费造成的通常是儿童的收入损失。
（子女抚养费付给州而不是付给孩子的情况也仍然存在。）[1]父母付得起子女抚养费却没有支付，是对这一基本责任的背弃。将付得起子女抚养费却未支付的"赖账父亲"（通常情况下是父亲）投入监狱，这一提议几乎没有人会反对。[2]但对无力履行该义务的人来说，将之投入监狱无济于事，而且几乎不可避免地会造成毁灭性影响。

子女抚养费至关重要，它使大约 100 万人摆脱贫困。2014 年，单是联邦子女抚养费执行项目就为美国家庭征收了 282 亿美元子女抚养费。[3]2011 年，子女抚养费在那些获得抚养费的母亲的收入中占比 17％。收入低于贫困线的监护方家长获得的子女抚养费占他们收入的比例高达 52％。[4]子女抚养费政策是一项强有力的反贫困战略。

宪法和联邦政策规定，无力支付子女抚养费的无监护权家长可不受监禁。正如奥巴马总统的联邦子女抚养费执行办公室专员维姬·图雷茨基（Vicki Turetsky）所言："每位父母都有责任尽其所能抚养他们的孩子，"但她旋即补充说，"监狱适合关押故意隐藏资产的人，但并不适合关押根本就无力支付的人。"[5]然而，有些州和个别法官仍然无视法律或罔顾支付能力的不足，将拖欠子女抚养费的贫困家长送进监狱。此外，在许多州，在家长因为拖欠子女抚养费以外的罪行受到监禁期间，拖欠的抚养费会不断累加。

如果说有什么办法的话，合适的办法就是首先计算出低收入家长能够支付多少子女抚养费。应该合理计算他们的债务，不能从一开始就让他们无力承担。许多父亲因为子女抚养费从一开始就没有得到合理计算而注定受到监禁。[6]另一个挑战是如何让更多的州不再允许在监禁期间累加收费。我们还应该在子女抚养费案件的庭审中为父亲们指定律师，得到律师协助的人更有可能证明自己的贫困。由于相当多的州将拖欠费用犯罪化并处以监禁，父亲的自由在子女抚养费案件的庭审中经常受到威胁，这种情况通常符合指定律师的条件。

这些父亲的贫困率非常高。城市研究所于 2007 年对 9 个州进行了研究，发现拖欠子女抚养费的人中有 70％年收入低于 1 万美元。然而，在许多州，支付义务的依据是假定父亲拥有一份符合最低工资标准甚至是中位数工资标准的全职工作。因此，低收入父亲预计平均要将其收入的 83％用来支付子女抚养费。[7]

此外，由于 14 个州规定监禁期间并不能暂停支付子女的抚养费，未支付子女抚养费的父亲入狱时平均欠费 1 万美元，而出狱时平均欠费 2 万美元，还没加上利息和罚款。[8]尚不清楚通过这种方式将父亲的贫困犯罪化，我们希望实现什么目标，但很明显这种方法让情况雪上加霜，对本应获得供养的子女来说帮助甚微，他们并不能因此得到应得的钱。

联邦专员维姬·图雷茨基称，总的来说，关于家长支付子女抚养费的州指导方针正在朝建设性方向发展。现在大多数州在形成法庭命令时会考虑父母双方的收入，这更为现实。但对低收入家长来说，问题仍然存在，因为尽管联邦法律规定要根据支付能力来确定子女抚养义务，但有些州仍然根据"估算"收入（假定或虚拟收入）而非实际支付能力来确定这项义务，结果导致抚养费支付无法持续，应收欠款无法收回，催生非法收入，父母与子女相处时间减少，以及监禁。

"赤贫的父母为了子女抚养费一次次身陷囹圄，只因他们很穷。"南方人权中心的萨拉·杰拉蒂说，[9]"你看到一屋子的贫困家长，其中大多数是非裔美国人。屋里有一位法官和一位首席检察官，他们都是白人。听证通常只有 15 秒时间。法官问：'你有钱支付吗？'当事人承认没钱，法官就说：'好，你要坐牢了。'"[10]

2002 年，城市研究所的伊莱恩·索伦森（Elaine Sorensen）对来自美国司法统计局的数据进行了分析，得出的结论是，全美大约有 1 万人因为拖欠子女抚养费而坐牢。南卡罗来纳州 2009 年的一项调查显示，该州监狱关押的每 8 人中就有 1 人是因为付不起子女抚养费。2010 年，佐治亚州有 3 500 名家长因为未付子女抚养费而坐牢。不足为奇的是，包括这 2 个州在内的 14 个州不允许父亲在因与抚养费无关的罪行而受到监禁期间暂停支付不断增加的抚养费债务。全美包括这 2 个州在内的 5 个州不提供公共律师代理服务，另外 3 个州是佛罗里达州、缅因州和俄亥俄州。但关押付不起抚养费者的州并不止这几个。新泽西州哈肯萨克市的报纸登载，2013 年新泽西州的 2 个县有 1 800 名家长因为拖欠子女抚养费而坐牢或被戴上脚踝监视器。[11]

有律师辩护结果就大不相同了。2011 年，联邦最高法院曾有机会在特纳诉罗杰斯案①中提供帮助，但没人挺身而出。[12]人身自由是我们拥有的最重要的自由权利。当一个人即将失去自由的时候，如果他请不起律师，法院就应该为他指定一位。最高法院却不这样看。从专业角度讲，不支付子女抚养费不属于刑事诉讼的范畴，而是民事藐视法庭。从原则上来说，父亲是被强迫付款的，而不是被罚付款的。在法院看来，这样的人口袋里有监狱的钥匙：如果他付款，就可以出狱，因此没有必要请律师。但对一贫如洗的父亲来说，这就是进退维谷的困境，因为他没有钱。因此，他口袋里没有监狱的钥匙，面临因为贫困而被剥夺自由作为惩罚的风险。事实上，这种情况和吉迪恩要求在刑事案件中指定律师的原因没有任何不同。法院错了，他应该获得律师协助。

在特纳诉罗杰斯案中，法院反倒称，如果另一方（比如州）有律师，父亲就可能有权获得律师协助。但法院也称，如果另一方

① 特纳诉罗杰斯案（Turner v. Rogers）的原告、南卡罗来纳州男子迈克尔·特纳此前曾因未能向丽贝卡·罗杰斯支付两人子女的抚养费而 5 次被判民事藐视法庭并多次被监禁。在藐视法庭听证会上，他和罗杰斯都没有律师。法庭没有就他的支付能力做出任何评估，也没有表明他是否有支付能力。获释后，特纳提起诉讼，称法院违反了宪法第十四修正案的正当程序条款，当他面临监禁的可能时，没有得到法院指定的律师。

（比如孩子的母亲）没有律师，给父亲指定律师就不公平。人们想知道，法院是否想过可以给双方都指定律师。

88　　尽管联邦最高法院没有要求指定律师，但在比尔登一案中，它的确判决审判法院必须允许被告说明自己的经济状况，从而确定被告是否有支付能力。（实际上，在特纳诉罗杰斯案中，法院并没有做这些事情，所以特纳胜诉了。）但法院没有要求指定律师。我认为，包括大多数在内的一些最高法院成员并不了解我们国家的法庭上普遍发生的常见情况。无论是在子女抚养费案件，还是在关于债务人监狱的无数其他案件中，比尔登案对被告支付能力进行考量的要求在许多辖区都是纸上谈兵。强制执行比尔登案判决的方法是指定律师。

　　图雷茨基进一步表明，仅仅提供法律代理的做法还不够深入。她主张大幅减少使用民事藐视法庭来征收子女抚养费，并寻找其他支付债务的方法，比如薪金抵扣，从而更好地作用于公共政策和孩子的利益。她认为，当前诉讼程序中的对抗性质具有破坏性，事倍功半。监护方家长常常避免诉诸法庭，因为这会对非监护方家长产生严重的负面影响。此外，法院下达的付款指令家庭成员通常确实无力履行，或者他们会通过新的犯罪行为来获得这笔钱。从 2010 年到 2013 年，伊利诺伊州运用藐视法庭征收抚养费的情况减少了三分之二，退税等非工资扣缴相应地增加了 1 450 万美元。佛罗里达州断定，利用民事藐视法庭是不划算的策略，其他州也在改革或考虑改变政策。

　　我们有非常充分的理由一再强化我们的子女抚养费政策。[13] 在此之前，"不愿给钱"的父亲们已搭了多年的便车。如今，法院发布89　债务扣押令，冻结银行账户，吊销驾驶执照甚至执业证书，从而控制他们的资产并向他们施压，让他们付款，他们很难再逍遥法外。

但就我们继续利用法院收取子女抚养费的程度而言，让律师确保那些"给不起钱"的人有公平的机会向法庭陈述自己的理由，会对事情有所帮助。

　　奥巴马政府提出了在重要方面改善这一制度的法规，但由于共和党的反对意见将之推迟，直到奥巴马总统离任前的 1 个月时才最终得到通过。[14]有三项条款意义尤其重大。最重要的条款可能是要求各州在规定子女抚养义务的时候考虑非监护方家长的实际支付能力。这一举措正面处理了许多州采用不切实际、缺乏针对性的方法设定抚养费标准的长期做法，后者给低收入非监护方家长带来了灾难性的后果。第二项条款要求各州不得将监禁视为"自愿失业"，这无疑是一种委婉的说法。这一条款可以防止父亲坐牢期间的债务累积。该问题已有所改善——36 个州现在允许监狱在押及服刑人员请求修改抚养令，并向他们提供帮助，使他们明白如何做到这一点。[15]新规定使政策具有了强制性。最后，特纳诉罗杰斯案判决，法官在审理因未支付抚养费而被送上法庭的无监护权家长的案件时，必须在将被告送入监狱之前确定其支付能力，新规使这一判决最终被纳入联邦法律。

　　子女抚养费制度本身的问题已经十分严重，而大规模监禁及其对儿童的影响更是令人震惊。每 28 名儿童中就有 1 人的家长在监狱中，而每 9 名非裔儿童中就有 1 人是这种情况。[16]大规模监禁对儿童和家庭造成的伤害远超过父亲在坐牢期间无力支付子女抚养费的事实本身。伴随着大规模监禁，还有失业、低薪工作和种族主义等严重问题。处理这些问题是更深层次的挑战。有些善良的人将身为人父宣扬为一种行为目标，这是有意义的，但如果我们想帮助家庭实现他们想要做也值得为其子女做的事情，就必须彻底深挖根源，而不是使贫困的父亲因贫困而被当成罪犯。

90

第六章　公共福利犯罪化

　　丽贝卡·瓦拉斯（Rebecca Vallas）对她代理的第一起案件记忆犹新。那时她还在法学院读书，委托人是一名被控"故意违反程序"的食品券受益人，本来可能会遭到刑事起诉并失去食品券。下文我称她为"妈妈"，因为她代表着全美各地有着类似故事的母亲们。"妈妈"是一名 40 岁的妇女，有一个 12 岁的女儿。"妈妈"多年来在一系列低薪岗位上辛勤工作，但她的女儿身有残疾，随着女儿长大，"妈妈"无法维持稳定的工作。因此，"妈妈"为家庭领取食品券，并为女儿领取残疾人救济金。然而，她们的收入尽管远低于贫困线，但相对于享受福利的资格来说仍然太高（在大多数州情况都是如此）。她们无家可归，长期住在一个汽车旅馆里。她们如此贫穷，以至于每个月不得不选择性地支付水电费。绝望之下，"妈妈"开始卖血，这就构成了所谓的"故意违反程序罪"。

　　当局找到"妈妈"，以她没有申报增加的收入为由停止发放她的食品券。她去了弗吉尼亚州法律援助司法中心，该中心将她安排给弗吉尼亚大学法学院公共福利诊断会和瓦拉斯。瓦拉斯在一场时长 7 小时的听证会中为她提供代理。有三个人对她提出指控，包括一名社会工作者、一名执法人员和一名监察长。在瓦拉斯的帮助下，"妈妈"胜诉了。但绝大多数处于这种情况下的人没有律师，因此失去了他们的福利，有时甚至落到坐牢的地步。这样的惩罚司空见惯。

　　公共福利方面的犯罪化有两种形式：一种类似于"妈妈"的情况，即公共福利的受益人受到欺诈的指控；另一种是作为犯罪前科（或甚至只是一次逮捕）的附带后果，完全被排除在公共安全网之外。

　　"妈妈"的经历并不罕见。在今天的残酷世界中，面向收入微薄人群的公共福利日益减少，"犯罪化"成为一项关键策略。在美国的太多地区，占支配地位的官僚文化假定，公共福利的申请人和受益人在某种程度上是不诚实和具有欺诈性的。给公共福利加上苛刻的规定，并将违反这些规定的行为入罪，是几十年来旨在惩罚处境艰难的母亲和孩子的政策产物。惩罚穷人并不是什么新概念，但在大萧条和罗斯福新政时期以及整个"伟大社会"和民权运动时期已变得不那么普遍了。从那以后，我们的态度又逐渐粗鲁，龌龊的一面卷土重来。

　　对公共福利痛下杀手来惩罚误入歧途的人，波及的范围十分广，除了食品券以外，违反贫困家庭临时救助（TANF，之前称为福利）和失业保险的相关规定是人们受到惩罚的主要原因，这样的违规行为并不少见。补充保障收入（SSI）向收入微薄的残疾人和老人提供收入，违反其规定的行为也被用来给贫困定罪。根据补充保障收入的规定，每人每月最多可以领到 735 美元，但如果受益人实际支出的食宿费用低于政府认为合理的数额，他的收入就会被削减或终止发放；根据规定，食宿费用的这一"折扣"被算作额外收入。如果亲友给受益人一些钱过活，政府也称之为额外收入。住院超过 30 天并由医疗救助计划（Medicaid）支付住院费会被算作补充保障收入超额支付，受益人因而会处于受到惩罚的危险之中。

93

福　　利

关于公共福利的消极政治主张在里根总统任内快速发展，随着克林顿总统 1996 年签署《个人责任与工作机会协调法案》的决定而登峰造极（不过特朗普政府可能会将我们带到更高点）。"福利改革"与大规模监禁联系在一起，成为不提"黑人词汇"①就能实行种族政治的一种方法：把男人关进监狱，取消妇孺的福利，种族在这一切中发挥着作用。

1996 年通过的法案最重要的特征是终结了获得联邦出资的福利的合法权利（虽然在有些州，该福利水平已经非常低），代之以向各州提供的地区分类财政补贴；许多州接受了随之而来的邀请，设计出适用于福利受益人和申请人的新惩罚措施。贫困家庭临时救助这一福利的新形式允许各州在不违反宪法和包括民权法在内的其他联邦法律的情况下拒绝向他们选择的任何人提供帮助。1996 年的法律还对接受贫困家庭临时救助的家庭施加了 5 年的终身时限，并授权各州施加更短的时限，尽管资金完全来自联邦政府。其潜在目标是在尽可能多的州将接受贫困家庭临时救助的人数尽可能地减少到接近于零。

犯罪化是这一策略的关键组成部分。关于福利欺诈的警告引起了公众的广泛关注。当局会检查申请人是否身背未执行的逮捕令，是否曾被判犯有与毒品相关的罪行，其中任意一条都会使申请人完全丧失接受救助的资格，这种方法严重削弱了就业前景。有 12 个州有针对贫困家庭临时救助的药检，在其他州每年都有立法者提出议

---

① "黑人词汇"（n-word），即对黑人侮辱性的称呼"黑鬼"（nigger）的委婉说法。

案要求进行药检，尽管许多州已经判定这种做法违宪。有些州采取家访的办法寻找证据，证明受益人有未上报的收入或资产，或有"不该在那里"的男友。在许多州，贫困家庭临时救助支付的款项必须由孩子的父亲作为子女抚养债务的一部分偿还给州，因此子女抚养费可能永远不会按预期惠及孩子。如果这些父亲认为用其微薄的收入向州还债是一种浪费，他可能会被关进监狱。人们明白其中的道理，甚至压根不会去申请这项救助。

各州往往会通过除名来惩罚在工作分配或办公处预约中迟到或缺席的受益人，没有任何理由，也不经由任何正当程序，第一次除名会持续 2～3 个月，第二次除名持续时间会更长，在有些州，第三次除名会持续终生。

与除名相比，让人申请无门是减少名单人数的一记力度更大的重拳。各州通过降低收入水平标准减少符合获取福利资格的人，收入高于这一水平的人就不符合资格（想想上文的"妈妈"）。他们还通过确保人们排队太长以至于终日等待到关门时仍得不到服务来打消人们申请的念头。这种工作方案的运作使人非常不快，以至于许多符合资格的人在听说这种情况后都懒得去申请，而那些确实去申请了的人，则会被问到侵犯隐私、令人反感的私人问题。

犯罪化与其说是为惩罚福利欺诈和其他违法行为而将人们实际投入监狱的一种策略，不如说是吓唬他们使他们不敢去申请福利的一种方法。更广泛的策略是各州将名单压缩到能够"淹没在浴缸里"的规模，这里借用的是格罗弗·诺奎斯特关于联邦政府规模的臭名昭著的表述①。大多数州都遵循这一策略。

① 保守主义活动家格罗弗·诺奎斯特（Grover Norquist）曾提出："我的目标是在25 年内将政府缩小一半，好让它小得能完全淹没在浴缸里。"这体现了美国自里根政府以来共和党中"小政府"主张的盛行。

丽贝卡·瓦拉斯律师还详述了这种起初旨在帮助低收入人群的设计后来如何变成了用来惩罚穷人的方法："福利制度成为抓获罪犯的工具——警察实际上依靠社会服务办公室进行调查，甚至核查指纹。这一过程简直就像立案。（申请人）必须提供个人信息，签署大量文件，让警察进入你的住所进行突击检查，提交生物识别信息和社会保障号码并让他们调查你的过去。当然还有重罪毒品禁令。这是对穷人的管制。"

堪萨斯州提供了州的惩罚性措施案例。2015 年，堪萨斯州通过了一项法律，将贫困家庭临时救助受益人使用其电子福利卡每天从自动取款机中取现的金额上限设置为 25 美元。尽管对贫困家庭临时救助设置的愚蠢限制层出不穷，但出现这种事情还是头一回。大多数自动取款机吐不出 25 美元的钞票，因此这一上限实际成了 20 美元，而且每次提现该州还要收取 1 美元的管理费。正如州参议员奥莱萨·福斯特-古多（Oletha Faust-Goudeau）所宣称的那样，任何每日限额都会给贫困家庭临时救助受益人带来严重问题，比如，她的选民几乎不可能取到他们每月按时缴纳房租所需的数目。[2]

堪萨斯州最终做出了让步，但此举并非出于好心。在这项法律实施之前，奥巴马政府的联邦卫生与公众服务部曾就这项州法律是否被联邦法律禁止与萨姆·布朗巴克（Sam Brownback）州长进行了长时间的信件交涉。联邦政府没有说这项州法律无效，但它在该州激起了足够多的怀疑，以致于堪萨斯州放弃了这个主意。（特朗普政府将在遏制匪夷所思的州政策中发挥何种作用，尚有待观察。）

新闻报道也很重要。麦克拉奇报业集团的一员《威奇托鹰报》反对这一政策，它出色地解释了联邦法律和联邦与州之间关系的复杂性，并和多家其他报纸、电视台和广播电台对此进行了持续报道。电视小道新闻主持人乔恩·斯图尔特（Jon Stewart）对这一问

题的关注也有益无害。斯图尔特严厉批评了堪萨斯州，他说，这些 97
限制把贫困家庭临时救助受益人"当作坏孩子一样对待。你们还没
有从全国性的经济崩溃中恢复过来吗？去你们的，这不是在演电
影"。[3]也许联邦政府无论如何都会让堪萨斯州撤销这项法律，但新闻
报道肯定提供了助力。

　　这是这个故事积极的一面。可悲的是，取消每天 25 美元的上限
实际上只是堪萨斯州倒行逆施之中的一个例外。布朗巴克于 2010 年
当选州长，州议会进一步"向右转"，此后，该州开始"整治"贫
困家庭临时救助问题。自 2011 年起，堪萨斯州对未到贫困家庭临时
救助办公室赴约等行为实施更为强硬的制裁，并制定了更为严格的
资格要求，比如同居伴侣或配偶即使不是该居所内儿童的父母，没
有抚养他们的法律义务，其收入也会被计入。该州的下一步是，要
求贫困家庭临时救助申请人必须有至少 20 个工作联系人，当局才可
能考虑其现金援助申请（找工作期间他们不会得到任何托儿或交通
方面的帮助）。不出所料，2006 年至 2014 年，该州待处理个案的总
量下降了 60％。[4]

　　堪萨斯州得寸进尺。2015 年该州通过一项法律，将终身资格期
限从 48 个月（已经低于联邦政府 60 个月的期限）缩短到 36 个月。
这项法律还禁止贫困家庭临时救助受益人将福利用在带孩子去游泳
池和购买电影票等事情上。犯有福利欺诈罪的贫困家庭临时救助受
益人被终身禁止领取福利，犯过两次毒品重罪的成年人被永久禁止
领取食品券。联邦法律完全准许这些措施的实施。

　　现在全国仅有 300 万人接受贫困家庭临时救助，不到人口总数 98
的 1％。其中近一半在加利福尼亚州和纽约州，其余的 170 万人分
散于其他 48 个州和哥伦比亚特区。这一数字还在继续下降，仅
2013 年和 2014 年就减少了 60 万人。

如果因为穷人减少所以贫困家庭临时救助受益人减少，这当然是件好事，但事实并非如此。在美国的大部分地区，福利已经消亡。难怪我们有 1 500 万人收入低于贫困线的一半，还有 750 万人唯一的收入来自食品券——对一个三口之家来说，年收入刚过 6 000 美元，还不到贫困线的三分之一。我们依然有 4 300 万人处于贫困之中，1 500 万人处于极度贫困之中，其主要原因是经济大衰退后的复苏还没有惠及他们。

我们为收入最低的人群铺设的安全网已千疮百孔，只剩下食品券和针对某些人的医疗救助计划。我们迫切需要设计像样的新制度，一种和就业市场的现实以及最基本的生活水平挂钩的新制度。然而，2016 年的大选结果不是个好兆头，似乎难以带来更为人道的解决方法。

随着国会议员保罗·瑞安（Paul Ryan）执掌国内政策，福利"改革"的"成功"势必要向多个方向扩散地区分类财政补贴的理念。医疗救助计划、补充营养援助项目（食品券）、租房补贴券，可能还有十几个其他项目，每年总计超过 5 000 亿美元，现在岌岌可危，到本书出版的时候可能已经被"改革"。这构成了罗斯福新政和"伟大社会"的反对派几十年来的梦想。现在他们的时机已到，这是一场大规模的剧变，是一场真正彻底而极端的革命。这些成功并行之有效的项目已经为数百万人带来了积极的改变。这无关紧要。这是意识形态的问题，而不是真正的人的问题。

有人说，地区分类财政补贴有什么不好的？拨款给各州让他们决定如何使用，州难道不是离人民更近吗？实际发生的事情是下面这样的。首先，拨款是滞后的。这些项目中有许多根据受益人的数量拨款，但对每个人的地区分类财政补贴有金额上限。资金很快就跟不上了。发病率会因为资金的枯竭而下降吗？结果可能恰恰相反。其次，蓝州可能会明智地花费它们实际拥有的资金，但红州很可能不会这样。① 转换为地区分类财政补贴后，补充营养援助项目的资格和福利水平取决于各州。密西西比州的人比明尼苏达州的人更少挨饿吗？获得地区分类财政补贴后，在许多州，需求只会变得无关紧要。再次，和贫困家庭临时救助实施中的情况一样，惩罚性政策随时会实行，尤其是针对低收入人群的惩罚性政策。当资金数量减少时，吓唬人们不准开口要钱也是限量配给的一种手段。

失 业 保 险

自 1935 年以来，失业保险一直是我们经济安全网的支柱，它和社会保障制度（以及现在所谓的贫困家庭临时救助这项不太成功的福利）都是具有历史意义的 1935 年《社会保障法》的组成部分。和几近消亡的贫困家庭临时救助不同的是，如果不深究细节，我们仍可将失业保险视为支持人们渡过难关的支柱。在衰退时期，它仍能发挥相当的作用——在最近的经济大衰退中，它使 500 万人免于贫困——但在其他方面，这一制度多年来在逐渐恶化。

100

有两种情况说明了这个问题。一种情况是，在过去 40 年里，我们的经济发生了重大变化。另一种情况，也是最近的情况，是各州相继针对福利结构做出了具体削减，包括一些随处可见的惩罚性措施，类似在贫困家庭临时救助上施加的惩罚性措施。

失业保险是为那些倾向于终身待在同一家公司却不时被萧条时期的裁员打断的男性产业工人设计的。当时有大量失业者从未拥有领取失业保险金的资格，因为他们是自己辞职的，而非被解雇。自

① 蓝州与红州显示了美国选举票数分布倾向，蓝色代表民主党，红色代表共和党。

那以后，我们又经历了巨大的变化。如今，女性（和许多男性）在劳动力市场进进出出，做着各种兼职的、临时的、季节性的、劳务派遣型的工作，或不符合参加失业保险资格的低薪工作。（许多所谓的）独立承包人和现在随处可见的按需工作的人也不包括在此范围内。目前，失业人员中只有四分之一在失业后获得了失业保险金，[5]而在 1975 年这一比例为四分之三。[6]

人们一直坚信，失业保险是对"值得帮助的穷人"的援助。但在当今世界，缩短福利持续时间和削减福利金额的现象普遍存在，同时还会采取其他措施来压缩享受福利的人数。

北卡罗来纳州向"右"急转的一个后果是该州将失业保险覆盖率削减至失业人数的十分之一，为全美最低水平。[7]国家就业法律项目的乔治·温特沃思（George Wentworth）称："没有哪个州像北卡罗来纳州那样对待《众议院 4 号法案》，在如此短的时间内对失业保险项目造成如此大范围的损害。"[8]佛罗里达州在实行一系列措施削减符合资格者后，将失业人员的保险覆盖率降低到 11％。[9]2017 年，密苏里州新任州长为共和党人，议会也由共和党把持，他们利用新获得的权力确定了一项最高优先事项，即将失业保险金支付的持续时间由 20 周缩短到 13 周。[10]肯塔基州将处理失业保险索赔的办公室数量减少了一半以上。[11]雇主已经开始雇公司处理索赔官司，使得申请人为维护自己的权利背上沉重的债务。[12]

威斯康星州州长斯科特·沃克（Scott Walker）要求一些失业保险受益人接受药检，如果受益人未通过药检或拒绝接受药检，就拒绝给他们发放保险金。[13]尽管法院判决有关法规违宪，但已有十几个州颁布法律，强制要求贫困家庭临时救助受益人接受药检。此外，还有几十个州已考虑在失业保险、补充营养援助项目、医疗救助计划和各种地方福利中引入药检。[14]

最糟糕的是密歇根州。你还记得电影《2001 太空漫游》中的无赖电脑哈尔吧？它回来了，这一次被安装在密歇根州失业保险机构，密歇根州州长里克·斯奈德（Rick Snyder）将之整合进了所谓的密歇根州人才投资机构。斯奈德在 2011 年就职的时候，决定将该州的失业保险项目计算机化，雇了三家公司进行这一工作，签订了总额达 8 100 万美元的合同。新的计算机系统被称为密歇根州数据自动化系统（MiDAS），为该州点石成金。遗憾的是，该机构的客户就没有那么幸运了。斯奈德州长及议会将该州的失业保险覆盖时间从 26 周减少到 20 周，在当时是美国最短的。该机构在 2013 年刚推出这一新软件时就裁掉了三分之一的员工。[15]

起初可能是计算机发生了巨大的故障，但很快就演变成坑害申请或接受失业保险金的无辜民众的恶意策略。该州意识到这就如同从金矿中牟利，尽管知道破坏会随之而来，但还是会去开采。

2014 年 12 月的一天，凯文·格雷夫卡（Kevin Grifka）拆开一封来自该州的信，发现自己受到了失业保险欺诈的指控，而且实际上已被定罪，涉案金额将近 1.3 万美元，其中没有正当程序可言。他是一名电工，就像他不时会遭遇的那样，在去年夏天遭到解雇。收到这封信时，他已经重新上岗，该州立即在他的联邦纳税申报表中扣押了 8 500 美元的收入。他提出上诉时却被告知已经过了为期 30 天的期限。（斯奈德 2011 年的立法还增加了可被扣押的工资额，将可扣发的金额从 20％增加到 50％，并取消了机构须寻求法院下达扣押令的要求。）[16]

格雷夫卡请到了律师，经过上诉修正了这一错误，但这是经历了 5 个月折磨之后的结果。事情的起因是，他被解雇了，申请了失业保险金，过了一阵子又找到一份新工作。而实际发生的是，密歇根州数据自动化系统在没有任何人工监督的情况下，将格雷夫卡从

新工作中获得收入的时段扩展为整整 3 个月。他在这一季度的前一

段时间还没有工作，后来才又开始工作。但计算机对他新取得的工

103 资的处理方式就好像他在领取保险金期间一直在工作。同样在没有

人工监督的情况下，计算机判定他犯了欺诈罪，因为他实际失业的

时候系统还假定他在工作。"犯了欺诈罪"后，他不仅被要求返还

已领取的失业保险金，还被处以该金额 4 倍的罚款。（密歇根州是美

国唯一如此过分地进行罚款的州。）没有人核查过密歇根州数据自

动化系统的算法。

在密歇根州，这种情况一再发生。密歇根州数据自动化系统无

法无天。各种"定罪"从电脑中喷涌而出。机器法官判定欺诈罪的

时代已经来临，并且来势汹汹。密歇根州已将失业补偿犯罪化。正

如瑞安·费尔顿（Ryan Felton）在《底特律大都会时报》上的一篇

优秀报道所言：它"正在制造欺诈，而不是消除欺诈"。[17]

由于许多"定罪"针对的是一年前接受的失业福利，信件被寄

送到了错误的地址，受害者只有在看到自己的工资和退税遭到扣押

的时候才会发现。他们即使从未收到任何通知，也会被告知上诉期

限已过。甚至那些申请失业保险金被拒的人也被控有欺诈行为。试

图遵守规定的人发现计算机询问的问题他们无法理解，如果申请人

没有在 10 天之内做出回答，或及时答复了但与其之前的雇主所言相

左，或申请人给出了令人满意的回答但计算机没有及时记录下来，

计算机就会自动断定发生了欺诈行为。计算机常会冒出多个判定结

果，使申请人更加摸不着头脑。[18]

104 密歇根州从相对自由的时代开始就有法律规定，该州会为因申

请福利遭拒而进行的申诉提供律师，但这一法律不适用于欺诈案

件。像凯文·格雷夫卡这样能够自行获得法律援助的人最终安然无

恙，因为行政法官弄清了事情的来龙去脉并撤销了几乎所有所谓的

定罪。但更多的人因为请不起律师或不明白正在发生的事情而成为受害者。

该州收缴罚款和费用的措施包括发出逮捕令和迫使人们破产。据报道，有两名失业保险申请人试图自杀。[19]当地一名处理破产诉讼的律师在 2015 年报告，他手上有近 30 起案件由虚假欺诈定罪引起。机构即使知晓申请人没有收到收缴通知，也拒绝叫停其咄咄逼人的收缴政策。

在对抗这一不公的斗争中，来自各方的支持很重要。密歇根大学的教授、公益诉讼律师、记者、美国劳工部、州审计员、国会议员乃至州议会，都在反击中发挥了作用。即便如此，这些力量还是经过 6 年多的奔走呼吁才获得一定程度的积极回应。2015 年，美国劳工部的施压未能成功减少虚假欺诈案件的数量。来自地方媒体的压力也未能做到这一点。2016 年年初，密歇根州审计员发布了一份严厉尖锐的报告，证实了呼吁者们所控告的一切。同年 3 月，一位联邦法官判定一桩指控该系统违宪的案件可以进入审判程序。尽管如此，4 倍的欺诈罚款政策以及咄咄逼人的催收仍在执行，欺诈的定义仍然异常宽泛，向被告发出通知的程序仍存在缺陷。

国会议员桑德·莱文（Sander Levin）于 2016 年 10 月参与其中，并将事态公之于众。从 2013 年 10 月到 2015 年 10 月的 2 年间，此类案件达 62 130 起，截至 2014 年 10 月，共征收罚款、利息和多付款项 6 880 万美元。截至 2016 年 10 月，已有 21 956 起由机器判决的案件得到复审，其中 93％被撤销。在这 6 380 万美元中，有 2 571 起案件退款大约 540 万美元。[20]截至 2017 年年初，似乎还有超过 3 万起案件没有得到复审，而那些复审得到积极结果的案件也大多还没有给予受害人赔偿。

2016 年年底实施的一些措施终于让人看到了希望。斯奈德州长签署了一项法案，对事态有所缓解。该法禁止在没有人工监督的情况下凭借计算机做出决策，将州追踪欺诈嫌疑人的权力期限从案发后的 6 年缩短到 3 年，并禁止通过将失业保险金申请人的季度收入进行平均来判定欺诈行为（想想凯文·格雷夫卡的案例）。州长还解除了失业保险机构负责人的职务。她明显是背黑锅的，因为包括州长在内的许多人都对整件事了若指掌。

2017 年 1 月，前文提及的联邦案件达成和解，该州承诺联系尚未联系到的申请人，并且不会向对欺诈判定提出上诉的人追讨款项。不过另一方面，在州法院，同期的一起案件仍遭到州首席检察官的反对。一连串的事件仍在继续发酵。2017 年 5 月，《底特律自由新闻报》援引该州的《信息自由法》，曝光了一名亲信在 2015 年向州长提交的一份备忘录，其中陈述了失业保险机构中存在的问题，对此州长却没有采取任何措施。[21]弗林特的阴影重现了。[①]

附 带 后 果

在美国，有 7 000 万～1 亿人有犯罪记录，[22]其中包括轻罪、违规行为和未致定罪或审判的逮捕。每年有 65 万人出狱，迄今为止，有前科者是受到取消公共福利资格相关惩罚的最大人群。这并不是因为政策以此惩罚公共福利欺诈罪本身，而是其他犯罪的附带后果——通常是毒品相关犯罪——通过禁止获得公共福利，进一步惩罚先前所犯的罪行。这种包括就业壁垒在内的附加惩罚往往使铁窗

---

① 弗林特是密歇根州的一座城市，曾因水污染丑闻引发国际社会关注。这一污染事件也折射出美国社会贫富不均、种族冲突等多方面问题，甚至演化成一场人权危机。此处暗示失业救济中存在的问题也会带来极严重的后果。

时光变成终身贫困的判决。

　　贫困不仅是留下犯罪记录的原因，也是其后果。一项研究表明，如果没有大规模监禁及其带来的后果，在过去 35 年间，贫困率本可降低 20%。[23]非裔男性中至少有一半人在 23 岁之前被捕过至少一次。[24]约有 4.5 万条法律对有犯罪记录的人施加了禁令，禁止的行为包括从投票到获得理发执照等方方面面。[25]除了具体壁垒以外，还有人身方面的损失。正如《纽约时报》记者沙伊拉·德万（Shaila Dewan）所记述的那样，父母尤其是母亲受到监禁的孩子成年后更容易抑郁，更具攻击性，犯罪、旷工、患哮喘和偏头痛的比例更高，工资更低，更有可能无家可归。[26]

　　这种损害也不限于个人及其家庭。据估计，犯罪记录造成的就业缺口每年使国内生产总值损失高达 650 亿美元，而大规模监禁的开支每年超过 800 亿美元。[27]这些数字很难估量，但肯定非常巨大，尤其是在联邦政府资助的住房方面。拒绝向有前科者提供公共住房带来了最大的问题，虽然这种影响很难量化，但有粗略分析表明，每年申请公共住房和第 8 条款①租房补贴券福利被拒的刑满释放人员多达 10 万人，还有一些人从未申请过这些福利，因为他们知道即使申请也会被拒。[28]

　　由于大多数州拒绝有前科者申请贫困家庭临时救助和补充营养援助项目，以及住房、佩尔助学金②和其他高等教育经济补助，当然再加上和就业相关的附带后果，任一形式的刑事定罪实际上都会

107

---

① 第 8 条款，指美国 1974 年出台的《住房与社区发展法》中的第 8 条款，明确为低收入家庭交付租金提供信用担保，向低收入租房者提供直接补贴。
② 佩尔助学金，即基本教育机会助学金，1972 年由当时参议院负责教育的小组委员会主席佩尔提出，此资助不通过学校，而是直接对学生进行资助，是中低收入家庭学生支付大学费用的重要资金来源。

因此轻易扯碎社会安全网，几乎总是使穷人处于永久的贫困状态，并往往导致人们因贫困在未来犯下新的罪行。附带后果是贫困犯罪化的一个主要因素。

住房

鉴于禁止有前科者获得公共住房和租房补贴券的禁令使用之广泛，这可能会使某些人感到惊讶：其中大多数禁令不是联邦法律严格要求的，地方公共住房管理部门可酌情处理。联邦法律规定了租赁和补贴券条款，其中包括驱逐的理由，但地方当局在援引这些条款的时候有回旋余地。长期的惯例会强化租赁和补贴券条款的实施，但地方组织仍有提出政策变更主张的空间。

108　　联邦法律只规定对两个群体实行终身禁令：在联邦政府的房产中制造冰毒而被定罪的人和根据州法律需要终身登记的性犯罪者。对于在过去 3 年内因为毒品相关犯罪而被定罪的人也有一项强制性临时禁令，不过此人如果完成了戒毒项目就可以不受约束。此外，当前正在吸毒或酗酒者也被下发了禁令。[29]

其他禁令的波及范围更广，尤其是在实际操作中。每一类禁令的关键都是公共住房或补贴住房的申请人是否在申请前的"合理"时间内从事了"犯罪活动"。[30]这构成了克林顿时期实施的"一击出局"政策，这种政策不仅对从监狱重返社区的人造成毁灭性影响，对正在申请公共住房或补贴住房以及当前住在此类住房中的家庭来说也具有毁灭性。"一击出局"意味着一事否决，不需要被定罪，甚至也不需要被逮捕。如果一名家庭成员涉嫌从事此类"活动"（哪怕这个家庭成员的行为不为承租人所知），或房客"控制下"的客人从事此类"活动"，整个家庭都可能会受到驱逐。

即使没有确凿的证据证明有犯罪记录的人会构成威胁，"一击出局"的范畴仍被广泛用于排除这个群体。[31]地方使用的三种常见申请禁令包括:"我们不允许犯过重罪的人住在这里","如果是毒品犯罪,那就是零容忍","任何有暴力或毒品犯罪记录的人几乎都排除在获得住房的福利之外"。所有这些标准如果真正得以执行(它们的确得到了执行),会比联邦法律的规定还要严格。[32]

1988年、1990年、1996年和1998年颁布的法律,加上克林顿政府颁布的严格规定,给我们来了个"一击出局"。[33]2002年,联邦最高法院在美国住房和城市发展部诉拉克案(*Department of Housing and Urban Development v. Rucker*)中判定,即使租户对案件所讨论的非法活动一无所知,住房管理部门驱逐整个家庭也是宪法和法律允许的。这使事情雪上加霜。[34]

奥巴马总统的住房和城市发展部部长给地方公共住房官员写信,敦促在实施中对此项法律进行改良。其中一封信强调了"第二次机会"的重要性以及居所对实现稳定生活的重要性。另一封信敦促使用自由裁量权支持家庭恢复联系。在对300个住房管理部门的准入政策进行研究后,萨金特·施赖弗国家贫困法律中心得出结论,对这位部长的请求,许多人置若罔闻。[35]

联邦政府在2015年提出指导意见,直截了当地表示,逮捕记录不应用于租房决定中,但并未废除"一击出局"政策。指导意见提醒住房管理部门,"一击出局"不是强制要求,并强调他们有义务维护申请人和房客的正当程序权利。

私人住房市场也存在严重的问题。对有前科者的歧视甚嚣尘上。五分之四的房东会进行犯罪背景调查,申请人即使通过了该调查,往往也会因为信用原因遭拒。有些辖区已开始做出回应。其中最具代表性的是俄勒冈州,该州已颁布机会公平住房法。该法要求房东在做出负面回应时给出理由,禁止房东以未致定罪的逮捕或某些罪名为由拒绝出租房屋。以旧金山为首的整个加利福尼亚州以及新泽西州的纽瓦克市也采取了类似的措施。

美国住房和城市发展部于 2016 年向私人房东发布了针对歧视有犯罪记录申请人问题的指导意见，这是一项重要的举措。这项指导意见称，差别性影响①是不利因素的检验标准，因为非裔和拉美裔美国人遭到逮捕、定罪和监禁的比例过高，仅仅根据定罪事实发出的全面禁令是不可接受的。此外，指导意见还称，逮捕记录完全不能作为取消租房资格的依据，至于曾被定罪的申请人，房主必须根据个人情况做出决定，并证明自己拒绝的决定是根据犯罪的性质和严重程度、申请人没有戒毒戒酒或对社区造成威胁等事实做出的。[36]

在联邦政府提供指导意见的同时，民权律师约翰·雷尔曼（John Relman）代表纽约财富协会起诉了一个大型住房开发项目，质疑其对有刑事犯罪前科的申请人实施全面禁令。其法理是，鉴于大规模监禁的差别性对待及其产生的歧视性影响，《公平住房法》禁止实施这种针对非裔和拉美裔美国人的禁令。诉状称，这一包含 900 多栋房屋的小区的地产商必须采取因人而异的个案式路径，考量每个申请人戒瘾康复的证据或是否构成安全威胁等事宜，并要求地产商承担举证责任，证明自己没有必要把房子租给原告。如今，

---

① 差别性影响，指某项法律、政策或决定对某个群体产生差别性的负面影响，这一概念源于 1971 年的格里格斯诉杜克能源公司案。当时杜克能源公司在薪水较高的职位的招聘中，要求应聘者具有高中学历，并增加了 IQ 测试，从表面看，这一要求和种族没有直接联系，但由于一些历史原因，黑人获得高中学历的比例远低于白人，并且 IQ 测试分数也普遍较低。在这一案中，法庭多数意见认定，1964 年《民权法案》第 7 章禁止不能"合理衡量工作表现的测验"，如果这些测验对少数族裔产生差别性影响，而非与工作直接相关和必要，即使设置时不存在歧视意图，也仍旧违反《民权法案》第 7 章的规定。

联邦最高法院在"包容性社区项目"一案中的裁决、住房和城市发展部的新指导意见以及本案中司法部的意见巩固了这一理论。[37]总而言之，这是正式接受住房和城市发展部指导意见的非常重要的一步。约翰·雷尔曼表示："负责阐释《公平住房法》的机构与我们意见一致，这非常重要。"截至 2017 年 5 月，此案仍在审理中。

就业

60％的刑满释放人员出狱一年以后仍处于失业状态。87％的雇主在招聘时采取犯罪背景调查这一事实与此不无关系。[38]商业审查公司处处可见，只需按下按钮就可以采集到信息。在最近的 12 个月内，仅三家公司就进行了 5 600 万起背景调查。律商联讯集团吞并了其他公司（尤其是选择点公司），如今在其网站夸耀称，它拥有"2.74 亿个独有身份的 370 亿份公开和专有记录"。[39]且不论其他方面的问题，犯罪记录信息本身就漏洞百出。最近一年来，发生了 40 万起刑事身份盗用案。计算机数据中也存在着大量明显错误的信息——人和姓名不符，无法识别应删除的定罪记录是否已删除，最终宣告无罪的旧逮捕记录或不予追究和未留案底的旧逮捕记录也没有删除。2012 年，联邦调查局用相关文件证实了涉及记录准确性的 60 万个错误。[40]

律师们进行了反击。2005 年，费城社区法律服务中心同提供无偿服务的私人律师合作，与宾夕法尼亚州警察局达成庭前和解，后者同意更正身份盗用受害者的犯罪记录。2010 年，它与宾夕法尼亚州法院管理办公室就法庭记录达成了类似的庭前和解。它也是起诉雇得对公司的诉讼团队的一部分，这家公司主导了卡车运输业的背景调查，被诉原因是它报告了已经从公共数据库中删除或移除的犯罪记录。这些诉讼的和解金额达到了当时《公平信用报告法》相关案件第二高的水平。此后，雇得对公司提高了其背景调查的质量。

　　毫不奇怪的是，背景调查会对不同种族产生不同的影响。有定罪记录的白人中有一半会接到复试通知，而非裔美国人中只有 5% 得到复试机会。[41]背景数据大范围传播的受害者不只有求职者。有这样一个案例，一名妇女在 25 年前杀了虐待她的人，受到监禁，后来取得了微生物学的学士和硕士学位，在科研实验室担任高级职位，犯罪记录被曝光后，她遭到解雇。[42]

　　与住房的情况一样，州和地方层面也在采取前景光明的举措，但在某种程度上更为普遍。公平机会法已在 13 个州和 70 个自治市颁布，其中通常包括在招聘时禁止询问犯罪记录，禁止询问关于未致定罪的逮捕的问题，允许应聘者审核背景调查的准确性以及允许应聘者提供戒瘾康复的证据。禁止询问犯罪记录是其中最引人注目的尝试。由于表面上雇主在见到应聘者之前并不了解其犯罪记录，这对一些人有所帮助。多管齐下的法令实施后，北卡罗来纳州达勒姆市刑满释放人员的就业率上升至原来的 6 倍，从 2.5% 攀升至 15.5%。在明尼阿波利斯市，禁止询问犯罪记录使一半有犯罪记录的求职者得到录用。在亚特兰大市，得益于公平雇佣政策，从 2013 年 3 月至 2013 年 10 月，全城的雇员有 10% 是刑满释放人员。此外，塔吉特百货从其工作申请表中完全删除了"犯罪历史"一项。[43]

公共福利

　　1996 年福利法抛下了一枚重磅炸弹：终身禁止向犯毒品重罪的人提供家庭现金援助（贫困家庭临时救助）和食品券。这是最适得其反的附带后果之一。该法授权各州可放弃或修改禁令，但许多州显然永远不会行使这一权力。

　　妇女和儿童受到的影响最大。不管他们是因贩卖毒品还是持有毒品而被定罪，贫困始终是他们生活的一部分，监禁结束后也仍然如此。找工作很可能会非常困难，许多州禁止受到毒品相关定罪的人领取现金援助或食品券，并禁止更多的人获得公共住房或补贴性住房。这一公共政策效果不佳，后果往往是人们无家可归，因得不到机会而消沉绝望，这往往会导致进一步的违法行为。

海洛因和其他鸦片类物质最近在较富裕的人群中流行起来，因此我们现在会听到人们说，我们需要提供戒瘾治疗，将成瘾当作公共健康问题而非刑事问题来处理。穷人的处境有所改善，但还远远不够。2011 年，有 13 个州（2001 年为 22 个州）仍完全禁止毒品犯领取贫困家庭临时救助，有 9 个州仍终身禁止其获得食品券（现称为补充营养援助项目）。2011 年，有 13 个州（2001 年为 8 个州）完全没有关于贫困家庭临时救助的禁令，有 16 个州完全没有关于补充营养援助项目的禁令。

114

实行全面禁令的州仍然影响着 18 万妇女及她们的子女。[44] 修改了禁令的州实行以下某些或全部措施：不对犯持有毒品罪的人实行禁令；不对完成了戒瘾治疗项目的人实行禁令；不对通过药检的人实行禁令；不对已过释后等待期的人实行禁令。[45] 加州在 2014 年向前迈出了最重要的一步，州议会彻底取消了关于贫困家庭临时救助和补充营养援助项目的禁令。密苏里州修改了其关于补充营养援助项目的禁令，豁免了那些正在接受或已经完成当局批准的戒毒治疗项目的人，以及那些能够证明自己不需要治疗的人。[46]

教育

在狱中接受教育的犯人再次犯罪的可能性大大降低，找到工作的可能性也更大。用于监狱教育的钱可省下是此费用 4～5 倍的累犯成本。然而，国会于 1995 年取消了发放给犯人的佩尔助学金，并于

115   1998年取消了面向轻罪犯人和毒品重罪犯的所有联邦教育经济援助。这种局面已得到些许扭转，如今只有当学生在接受援助期间犯毒品罪才会被禁止获得联邦援助。联邦学生援助申请也不再询问关于刑事定罪的情况。[47]

各地也采取了其他积极举措。纽约州总检察长埃里克·施奈德曼（Eric Schneiderman）和纽约的几所大学达成协议，规定在申请者提出申请时，不会询问他们有关未致定罪的逮捕和警方拦截的问题，也不会询问关于已封存或删除的犯罪记录的问题。维拉司法研究所发起了一项为期5年的新方案，旨在改善密歇根州、新泽西州和北卡罗来纳州的监狱教育和出狱后教育。[48]然而，不幸的是，在许多情况下，高等院校的录取和非联邦经济援助政策对犯罪记录的考察（包括对背景调查的应用）仍过于宽泛。在一项全国性调查中，有三分之二的受访者表示，他们使用了背景调查。[49]

附带后果不胜枚举。父母可能失去亲权，移民可能被驱逐出境，其他人可能面临刑事债务，可能不能成为陪审员，等等。犯罪记录的阴影实际上长期存在，对穷人造成伤害的比例更高。[50]

第七章　学校中的贫困、种族和惩戒：直接入狱

　　杰登（根据她的要求省略了姓氏）是一名非裔少女，在加利福
尼亚州安条克市的一所高中读高三，从五年级开始就一直遭受霸
凌。她说，她身材"非常矮小"，不是"打架的料"。学校从未给过
她任何帮助，霸凌到了中学时变得愈发严重。有一天，杰登早早到
校，遭到了她认识的两个女孩的突袭。一位教师目睹了这场争斗，
试图制止。他后来声称，杰登在混战中肘击了他的胸部。

　　接下来发生的事情在贫困和少数族裔学生群体比例过高的学校
中司空见惯，在非裔、拉美裔孩子以及残疾孩子比例过高的学校中
尤甚。杰登因为在校园里打架和袭击老师被送上法庭，暂令停学，
可能遭到开除。安条克这座城市本身贫困率并不高，但和许多城区
学校一样，此地学校中贫困孩子的比例过高：据加州地方控制拨款
公式测算，鹿谷中学的全体学生中有 55% 在社会经济方面处于不利
地位。

　　杰登的母亲很幸运地找到了一位公益律师，她自己请不起，而
当时在美国青少年法律中心工作的这位律师安妮·李（Annie Lee）
改变了一切。安条克市警官承认，学校的监控录像并未显示杰登用

胳膊肘撞击了教师，唯一的证据是那位教师自认为杰登肘击了他。即便如此，警察和缓诉人员对事实并不感兴趣，他们推荐实施为期数周的缓诉项目，其中包括强制性愤怒管理和生活技能课程（杰登的母亲必须为此付费）。杰登坚持自己的原则，拒绝了这一项目，她是无辜的，也没有控制不住脾气的问题。于是她的案件从安条克警察局转到康特拉科斯塔县缓诉部，这是进入地区检察官办公室前的最后一步审核。

和警方一样，缓诉部威胁说，如果杰登不完成一项缓诉项目，他们就会建议检察官起诉。杰登的母亲威廉斯女士（她不愿透露自己的名字）很害怕，因为地区检察官以指控学生在学校犯下的所谓罪行著称。缓诉部运行的项目不像警方的强制性项目那么严格，杰登接受了。在安妮·李的帮助下，缓诉部没有将这一案件提交给地区检察官。付出两年的努力寻求警方删除传唤和报告记录之后，李在 2017 年告诉我，他们已使杰登的记录得到封存。这一点非常重要，因为即使只是警方的传唤记录，以后也会引发附带后果，比如难以进入大学，找不到工作，不易申请到住房和信贷等。[1]

杰登小时候住在奥克兰，但她的家庭为找到更安全的社区和更好的学校搬了家。安条克市更安全，但鹿谷中学并未如其所愿。杰登对我说："在这座小城中做个黑人女孩非常难。"尽管如此，她还是于 2016 年毕业，进入加州康科德戴伯洛谷学院学习表演艺术，尤其是舞蹈，她的梦想是开一所艺术学校。

宋志善（Ji Seon Song）是康特拉科斯塔县的公共辩护律师，她详细讲述了鹿谷中学的另一起案件，这起案件印证了杰登的经历。据宋所言，学校里有许多微小事件都发展为包括移交至法院和缓刑在内的严厉惩罚，比如，学生带削皮刀到学校削苹果，携带随身小折刀，以及小打小闹等。如果孩子被处以缓诉，家长就要为监管付费，费用可能高达数千美元，并可能产生附带后果。

宋志善的诉讼委托人是一名 17 岁的非裔男孩和他的母亲，男孩有严重的语言障碍，而他的母亲有认知缺陷。男孩在学校遭到霸凌，在家里也麻烦不断。他母亲的同居男友吸毒成瘾、虐待成性，还窃取男孩的补充保障收入购买毒品。男孩陪着母亲，尽其所能保护她免遭男友欺负。这个家庭生活拮据。

有一天，男孩年少气盛，一时糊涂，做了件坏事：他打电话给学校，报告了两起虚假的炸弹威胁。根本没有什么炸弹。但他显然使整个学校陷入了恐惧和麻烦。他在少管所待了 48 天，法官命令他赔偿 15 万美元。为什么要赔这么多钱呢？法官将学校所有雇员的薪水加起来，根据学校停课搜寻炸弹的时间按比例折算得出了结果。

接下来的过程旷日持久。宋志善提出将赔偿金降至 2.3 万美元，而来自学校董事会的压力和法官本人的看法都没有给赔偿金数额留出什么回旋的余地。法官称，要给男孩一个教训。男孩的家庭付不起这笔赔偿金，于是法官判处男孩缓刑，将具有刑事性质并可能导致监禁的赔偿金转为民事债务。男孩的缓刑持续至 2016 年。

在缓刑期间，男孩转入他父亲居住的奥克兰市的中学就读，并以优异的成绩毕业。宋志善安排男孩就其赔偿向安条克学校董事会提出申诉。除了他引人注目的成绩外，他还解释了他从前的痛苦经历，并汇报了他与残疾、退伍的父亲之间的和睦关系。学校董事会将他的赔偿金债务降至 500 美元，并最终完全宽恕了他。男孩后来从奥克兰市梅里特学院毕业。他非常幸运能够得到免费的法律代理，否则他的家庭永远都负担不起这样的服务。

还有许多贫困的孩子就没有那么走运了，他们因为与在校行为相关的惩罚性政策而留下犯罪记录，生活前景一片黯淡。比因琐事而被停学和开除的"零容忍"政策更为糟糕的是，贫困率较高的学校安排了人数多得不成比例的"驻校警官"，他们有权因为轻微的不当行为逮捕学生并将他们送上青少年法庭，而传统上这些行为会在校内进行处理。低收入家庭的年轻人常常因为旷课被送上青少年法庭，其比例要远远高于富裕家庭的同龄人，他们的父母也常常因子女的不端行为而被捕或深受罚款困扰，或同时遭遇两者。最为严重的问题是，在有些地方，尤其是在得克萨斯州，低收入家庭孩子为主的学校里，年轻人通常会因为在校过错和旷课行为被送上成年人法庭。

公共诚信中心利用联邦数据汇编了一份排名表，统计了 50 个州（和哥伦比亚特区）被送上法庭的学生人数。[2] 弗吉尼亚州的记录最差——一学年每 1 000 名学生中有 15.8 人被送上法庭。非裔儿童被送上法庭的比例为 25.3‰；拉美裔儿童为 12.1‰；白人儿童为 13.1‰；残疾儿童为 33.4‰。全国的比例为 6‰；其中 19 个州高于平均水平。哥伦比亚特区的比例最低，为 1.2‰。

根据联邦民权法，美国教育部在这些地区拥有执法权力，因此这些统计数据是根据种族和残疾情况进行报告的。奥巴马政府民权办公室助理部长凯瑟琳·拉蒙（Catherine Lhamon）称，被送上法庭的儿童绝大多数来自低收入家庭。无论这些数据是如何记录的，这都是一个关于种族、残疾和贫困的故事。

122 ## "驻校警官"：从学校到监狱之路的领路人

对校园暴力的关注最早可以追溯到 1955 年的电影《黑板丛林》（Blackboard Jungle）中充满暴力的学校，不过现实生活完全不像电影中所表现的那样。随着时光流逝，学校逐渐形成了安保计划，到 1978 年的时候，大城市里三分之二的高中拥有专业的安保人员。

美国驻校警官协会于 1991 年成立。虽然这听起来像是一个教育管理者的组织，但驻校警官（SRO）实际上是宣誓就职的执法官员，通常配备武器，驻扎在公立学校中。

到 1996 年，大约 19% 的美国公立学校里有全职警官或其他执法人员。20 世纪 90 年代，约翰·迪尤里奥（John DiIulio）和里根政府的教育部前部长威廉·班奈特（William Bennett）创造了"超级掠食者"这个词来描述一些少年犯，这无异于火上浇油。1999 年发生了哥伦拜恩校园枪击事件。今天，在近乎一半的公立中学和四分之一的公立小学，尤其是那些为贫困非裔和拉美裔社区服务的学校，都安排了警力。[3]（而在私立学校，可能除了特勤局的人，就没有什么警察。）具有讽刺意味的是，城郊学校里白人男孩谋杀白人学生的悲剧却演变成贫困非裔、拉美裔和残疾年轻人从学校到监狱的输送管道。

自 1999 年以来，美国司法部向 3 000 多所学校提供了 7.5 亿美元资金，供学校增派了超过 6 500 名驻校警官，增幅达 38%。在此期间，学校没有雇用亟需的精神健康人员。2008—2009 年度，纽约市的公立学校中有 5 246 名执法官员和 3 152 名辅导员。[4]在全国范围内，有 160 万名儿童所在的学校有驻校警官，却没有辅导员。

"零容忍"政策加上随处可见的驻校警官和其他警官，加剧了对轻微违法行为过于狂热的执法，这种情况在警察缺乏培训、工作能力不足的条件下尤其常见。[5]

学校中无所不在的警察也引发了一种新的（或者说被极度扩大化了的）现象，这一现象可称为"越过中间人"——不必理会学校的纪律，只需将孩子送上法庭（或双管齐下）。根据美国教育部民权办公室的调查，在 2011—2012 学年，全国有 9.2 万名学生因与学校相关的问题被捕，2.6 万名学生被移交至执法部门。[6]

佛罗里达大学的贾森·南斯（Jason Nance）做过一项调查，

记录了人们可能会有的想法。南斯总结称："警官常规性地现身校园，显著增加了学校领导因为学生的各种违法行为而将他们移交至执法部门的概率，其中包括本该使用更为合理的教育学方法来应对的轻微违法行为。"[7]马里兰大学的丹尼丝·戈特弗雷德森（Denise Gottfredson）总结道："没有任何证据表明，在学校中安排警官会提升安全程度。这使得移交给警方的轻微行为问题数量增加，将孩子们推向刑事体系。"[8]研究社会公正的学者莫妮克·莫里斯（Monique Morris）在《排挤》（*Pushout*）一书中补充说，驻校警官"模糊了教育和刑事司法之间的界限，因为与执法部门的日常交流和互动扩大了对有色人种青少年的监控，也使监狱话语和监狱文化在学校场景中常态化"。[9]

124

近年来，有些地方加强了驻校警官的培训和问责，但许多专家坚持认为，他们的存在是多余的，需要进行大刀阔斧的改革。

将贫困孩子送上成年人法庭

得克萨斯州以其小题大做的行事方式著称，有时也因此臭名昭著。其中一个声名狼藉的故事涉及该州在成年人法庭上起诉犯错和旷课学生的政策。得克萨斯州是大规模利用成年人法庭处理在校行为和旷课问题（在得克萨斯称为"未上课"）的仅有的两个州之一（另一个是怀俄明州）。故事从1991年开始，当时得克萨斯州议会将涉及青少年的一系列轻罪案件从青少年法庭转到了成年人法庭。"官方"的解释是，这会节省青少年法庭的昂贵资源以处理更为复杂的案件，而被移交的案件（包括在校不端行为）数量会很少。

从1995年开始，在半年内无故旷课10次及以上的学生会被送上成年人法庭，学校也有权将4周内无故旷课3次的学生送上法庭。

这些行为被贴上犯罪的标签。旷课学生被扣上罪犯的帽子。法官可以让学生参加社区服务，但也可以对他们进行罚款并核定费用。这样的判决产生了犯罪记录，可能意味着高等教育、就业和参军方面的附带后果。家长也可能被罚款。这为以后发生的事情埋下了祸根。

得克萨斯州苹果种子公益司法中心的德博拉·福勒（Deborah Fowler）对为何转移轻罪案件的官方说辞表示怀疑，认为实际原因是"破窗"执法和对"超级掠食者"少年犯的担忧逐渐占据上风，"零容忍"的态度逐渐扎根。当时的立法记录显示了一种要求向年轻人问责的话语（"既然你能犯下罪行，也得能入狱服刑"），其中还有一种看法是，青少年司法系统没有让有入店行窃等行为的年轻人承担任何后果。与此同时，得克萨斯州大幅增加了驻校警官的数量，尤其是在贫困的非裔和拉美裔孩子众多的地区。

结果着实令人吃惊——移交的案件俨然如潮。德博拉·福勒认为，没有人料到结果会如此糟糕。处理这些案件的成年人法庭根本不遵循任何正当程序。根据《得克萨斯州家庭法典》，青少年法庭的每个孩子都会有律师代理，成本高昂。但是在成年人法庭，起诉没有实际成本——没有指定的律师，没有缓刑，在许多地方往往没有检察官，除非孩子提出无罪抗辩，而这种情况很少见。地方警察和驻校警官对儿童和青少年发出了数量惊人的传票。得克萨斯州法院管理办公室 2009 年的数据显示，成年人法庭处理的青少年犯罪案件超过 15.8 万起，主要涉及所谓的在校不端行为。违规旷课行为又使案件增加了 12 万起——2012 年，仅达拉斯县就贡献了 3.6 万起。得克萨斯州的旷课数据是美国其他地区总和的 2 倍多。除怀俄明州外，在其他各州，这些案件都由青少年法庭审理。[10]

在校违法或"未上课"的罚款可能高达 500 美元，还需缴纳最高 70 美元的诉讼费。不少学生一年内收到多张传票，结果欠下数千美元。[11]因此，毫不夸张地说，法院获利丰厚，学区也从中分了一杯羹。得克萨斯州法院管理办公室向美联社透露，2014 财年从旷课案件中收取的罚款和费用达 1 000 万美元。[12]得克萨斯州苹果种子公益司法中心发现，在哈里斯县（休斯敦）这一本州最大、美国第三大的县，从家长那里收取的罚款和费用养活了学区和提起诉讼的检察官。根据哈里斯县自己的数据，该县的所有学生中有 75.5％在经济上处于劣势。

　　未缴纳罚款或没有完成社区服务的学生可能会在年满 17 周岁的时候遭到逮捕和监禁。得克萨斯州苹果种子公益司法中心发现，在 2013 年和 2014 年，有 1 238 名青少年因为这一原因坐牢。[13]

　　大多数在校违规行为都是界限模糊的违法行为，比如"扰乱课堂秩序""妨碍治安""扰乱交通秩序"，还有学生争斗中的一般企图伤害行为和违反宵禁令的行为（未经允许离开校园）。几乎没什么需要将学生（年龄最小的可能只有 10 周岁）送上法庭才能解决的事情。整个州的学校都已将管理学校建筑内部及其周遭行为的责任交给了驻校警官。[14]和其他地方一样，收到传票的学生中，贫困非裔、拉美裔学生和残疾学生的比例过高。

　　尽管我们应该注意到，2015 年的一项法律要求对一些最大学区的驻校警官进行专门培训，但该州许多地区的驻校警官仍缺乏专业训练，他们在学校中使用武力，包括胡椒喷雾、"高压电枪豆袋弹"、枪和狗等形式。[15]除了驻校警官隔三岔五行为失当之外，雇用他们的成本也非常高。[16]

　　得克萨斯州参议员约翰·惠特迈尔（John Whitmire）等人开始推动立法，控制在校内向学生发传票的行为，但他们没有足够的数据来支持自己的提案。得克萨斯州苹果种子公益司法中心撰写了三份关于停学和开除的报告，后来又写了一份关于将学生送上法庭的拓展报告，题为《得克萨斯州从学校到监狱的输送管道》。[17]

　　这份报告为民选官员和立法倡议人提供了他们所需要的数据。它引起了媒体的广泛关注，因为事实如此恶劣——校警给十几岁的学生开传票。报告获得的关注反过来又动员了其他家庭讲述他们的故事。这一切引发了 2013 年的首次重大改革。事情看起来微不足道，却引起了显著的变化：警官们现在不能再开传票了，而必须向法庭提交正式的指控状。要求驻校警官做这项额外工作使在校行为相关案件的数量缩减了一半。

　　但现有的案件仍留在成年人法庭，它们仍是刑事案件，被告仍然没有权利要求指定律师，种族和民族差异仍然存在。青少年法庭的法官和处理青少年犯罪的缓刑官员不希望案件被退回到他们那里。他们每年需要处理的案件已经有 4 万起左右。在这些轻罪案件激增的时候将它们退回会使青少年司法系统忙得不可开交。即使只退回这些在校案件的一半，也仍有 8 万起左右，而 2013 年涉及"未上课"的案件就达到了 11.5 万起，这将使各类案件的总数保持在 20 万起。因此，青少年司法系统的工作人员拒绝收回这些案件。

　　最佳的改革措施是，除了那些所有人都认为是真正犯罪的行为外，完全不上法庭，同时全面改革停学和开除制度。次之的改革措施是，上青少年法庭而不是成年人法庭，但要尽可能少。福勒称，另一个备选方案是，将这些案件留在成年人法庭审理，但要全部定为民事案件。因此，还有许多事情要做，但作为第一步，要求警官为传讯做更多的文书工作是明智而有帮助的。

旷课犯罪化

2015 年，得克萨斯州苹果种子公益司法中心发布了另一份令人印象深刻的报告，其中有关于旷课犯罪化的惊人数字，也有触动人心的个人故事。旷课犯罪化在贫困有色人种儿童中尤其多见。一名无家可归的十几岁男孩有时确实无法到校；一名十几岁的女孩患有临床抑郁症，尽管经常缺课，学业上仍取得了成功；还有一名十几岁的女孩大多数时间待在家里照顾她患有痴呆症的母亲。这些学生都被判定为罪犯。他们通常背负多种罪名，欠下数万美元债务。如果他们找到律师或律师找到他们（这两种情况都不常发生），问题就可以得到处理和解决。如果这些情况没有发生，事情就不会好转。如果他们到了 17 周岁仍欠着钱，就会被投入监狱，这种事情确实发生过。

报告中最精彩的部分来自州最高法院首席法官内森·赫克特（Nathan Hecht），这份报告在前言中引用了他在 2015 年向得克萨斯州议会所做的关于司法状况的致辞中的陈述。首席法官写道，旷课和考勤方面的法律"虽然本意是让孩子待在学校里，实际上却往往将学生拒之门外"。随后，报告用粗体字母引用道："但当每年有近 10 万起针对得克萨斯州学生的旷课刑事指控时，人们不得不认为，这种方法可能并未奏效。"接着赫克特表示，这一认识"已促使得克萨斯州司法委员会这一司法部门的决策机构呼吁不要再给旷课行为安上刑事罪名"。[18]

2015 年，两党一致通过了议案，这项议案由众议员詹姆斯·怀特（James White，共和党）和参议员约翰·惠特迈尔（民主党）共同倡议。新的法律终结了得克萨斯州的旷课犯罪化，向前迈出了重要一步，不过有迹象表明，它在有些方面做出了妥协，还需要进一步的改革。成年人法庭将继续处理长期旷课者的案件，但惩罚将是民事性质的，而非刑事性质的。这项法律规定，学校必须从政策上帮助学生解决导致他们无法上学的问题。旷课不再构成犯罪，也不再会留下犯罪记录。

学校可以采取强制性的旷课预防措施，但不可以再将学生送上法庭，除非学生无故旷课达到 10 次，即使到那时，学校也不被要求必须这么做。如果学生怀孕、无家可归、被寄养或者是家庭的主要收入来源，学校也不可以将学生送上法庭。如果学校将他们送上法庭，法庭必须将他们送回学校。每一个学校系统都必须采纳得克萨斯州教育机构制定的旷课预防措施。

对移交给法庭的学生，旷课检察官将决定是否提起民事诉讼。会有专门的旷课法庭来审理这些案件。法庭可以命令学生重返学校，可以要求他们考取普通教育发展证书①，如此则不用重返学校（家长需要为此付费），也可以强制他们接受咨询、参加社区服务或辅导等。它还可以吊销学生的驾驶执照或驾驶许可证。如果学校无法证明学生正在接受特殊教育服务或接受过旷课预防咨询但不奏效，那么必须驳回案件。它还可以驳回对患有精神疾病的学生的指控。

倡议者并没有达成他们所希望的一切。家长们仍会被处以罚款，不过前提是学校能够证明学生旷课是由于家长失职，如今罚款从初犯的 100 美元到旷课 5 次及以上的 500 美元不等。法庭可以向学生收取 50 美元诉讼费，但条件是其家庭负担得起。学生若不服从法庭命令，可以被判处藐视法庭，法庭可对此处以最高 100 美元的罚款，或者吊销学生的驾驶执照或驾驶许可证。年龄不到 17 周岁的学生如被发现藐视法庭 2 次或以上，可被送至青少年缓刑机构或送上青少年法庭，这会使他们受到拘禁。在学生 18 周岁生日之后，所有根据先前法律进行的定罪都会被自动删除，所有根据新法产生的

①　普通教育发展考试（General Educational Development Test，简称 GED）是为验证个人是否拥有美国高中级别学术技能而设立的考试，通过考试后可获得相应证书，等同于美国高中毕业证书的水平。

记录都会被封存，不过后一项必须通过学生申请。

有些人预测，新法会导致更多的家长被起诉，另外一些人预测，学生出勤率会下降，退学率会上升。实际上，这项法律对诉讼产生了惊人的影响。2016 年的前 4 个月，旷课立案从前一年同期的 6 万例下降到 5 000 例，而针对父母的立案从 4.5 万例下降到 8 200 例。尽管被送上成年人法庭的青少年数量相比 2009 年的 15.8 万显著下降，但仍很可观。2015—2016 年度，据州法院管理办公室登记，在成年人法庭上受理的与交通违章无关的青少年 C 类轻罪案件有 59 054 起，以在校不端行为为主。[19]

真 正 的 改 革

人们经常援引佛罗里达州布劳沃德县废除其严格的"零容忍"制度的例子，但佐治亚州克莱顿县才是最早采取此举的，也是最常被人提及和效仿的。该县的尝试始于 2003 年，领导者是该县青少年法庭首席法官史蒂文·特斯克（Steven Teske）。克莱顿县位于亚特兰大市南面，包含亚特兰大机场的大部分地区。其人口大约为 25 万，三分之二为非裔美国人，他们中近四分之一收入低于贫困线。特斯克可以算是青少年司法在州及全国范围内的领导者，在改革"零容忍"制度和减少孩子在青少年法庭受审方面尤其如此。[20]

132　　特斯克注意到，在全国范围内，学校越来越多地通过法庭来解决问题，克莱顿县的统计数据也反映了类似的趋势。他将该县的学校负责人、警察局长、精神健康和社会服务负责人以及一名社区志愿者召集到一起。他最初的目标是减少从该县学校移交至青少年法庭的案件数量。讨论很快使他们进一步关注到校内警察的行为、移交至法庭以外的其他制裁方式、引起干扰的潜在问题和预防此类干扰的积极措施。这群人频繁开会，做出了若干决定，一年后这些决定通过两项协议得以实施，一项是关于减少移交给法庭的案件的，另一项关于一个综合服务移交计划，它能在需要时向儿童提供适当帮助。

结果引人注目。之前的形势非常糟糕。1991 年至 2004 年，移交至法庭的案件增加了 1 248％，毕业率下降了 58％。每位缓刑监督官待处理的缓刑案件平均增加了 150 起，这在很大程度上是由于处理轻微违法案件占据了他们大量时间，而这些时间本应用来应对高风险和严重违法犯罪人员。随着新方法的实施，移交给法庭的案件减少了 67.4％，毕业率上升了 20％。被移交给法庭的有色人种青少年人数减少了 43％。

越来越多的孩子被送上法庭，与此同时学校雇用的驻校警官人数增加，这并非出于偶然。1993 年，有 1 名学生被送上法庭。到 2003 年，有 1 147 名学生因轻罪被送上法庭。2004 年，重罪移交案件达到 198 起的峰值。上述两项协议于 2004 年开始生效，将学生移交给法庭的案件数量随即骤然下降。到 2013 年，因轻罪移交给法庭的学生人数下降到 154 人，重罪移交的学生人数为 97 人。

克莱顿县和特斯克被看作全国的榜样也就不足为奇了。

第八章 无犯罪住房法令和
无家可归犯罪化

拉基沙·布里格斯（Lakisha Briggs）是一名经过认证的助理护士，住在宾夕法尼亚州诺里斯敦市。她的前男友此前曾对她施以家庭暴力，当他从狱中获释的时候，她面临着双输的处境。诺里斯敦市有一项所谓的"妨害房产法规"，警察局据此有权要求房东驱逐在 4 个月内 3 次拨打"911"电话的房客，这实际上是将个人打电话报警的权利犯罪化。布里格斯在之前的家暴事件中打过"911"，由于害怕遭到驱逐，她不再打电话报警。好心的邻居们至少给警察打了 2 次电话，结果警察只是完全取消了对她的保护。布里格斯告诉记者："我别无选择，只能让他留下来。"几天之后，他用一个破碎的烟灰缸割破了她的头，刺伤了她的脖子。她乞求邻居不要报警，

但邻居最终还是报了警。布里格斯被直升机接到费城进行急救。诺里斯敦市要求房东在 10 天之内驱逐她，否则他将失去执照。[1]

幸运的是，情况有所好转。布里格斯被引见给法律援助协会的一名律师，这名律师帮她联系了美国公民自由联盟的桑德拉·帕克（Sandra Park）。美国公民自由联盟宾夕法尼亚州分会和费城佩珀·汉密尔顿律师事务所也参与进来。有很多法律能够支持布里格斯——

《联邦住房法》、《防止对妇女施暴法》、宪法第一修正案、美国宪法的正当程序条款和类似的州法律。即便如此，诺里斯敦市还是持续反击。不过，案件最终和解，布里格斯获得了 49.5 万美元的损害赔偿金和律师费。该市彻底废除了这项房产法令，并承诺永远不会通过类似法令。该州通过一项法律，禁止各市因房客行使联系警方的权利而惩罚他们。[2]在美国公民自由联盟提起诉讼之后，联邦住房和城市发展部也提起了自己的诉讼，这对该案有所帮助，并将这一议题纳入了住房和城市发展部的未来规划。结果一举四得：布里格斯取得了重大胜利，全州通过了一项新法律，住房和城市发展部介入，全国媒体对这一极大影响低收入妇女的做法予以了关注。

南希·马卡姆（Nancy Markham）也是一名受害者，她先后受到前男友和亚利桑那州瑟普赖斯市的伤害，后者因为她经常打电话报警而援引滋扰法令将她驱逐。2014 年 3 月至 9 月间，她的前男友掐她的脖子，对她拳打脚踢，还用武器威胁她。当她打电话报警的次数太多，引起警察不悦后，他们就让她的房东把她赶了出去，以此进行报复。她也设法找到了桑德拉·帕克，帕克又找来美国公民自由联盟在该州的分会和一家无偿代理此案的私人律师事务所。他们于 2015 年 8 月在联邦法庭提起诉讼，根据第一修正案，称该市侵犯了马卡姆享有的寻求警察协助的权利，且违反了《公平住房法》中禁止存在住房性别歧视的规定。2016 年 3 月，该市与马卡姆达成和解，向她提供了 4 万美元的赔偿金，并废除了这一法令。[3]

这些问题说明了什么是真正的全国性危机，那就是，全国范围内使布里格斯和马卡姆这样的人遭受伤害的习惯性滋扰法令和"无犯罪"滋扰法令数量惊人。布里格斯和马卡姆很幸运地找到了法律援助。鉴于为低收入人群进行辩护的律师极度缺乏，她们的情况并非常态。这种缺乏不仅影响到那些有资格获得免费法律服务的人，也影响着收入比他们略高但不能按市场价格为法律援助付费的人。布里格斯和马卡姆在法律界大海捞针，寻找渺茫的希望，而且足够幸运，不仅得到了美国公民自由联盟的帮助，还得到了无偿受理这些案件的律师事务所的帮助。更常见的情况是，违反习惯性滋扰相关法律法规的低收入人群即使拥有法定权利，也会失去住所，因为没有律师，他们的权利就是一纸空文。

从清教徒移居美国的时代开始，"公共滋扰"罪就一直伴随着我们。它源于我们英国祖先的习惯法，现在以成条文的形式存在于各个州。它包罗万象，比如扰乱治安、破坏性行为、在公共场所游荡、游手好闲和流浪，如果说有什么限制的话，它只受到已有判例的限制。

从 20 世纪 80 年代起，警方受到强效可卡因泛滥的困扰，开始

138 寻求第三方帮助。各市政当局开始实行习惯性滋扰法令和妨害住房法规，重点取缔强效可卡因毒品站，其中包括招募房东作为义务警察。形形色色的低级轻罪已从街道转移到家庭私人空间。随着时间的推移，警察局发现自己因为预算削减而缺乏人手，他们对第三方警务的兴趣也变得更为强烈。"911"工作人员短缺是一项特别的挑战，也成为许多法令的关键因素。

在亚利桑那州梅萨市，从 1992 年开始，这一概念的新版本——无犯罪住房法令——应运而生。支持者描述了社区警务理念的一种看似无害的应用方式，这种做法随后开始流行起来。他们列出了行动的三个阶段：第一阶段，让物业经理、警方和房客合作处理犯罪问题；第二阶段，共同努力，为房客提供安全的环境；第三阶段，向房客提供信息，以便让他们协助维持一个安全的居住环境。[4]

无犯罪法令和习惯性滋扰法令开始流行，席卷全国。虽然没有确切的数字，但观察家估计，44 个州中大约 2 000 座城市已经颁布

了这种法令，其中仅伊利诺伊州就有超过 130 座城市，是单个州中数量最多的。[5]而这些城市也并非抱着一开始描述的那种看似无辜的想法。

实施法令的第一步是给房东上课，向他们灌输他们通常不愿接受的义务警察角色的相关内容。当有人向警方投诉房客所做的事情——可能是房东，但更常见的是邻居，或者也有可能是房客自己拨打了"911"报警——警方便和房东取得联系。他们会说："邻居说，'你的房客在贩卖或生产或使用毒品'/'你的房客和他的狗太吵了'/'院子里有垃圾'/'你的房客的孩子们夜里还在外面玩滑板或打篮球'/'你的房客经常拨打"911"'。我们没有时间来解决问题。你来解决吧。你必须减少滋扰。"

与此同时，房客并不知道她就是"滋扰"投诉的对象。或者，更糟糕的情况是，她得知了这一消息，为此恐慌，独自离开住所，也可能决定不再碰运气打电话报警或寻求紧急援助。如果她留下来，"减少滋扰"通常意味着被驱逐。房东会按警方告诉他的话去做，否则他可能会被处以罚款、关进监狱、失去执照、扣押房产，甚至眼睁睁地看他的房屋被判定为危险住宅或查封。对房东而言，其中没有正当程序可言，除非他想让自己遭到逮捕，然后试图在法庭上为自己辩护。总的来说，房东驱逐房客是更简单的处理方式，因此房客也无法通过正当程序维权。房东可能会提出，如果房客愿意离开，他就会退还押金，也有可能房东直接就把锁换了。在大多数情况下，房东和房客一样强烈反对这些法令。

萨金特·施赖弗国家贫困法律中心（以下简称"施赖弗中心"）的凯特·沃尔兹（Kate Walz）表示："滋扰法令使非犯罪活动犯罪化。它们正在给房客造成可怕的后果。许多法令认为，从根本上说，'任何事情都可以被看作滋扰'。"

140　　　在多得惊人的地区，有法律规定在一定时间段内无论以何种原因 3 次拨打"911"，都构成习惯性滋扰。沃尔兹表示，即使打电话的房客"是家庭暴力的受害者，或有所爱的人威胁要自杀，或有孩子试图出走"，拨打"911"次数太多也会导致被驱逐的后果。在许多地方，妇女（和儿童）根据警方要求房东执行的命令遭到驱逐，原因是他们为保护自己免遭家庭暴力而拨打了"太多"的电话。而"有时仅仅一个电话也算太多"。

　　美国公民自由联盟的桑德拉·帕克描述称，这些法律使受害者遭到两次伤害：虐待本身和因为求助而遭到的驱逐。由于担心失去住所，许多低收入妇女宁愿忍受更多的家暴，也不愿打电话报警。沃尔兹接着说，伊利诺伊州的房东"竭力反对"这些法令，而施赖弗中心和他们"结成了伙伴关系"，尽管房东更关心自己而非房客的正当程序权利，这一点可以理解。但她表示，很难找到房客作为原告，因为（除了缺律师以外）大多数时候他们甚至不明白他们为什么会受到驱逐。

　　当律师实际介入时，他们会给当地政府发要求函，这通常会使驱逐通知立即被撤销，随后政府会与施赖弗中心合作修改这些法令。然而，律师们发现，各市政当局不愿意全面废除这些法令，或者，如果它们正在考虑立一项新法，也不愿为此而罢休。作为暂时的妥协，施赖弗中心请求行政辖区考虑家庭暴力、残疾、正当程序、未成年人的保密权和无家可归的可能性等因素。接下来，它会141　敦促市议会和各州充分保护有紧急需求的人的权利，随后进一步完全废除这些法令。与此同时，施赖弗中心的沃尔兹指出，法令所打击的那些人受到多项宪法和成文法条款的保护，正如拉基沙·布里格斯的情况。

　　关于无犯罪法令的影响范围，最出色的（事实上也相当引人注目）研究者是马修·德斯蒙德（Matthew Desmond）和尼科尔·瓦尔德斯（Nicol Valdez）。德斯蒙德是颇具影响力的《扫地出门》一书的作者，这本书记述了密尔沃基低收入家庭的住房困境。在写这本书的时候，他接触到了密尔沃基的习惯性滋扰法令。他和瓦尔德斯后来研究了当地的行政管理，并编写了全国各地59项此类法令的清单，其中包括20个最大的城市。

　　他们发现，在这59项法令中，有些非常具体，有些则非常模糊。不管具体还是模糊，可能都不是好事。例如，芝加哥将习惯性滋扰房产定义为在90天内打过3次公共服务电话的地址上的房产。另一方面，有几个大城市采用模糊定义，比如达拉斯的定义是："只要在该市内发现滋扰，城市管理者就有权命令房主减少滋扰。"对房东的罚款和其他处罚可能非常严厉。例如，在西雅图，在警察局长认证一处房产不再构成滋扰之前，罚款可能高达每天500美元。

　　在这59项法令中，对家庭暴力的处理方式甚至更糟。只有4项法令明确将家庭暴力排除在拨打"911"电话构成滋扰行为的列表之外。有39项法令明确将攻击、性虐待、殴打或家庭暴力包括在他们的滋扰清单之列。其余16项法令没有具体说明。德斯蒙德和瓦尔德斯在密尔沃基这座城市本身的发现也同样发人深省。在划定为研究范围的两年中，将近三分之一被提到的案例是因为"过度"使用"911"报告家庭暴力，其中有57％导致驱逐，另有26％导致房东发出威胁，如果再出现问题就进行驱逐。这些事实中的每一项都表明，除了"滋扰"这一理念本身存在固有缺陷，这些法令也多么令人担忧。[6]

　　密尔沃基于2013年修改了其法令，明确提出家庭暴力不能成为驱逐的理由，几乎可以肯定这要归功于德斯蒙德和瓦尔德斯的研究及其获得的公众关注。[7]当伊利诺伊州议会由于施赖弗中心及其联盟伙伴的倡议而最终于2015年开始处理这件事时，参议院和众议院做出了妥协，一致投票同意禁止各县市对家庭暴力受害者拨打"911"电话和残疾人拨打"911"电话进行限制（但其余的规定仍得以保留）。

　　美国公民自由联盟和施赖弗中心指出，这些针对家庭暴力的豁免并非解决办法。他们没有为家庭暴力的受害者提供足够的保护，因为警方记录通常并没有将之归类为家庭暴力。美国公民自由联盟和施赖弗中心强调，所有需要紧急援助的人都应该得到保护，施赖弗中心会继续在伊利诺伊州全境推进这件事。目前，只有3个州——明尼苏达州、宾夕法尼亚州和艾奥瓦州——的法律明文禁止市政机构以任何理由对行使拨打"911"电话求助权利的房客进行惩罚。8

143　　　与此同时，诉讼仍在继续。2017年春季，密苏里州梅普尔伍德市的一项极其令人不快的法令引发了两起诉讼，一起由华盛顿哥伦比亚特区的民权律师约翰·雷尔曼及其同事提起，另一起由美国公民自由联盟的桑德拉·帕克及其在美国公民自由联盟密苏里州分会的同事提起。梅普尔伍德市要求在社区居住必须持有"居住许可证"，如果没有这样的许可证，就是犯罪。该市称，一个家庭如果拨打任何性质——包括受到家庭暴力和其他犯罪行为的危害——的报警电话2次或以上，就会被视为习惯性滋扰，他们的居住许可证会被吊销6个月。

　　雷尔曼所代理的这一案件在先，提起诉讼的原告是大都会圣路易斯住房和机会平等委员会。该案的重要之处在于，当时找不到任何个人原告，住房和机会平等委员会愿意成为原告，使得无须等到受害者出现就可以起诉。可悲的是，这时出现了这么一起案件，有了受害者。美国公民自由联盟提起的诉讼中，原告萝塞塔·沃森（Rosetta Watson）就经受了该法令所威胁的一切，而她绝对不是第一个。她给警方打了好几次电话，请求保护她免受前男友的伤害。他们没有保护她，她遭到那个男人的袭击，后来又被逐出这座城市

6 个月（就好像她还想回来一样）。

　　一项调查显示，在被逐出梅普尔伍德的那些人中，有 55％是非裔美国人，尽管非裔美国人只占当地人口的 17％。家庭暴力受害者和残疾人受到制裁的比例也过高。这些事实不足为奇。这项法令整体上本就旨在加害那些在这座城市的观念中处于边缘的、社区不想接纳的人。

　　除了取消这项极其可怕的法令，住房和机会平等委员会作为原告的加入提供了有可能非常宝贵的先例，这意味着拥有起诉权的政府实体即可发起诉讼，不需要等来一个遭受严重伤害的原告。

阻止取消种族隔离

　　在白人占多数的社区，市政官员还利用警察驱赶已经移居该地的有色人种。这是在新居民的草坪上焚烧十字架的当代版本①，向他们和其他人发出信息：他们不受欢迎。

　　凯特·沃尔兹亲眼看到了这一切。"随着芝加哥的许多公共住房被拆除，我们不断在全州上下听到这样一种观点，即所有这些低收入房客都已搬到他们的镇上，因此需要对出租房屋存量进行管控。斯科基村②的网站上有一份幻灯片，上面写道：'我们为什么要这么做？'答案的位置放了一张卡布里尼-格林公共住房区的高层楼房被拆到一半的图片。只是并没有证据表明那里的家庭搬来了城外。新来的居民仅仅代表了人口结构在变化，但斯科基村人认为他

————————————

① 自 20 世纪初以来，燃烧的十字架就被 3K 党用来作为仇恨和恐怖的象征物，与种族恐吓和白人至上主义密切相关。
② 斯科基村位于伊利诺伊州东北部、芝加哥市郊，距芝加哥市中心 26 千米，早期为德国、卢森堡移民定居点。

144

们来自芝加哥的公共住房。"

沃尔兹接着说："有些辖区看到周遭每个城镇都颁布了无犯罪法令，因此害怕如果他们没有这样的法令，所有的'罪犯'都会到他们这里来。伊利诺伊州城市联盟称，只是为了优化治理而已，但如果你浏览一下市议会的会议记录或看看斯科基的幻灯片，就会了解他们对芝加哥公共住房被拆导致移民涌入这件事的看法。当地政府关注的重点是联邦补贴住房的存量。我们认为这不是偶然现象。"这就是地方不愿意完全废除其法令的原因。

将学童犯罪化是阻止取消种族隔离的另一种方法。弗吉尼亚州切斯特菲尔德县就是一个例子。该县位于里士满郊外，种族一直在变得更为多元。警方数据显示，该地每年有 1 499 名学生被送上法庭，比纽约市总数 2 548 名的一半还多，而纽约市本身在校纪方面就是民权控诉的目标。切斯特菲尔德县移交给法院的案件中，有超过 50% 是一般企图伤害和扰乱治安行为。被捕学生超过一半是黑人，而黑人学生只占学生总数的 26%。被送上法庭的学生中，将近一半不超过 14 周岁。10 周岁以下的儿童中，有 27 人被控企图伤害，有 5 人被控制造炸弹威胁。在该县的一所学校——落溪中学，每 1 000 名儿童中就有 228 人被移交给法庭，比例是全国的 39 倍。这使人很难不去推断，推动在校非裔学生被捕的行为传递了一个信息：其家庭在当地不受欢迎。

我们之前提及的加州安条克市是一座拥有约 10 万居民的城市，它曾通过将学童犯罪化驱赶居民。2008 年房地产市场崩盘以后，由于安条克市能够提供平价住房（和联邦租房补贴券），一批非裔居民移居这里。这座城市本已非常多元化，大约一半居民为白人，还有包括拉美裔、亚裔和既有的非裔在内的少数族裔混居。然而，许多人将新居民看作不受欢迎的低收入人群，这座城市也使后者领会到了这一点。该市迫使房东以无中生有或捕风捉影的非法或不当行为为由驱逐许多新居民，并迫使当地住房管理局采取措施，取消新居民的租房补贴券。美国公民自由联盟联合一系列提供无偿服务的一流公益律师事务所和私营律师事务所共同起诉该市，最终于 2010 年达成和解。[9]

把学生犯罪化给居民带来了压力。2009 年和 2010 年，安条克学区与美国教育部和美国公民自由联盟达成协议，纠正该学区对非裔学生过多处以停学和送上法庭的做法。2015 年，由于该学区没有履行这一协议，全国有色人种协进会等机构对其提起新的诉讼，并最终达成另一项协议，而在 2016 年，此案的原告又起诉该学区未能履行新的协议。

2015 年起，约翰·雷尔曼开始从《公平住房法》的角度研究习惯性滋扰法令在不同种族中的使用。2015 年 6 月，联邦最高法院重申了对该法律中的差别性影响条款的支持，这有些出人意料。这意味着即使没有证据表明该法所涵盖的法条或政策具有歧视的意图，但如果它们对受保护的群体造成了差别性影响，仍会被视为违宪。[10]雷尔曼看到了机会：差别性影响比意图更容易证明。他已经和施赖弗中心及马修·德斯蒙德等人交流过，他请求德斯蒙德找出这样一个城市，那里的情况有助于证明习惯性滋扰法令由于其差别性影响而违宪。

他们选择了皮奥里亚。这座城市被马丁·路德·金大道分成两半，今天仍高度种族隔离，过去的历史让人不快，现在也不怎么好。例如，警察局购买了一辆像坦克一样的退役军用车，当地人称之为"犰狳"。他们将它放在黑人社区过夜，称他们在监视犯罪和滋扰行为。不出所料，居民们觉得它咄咄逼人。

城中由联邦政府补贴（所谓的第 8 条款）的住房多位于没有配套服务的偏远少数族裔社区，但白人社区也有一些房东已将房子租给有租房补贴券的非裔美国人。市议会的一名白人议员坚持要将符合第 8 条款的房客驱逐出去。除了上文提及的措施以外，该市从晚上 8 点起实行宵禁令，然后选择性地利用违反宵禁令的行为，援引滋扰法令，迫使房东驱逐房客。

雷尔曼利用《信息自由法》试图获得相关公共记录，包括警方报告和与滋扰法令执行相关的传票。该市拖了 6 个月。与此同时，雷尔曼和他的合作伙伴面见了房东们、全国有色人种协进会成员和其他社区领导者，特别是位于伊利诺伊州惠顿市的希望公平住房中心的工作人员。雷尔曼和施赖弗中心已厌倦了该市的无动于衷，他们采取了两项行动：提起联邦诉讼和向联邦政府投诉。两份诉状都声称，皮奥里亚通过将非裔美国人逐出社区故意在城市中维持种族隔离。这起诉讼是挑战这种住房隔离政策的第一起联邦案件，司法部所做的调查在同类案件中也属首例。同样重要的是，住房和城市发展部发布了一份全国适用的指导意见，其中列出了无犯罪法令存在的宪法和联邦法律问题，援引了施赖弗中心的工作成果。

148

无 家 可 归

无犯罪法令是把人们逐出家园和社区的手段。这些本已无处安身的无家可归者越来越多地成为法令和政策的靶子，这些法令和政策要将他们驱逐出整个城市。

近年夹，关于无家可归问题的市政新政策激增，其结果是穷人、有色人种和残疾人进一步被扣上罪犯的帽子。以全市为范围，对在公共场所露宿和乞讨，游荡、闲混和流浪，在特定公共场所坐卧，以及在交通工具上睡觉的禁令显著增加。[11]违反这些法律中的任何一条都会入狱。在过去 10 年间，各城市以全市为范围，对在公共空间露宿的禁令增加了 69％，对游荡、闲混和流浪的禁令增加了 88％，对在交通工具上居住的禁令增加了 143％。[12]

禁止在公共场所睡觉、就座和吃东西——综观这些禁令，很明显，许多城市就是想让无家可归者离开。毋庸讳言，犯罪化无法减少无家可归者。美国无家可归问题跨机构理事会在 2012 年的报告中称："犯罪化制造了一扇昂贵的旋转门，使身陷无家可归处境的人从街头转到刑事司法体系里又转回来。"美国进步中心称，这不仅代价高昂，还是一个"恶性循环"。"如果因这些身份违法①行为被定罪的个人无法缴纳作为惩罚而征收的罚款和费用，他会因欠费被关进监狱。结果他有了犯罪记录，就更难获得住所和工作机会了，也更难重新振作起来。因此，在无家可归的人口中，一半以上有被监禁的经历。"[13]无家可归的人受到监禁的可能性比整体人口要高 11 倍。[14]

罗素·巴塞洛（Russell Bartholow）是无家可归犯罪化的一个缩影。他在加利福尼亚州萨克拉门托的一座大桥下住了 15 年，在此期间收到来自警方的 190 张传票，成为 132 起案件的被告，在狱中度过了 104 天，被罚款 10.4 万美元。巴塞洛是印第安人，童年时被寄养在保育院，后来被他的养母收养。他曾是一名聪明的学生，后来在校内一起由种族问题引发的袭击中脑部受伤。此后他再也无法恢复到从前的状态。他结了婚，有了一个孩子，但逐渐染上毒瘾并变得偏执。他的妻儿搬走了，他的母亲去世了，他落到住在桥下的地步。他不时寻求政府的帮助，总是不成功，却经常遭到警方的骚扰，付不起罚款时，他一再受到逮捕和监禁。这成了一个恶性循环。

149

---

① 身份违法指只有特定身份者做出才构成违法的行为。最典型的身份违法行为如青少年饮酒。

150　　　　2013 年，他在当地的报纸上看到了他侄女的名字。当时她是西部法律和贫困中心的立法倡议人。他们曾经失去联系，重逢时欣喜若狂。杰茜卡·巴塞洛（Jessica Bartholow）说："他的牙都掉了。有人放火烧他，他在烧伤病房里待了几个月。他好几次都被打得死去活来。他的身上伤痕累累。不只是小伤，还有大伤疤。这是一个完全不具有威胁性的人。他的逮捕令多半跟睡觉和露宿相关。他想消除这些逮捕令的影响。但对他来说，实在没有可行的方法来实现这一点。"他在 2016 年因癌症去世，那时身上还背着 37 份逮捕令。[15]

　　　　尚不清楚有多少人无家可归，只能说实在是太多了。根据每年 1 月的时点调查，全国无家可归者的人数从 2007 年的 647 258 人降到 2016 年的 549 928 人。但全国无家可归与贫困法律中心的玛丽亚·福斯卡里尼斯（Maria Foscarinis）表示，这一数据被严重低估了。由于有些无家可归者在一年中来来往往，每年的总人数应该比这个数字要多得多。专家们认为，1 月的数据本身就是被低估的，尤其考虑到离家出走的年轻人的数字。这些专家还估计，濒临无家可归的居无定所的人，数量是实际无家可归者的 5 倍。比如，美国教育部运用这一定义统计出，有 136 万儿童无家可归或居无定所。

　　　　调查方式本身也造成了数据被低估。调查是由志愿者进行的，各个城市的调查方式不尽相同。基本准则规定要统计夜间睡在户外的人（和那些睡在收容所里的人），但志愿者被告知不要闯入可151　能遇到危险的任何区域。普遍犯罪化也造成了低估，睡在户外的人往往会躲在不会被看到和逮捕的地方，从而使统计数字低于实际情况。

　　　　我们是如何走到今天这一步的？这就说来话长、值得探讨了。从第二次世界大战结束起，大多数美国人的住房质量显著改善，但即使在那时，也并非所有人都是如此。我小时候住在明尼阿波利斯，那里有许多人——大多是印第安人——通常住在户外，他们挤在火车站附近的办公楼入口处。人们称他们为酒鬼。现在我们称他们为无家可归者，他们的人数更多了。他们涵盖了各种族和民族背景，以及各个年龄段，不过有色人种的比例更高。在包括明尼阿波利斯在内的许多地方，我们现在做得还不够好，不能帮助满足他们的需求。

　　无家可归者的故事也是我们的经济和公共政策的故事。我们都知道，精神病院关了，而社区精神健康服务却未充分跟进。但这只是其中一个因素。市中心过去曾有实惠的单人间旅馆，比如基督教青年会旅馆和基督教女青年会旅馆等，也包括不是很好的廉价客店，但现在这些都已不复存在。市中心的发展将它们赶了出去，却没有什么来替代它们的功能。尤其是在里根总统掌权以后，平价住房开始消失，此类住所严重供不应求，租金大幅上涨。不需要高中文凭的好工作消失了，太多的新工作工资很低，在许多情况下不足以维持生活。无家可归者中有许多就从事这样的工作。所有这些都是我们如今所了解的无家可归问题的开始。

　　反税收革命使情况变得更糟。即使是内心知道应该投资住房供给和精神健康服务却缺乏必要资源的正派领导者，也开始惩罚无家可归者，通过多种方式驱逐他们，使他们离开。

　　各城市对这一困境的处理方法不同。其中佛罗里达州奥兰多市是较为糟糕的，那里有34％的无家可归者分不到收容所的床位，而该市却简单粗暴地禁止所有"在户外睡觉"的行为。新罕布什尔州曼彻斯特市规定，"在该市的任何公共用地和广场上坐卧或睡觉"都是违法行为，但那里有12％的无家可归者没有任何住房或可去的收容所。在加州圣塔克鲁兹市，有83％的无家可归者缺少住房和收容所，但该市仍禁止在公共场所露宿、在公共人行道上坐卧以及在交通工具上睡觉。[16]达拉斯在从2012年到2015年的4年间对约600

名无居所者发出了超过 11 000 张传票。火奴鲁鲁规定在公共场所坐卧为非法行为，后来在短短 2 年间发出了 16 215 次警告和 534 张传票。在丹佛，寻求紧急避难所的人有 73％遭到拒绝。[17]

据美国公民自由联盟明尼苏达州分会的特雷莎·纳尔逊（Teresa Nelson）所言，明尼阿波利斯警方有一份名单，名单上的100 人因影响"生活质量"的行为而被定罪，被命令远离市中心。此外，这还意味着，驱逐名单上的人不能换乘公共汽车从城市的一端到另一端去。名单上有 80％的人无家可归，大多是非裔。市政府显然希望能够在市中心清除无家可归者（许多其他城市也是如此）。亨内平县地方法院法官凯文·伯克（Kevin Burke）曾直言不讳地批评该市警方在许多方面的做法。他指出，这一系统在处理相关的精神健康问题方面能力不足。他说："我们需要做一些完全不同的事情。"[18]鉴于所有这些事实，明尼阿波利斯全城禁止将"露营车、住家式拖车、汽车、帐篷和其他临时性建筑物"用作临时性住所就不足为奇了。[19]

153

美国公民自由联盟和其他组织对此进行了反击，他们提起诉讼，抨击反行乞和反露宿法令以及没收无家可归者财物不合宪，结果成败参半。美国公民自由联盟夏威夷分会抵制火奴鲁鲁的惩罚性法律，获得了该市的承诺：给予无家可归者 45 天时间取回被没收的财物，如计划清理便道和公园，将提前 24 小时通知，并对所有被没收物品进行录像。[20]挑战过于笼统的反行乞法令的诉讼在多个城市胜诉，理由是它们侵犯了言论自由。另一方面，尽管有司法部提交的案情摘要，一名审判法官仍然支持爱达荷州博伊西市的一项反行乞法令。尽管原告在博伊西市败诉，但全国各地的惩罚措施反对者仍从司法部的介入中受到鼓舞，住房和城市发展部也宣布不会赞成为惩罚无家可归者的城市提供无家可归者援助资金。[21]特朗普政府是否会继续坚持这一立场尚有待观察。

贫困犯罪化的反面是无家可归现象的终结。全国消除无家可归 154
联盟的史蒂夫·伯格（Steve Berg）表示："多年的经验告诉我们，
要治理无家可归问题，你必须提供住房。将无家可归定罪根本不会
阻止人们流落街头。"[22]

住房优先行动又称支持性住房行动，在为无家可归者提供永久
性住房方面改变了一切。这种方案的独到之处在于它没有要求人们
证明自己已戒瘾并能保持稳定，而是先让他们住到房子里。目标一
直是让人们住进房屋或公寓，但住房优先行动取得了显著的效果。
即使算上对其成功至为关键的支持服务，这种方法也比在收容所、
医院和监狱安置无家可归者划算得多，更不必说此前的安置方式给
无家可归者带来的痛苦和悲哀了。一个又一个城市采取了住房优先
行动。犹他州盐湖城可能是其中最成功的一个。根据始于 2005 年的
10 年计划，盐湖城从一开始就建了几百套支持性住房，采用现代化
评估和安置方式，为每个人提供必需的服务，使长期无家可归者减少
了 74％。奥巴马政府领导的终结退伍军人无家可归问题的全国性行动
非常有效，令人印象深刻。由罗赞·哈格蒂（Rosanne Haggerty）
领导的"社区解决方案"组织于 2015 年报告称，它和它的合作机构
已经实现了"4 年 10 万个家"的行动目标，为全国 186 个社区的医
疗弱势群体和长期无家可归者提供了支持性住房。

最大的两个城市——纽约和洛杉矶（市和县）——本身就值得
说道。纽约在解决无家可归问题上的开支超过 10 亿美元，其中仅收
容所一项就花费了 8.7 亿美元。该市在防止驱逐的法律服务方面花
费了 3 400 万美元，并花费 1.8 亿美元防止人们遭到驱逐。纽约的无 155
家可归预防项目提供集中的个案管理和多种服务，既让数千人有了
安居之所，又为城市节省了资金。[23]另一个结果是这座城市无居所的
人很少。但公平地说，没有人感到满意。

洛杉矶市和洛杉矶县在应急住房和服务上花费了超过 2.5 亿美元，但在减少无家可归现象方面没有取得多少进展。根据 2016 年 1 月的调查，洛杉矶有 46 874 人无家可归，大约 3.1 万人在公园里和人行道上睡觉。在一年的区间里，超过 16.7 万人经历过无家可归。这与纽约市形成了鲜明对比。出狱返回洛杉矶的人大约有三分之一变得无家可归。大约有 50％的年轻人在超过寄养年龄之后的 6 个月里变得无家可归。[24]

洛杉矶市和洛杉矶县都开展了行动。该市居民在 2016 年投票同意为永久性支持住房提供 12 亿美元的资金。该县的选民投票支持为终结无家可归现象收取 25 美分的销售税，为期 10 年，尽管有政策倡议人称，这些新的资金只是部分取代了已经到位的资金而已。另一个亮点是内城法律中心（纽约市和美国各地其他的法律援助协会律师都有这样的法律中心）。在亚当·默里（Adam Murray）的领导下，该中心在 2016 年帮助超过 3 100 名低收入房客躲过了无家可归的命运，收回超过 150 万美元的租金或搬迁补贴，并为数百名有其他住房问题的人提供了代理。[25]

已经成真的好事不是凭空发生的。负责的公共官员、倡议人、公民领袖、法官和其他人促成了这一切。他们选择了这条道路，避免了无家可归犯罪化。正如司法部前部长埃里克·霍尔德（Eric Holder）所言，他们知道"无家可归犯罪化……代价昂贵、不公正，也不是解决无家可归问题的办法"。[26]

不过，考验迫在眉睫。在华盛顿提供了 8 年的强力支持后，新近执掌住房和城市发展部的本·卡森（Ben Carson）对于他所领导的这一机构的重要性一无所知。正在努力建造更多住房并使无家可归去罪化的城市所面临的挑战是保持势头，直到情况好转的一天。我们拭目以待。

第二部分

终 结 贫 困

第九章　重视刑事司法改革

　　大规模监禁过去与种族有关，今天仍然如此，但它如今也与贫困有关，当种族问题与贫困结合后更是如此。贫困人口和有色人种在监狱中总是占多数，而且，在很大程度上，受过监禁就注定了他们的余生会在贫困中度过。大规模监禁是政治和经济上的高招。从尼克松总统的"南方战略"开始，它将美国南部民主党人引入共和党阵营。这项战略如此成功，以至于成为一项全国性战略。在不动用"黑人词汇"的情况下利用种族问题大做文章，在监狱里关满黑人，这些做法都巩固了南方的吉姆·克劳法①，也助长了美国其他地区的共和党势力。保守派牢牢把持了白人的选票，削弱了新兴的黑人政治力量和黑人社区不断增长的经济力量。这一招非常聪明："二度重建"的终结始于以现代方式进行的新重建。

　　随着 20 世纪 70 年代去工业化和全球化的发展，大规模监禁的经济价值变得更为重要。我在 20 世纪 70 年代后半期的纽约担任青年惩教专员以及在 20 世纪 80 年代的国家童工委员会担任副主席时，看

---

①　吉姆·克劳法，泛指 1876 年至 1965 年美国南部及边境各州对有色人种实行种族隔离制度的法律。

到非裔和拉美裔年轻人的失业危机不断加剧，但是当时我并没有充分理解这件事意味着什么。经济不需要年轻人，尤其是有色人种的年轻人，因此，如果他们没去上大学——很多人也确实没有上大学——他们22岁或23岁之前在就业市场上是多余的。如果没有足够的工作机会，就必须以某种方式对现有工作进行配给。无论有意还是无意，贫困犯罪化都满足了劳动力市场的需求，并且效果很好。

大规模监禁成为一种分类机制。年轻男性和一些女性，尤其是有色人种，不仅在坐牢期间被排除在劳动力市场之外，而且余生实际上也被拦在他们原本可以胜任的工作岗位前。不仅保有犯罪记录（或仅仅是逮捕记录）的事实是一种阻碍（至少是一个污点，尤其是同时考虑到申请人的种族时），而且在监狱中度过的时间也会构成有前科者简历上的空窗期，造成他们在人脉资本方面的缺失。[1]

我们必须终结不合理的附带后果和大规模监禁，但这只是我们为纠正错误而必做之事的一部分。劳动力市场已支离破碎。没有足够的工作机会，更不用说足够的好工作了。我们必须从诚实地讨论问题出在哪里开始，因为只有这样我们才能够解决问题。我们的目标在于改善学校教育、扶助家庭、让人们获得价格更容易承受的住房、关照身心健康需求、投资儿童保育以及终结种族主义，这些都要求我们修复劳动力市场。（剥夺投票权这一附带后果是大规模监禁的运作者维持这项政策的一种手段。）

删除犯罪记录

在可行的情况下，删除可能破坏人们生活的犯罪记录要比逐个减轻个人在就业、教育和住房方面所受的限制更为有效地消除犯罪记录的附带后果。例如，近十分之九的雇主、五分之四的房东和五分之三的大学会做背景调查，除非犯罪记录被删除，否则许多人都会无法获得就业、住房和接受高等教育的机会。[2]鉴于有 7 500 万～1 亿人有犯罪记录，扩大删除犯罪记录的适用范围会非常有帮助。

　　有 19 个州允许删除一些重罪定罪记录，有 23 个州允许删除一些轻罪定罪记录。趋势是向好的——自 2000 年起，有 23 个州和哥伦比亚特区扩展了其删除犯罪记录的相关法律的适用范围。

　　例如，自 2015 年起，宾夕法尼亚州允许删除未致定罪的指控（有三分之二的州这样做）和定罪后 5 年内没有再次被捕记录的即决犯罪定罪（比如游荡和扰乱治安行为）记录。符合条件的还有对未成年人饮酒的定罪和对近 10 年无新逮捕记录的年过 70 周岁者的定罪。该州还允许删除顺利完成从宽缓诉项目者的记录。社区法律服务中心的莎伦·迪特里希和宾夕法尼亚州的其他律师每年都成功地使数千人的犯罪记录得到删除。

　　2016 年，宾夕法尼亚州州长汤姆·沃尔夫（Tom Wolf）也签署了一项法律，允许封存一些老旧的轻微罪定罪记录。执法机构和州执照管理处仍可获得这些记录，但公众、雇主和房东无法看到，违法者也不需要告诉雇主或房东这些记录的存在。这项法律涵盖的违法行为包括持有毒品、酒驾、轻微盗窃、卖淫和扰乱治安的行为。原先的监禁期或缓刑期满后，违法者在 10 年内不能有被捕或定罪记录，也须从未有比要求封存的定罪记录更为严重的定罪，且受到的轻微罪定罪不能超过 4 项。[3]

　　这当然是个好消息，但宾夕法尼亚州的故事也说明了扩大犯罪记录删除范围的困难。迪特里希在 1987 年加入社区法律服务中心担任就业律师。20 世纪 90 年代初，她开始发现有些委托人投诉称，自己因为有犯罪记录而受到歧视。她和她的同事开始处理犯罪记录删除案件和其他与犯罪记录相关的案件，他们负责的就业法律工作如今大多是与犯罪记录相关的案件。她和她的同事以及该市的其他律师（包括提供无偿服务的私营法律从业者）于 2015 年在费城推动删除了 8 500 项犯罪记录。在全州范围内，删除的犯罪记录总数超过 9 万项。

迈克·霍兰德（Mike Hollander）是一名律师，也是个计算机天才，由于他的功劳，在过去几年间，当地律师推动删除的犯罪记录总数大幅增加。霍兰德开发了一款软件，名叫"删除生成器"，这个程序可以快速创建删除申请。它可以根据刑事诉讼事件表分析筛选符合删除犯罪记录资格的案件，还将申请材料的准备时间从半小时左右缩短到大约 2 分钟。迪特里希带我上庭，让我亲自见证审理过程。这些案件——数量相当庞大——或者根本没有涉及定罪，或者只涉及对非常轻微的罪行的定罪。即便如此，地区检察官还是反对删除其中一些案件的犯罪记录。上午地区检察官和申请人的律师（如果申请人有律师的话）会开个会，看看哪些动议是没有异议的。动议中有大约 10%～20% 是有争议的，相比之下，在不久之前的 2014 年，这一比例是 40%～50%。迪特里希说，那是"在我们为负责审理删除犯罪记录动议的新任法官建立法律标准之前的情况，地区检察官习惯了经常性地驳回"。

10 点刚过，我们就到了，法院本该在那时开庭。法警布鲁斯在场，但法官不在。那里有很多人，有些人有律师，大多数人没有。有律师的人优先。

来自非营利机构费城社会公正组织的律师迈克·李（Mike Lee）和迪特里希打了个招呼。他代理当天的前两起案件，对事实进行了预先审查。第一个案件的当事人是一名曾有其他犯罪记录被删除的男子。当前需要删除的是 1996 年因药物滥用相关事件被捕的记录。他没有再次被捕过，已戒毒戒酒 12 年了，在该市自来水公司担任领班，当了祖父，还帮儿女照看孙辈。由于定期的记录清除，该案卷已不复存在，因此检察官几乎没有任何理由驳回这项动议。第二个案件的当事人是一名男子，他的前女友受报复心驱使，指控他有不当性行为。警方搜查了他的住所，但没有发现任何证据。此前他没有任何犯罪记录，对他的指控未经审判即被撤销。然而，地区检察官还是反对这项动议。地区检察官为什么会这么做呢？迪特里希认为，有些年轻的地区检察官反对动议是为了避免与上级起纠纷。

164

快到 11 点的时候，法官露面了。他没有坐下，而是在法官席后面走来走去，看上去一副漫不经心的样子。双方做了辩论，在每个案件结束的时候，他都没有任何停顿就说："同意。"我不清楚如果他驳回一项动议是否会说更多的话，但迪特里希说，当时的这位法官仅仅有大约 5% 的时间会驳回删除犯罪记录的动议。

为什么必须经过法官听证呢？为什么不在人们被宣告无罪、从未受审或有轻微违法行为并在一段时间内没有再次被捕的情况下自动删除记录呢？毕竟，犯有非暴力罪行的人如果 4～7 年内没有再犯罪，那么他们犯罪的可能性并不会比一般人更大。[4]

迪特里希和她的同事，尤其是现工作于美国进步中心的丽贝卡·瓦拉斯，在宾夕法尼亚州发起了他们称为"清白历史"的立法运动。根据这一运动的主张，如果犯罪 10 年后没有再犯重罪和轻罪，非暴力轻罪案件会被自动封存（执法机构仍能够获取，但公众看不到）。对于即决犯罪，规定的无犯罪期为 5 年。沃尔夫州长签署的法律是建设性的举措，但"清白历史"运动表明还有许多工作要做。

"清白历史"运动能节省大量的时间和金钱，最重要的是，会帮助更多人。每年宾夕法尼亚州提起诉讼的重罪和轻罪案件有 20 万起，其中 34% 最终没有定罪。根据"清白历史"的标准，这些案件

165

的记录很快就会被删除，其余 66％的案件中有许多如果在其后 10 年内没有新的定罪，会有资格获得封存。在费城，每年有 2 万起即决犯罪案件最终定罪，5 年后会有资格获得封存。迈克·霍兰德称，这"绝对是一项变革性的政策"。

社区法律服务中心关于犯罪记录的工作涉及许多方面。2000 年，它和提供无偿服务的律师共同援引州宪法，对一项终身禁令提出质疑，这项禁令禁止一大批有犯罪记录的人在疗养院和其他健康相关机构工作。这一禁令最终被认定为违宪。迪特里希、瓦拉斯及其同事也在全州和全国范围内分享他们的成功策略。据迪特里希统计，全国 31 个州有 80 个组织开展了删除犯罪记录的工作。

解除大规模监禁

如果处理得当，解除大规模监禁不仅意味着更少的人受到监禁，而且意味着将节省下来的资金再投资到教育、就业、平价住房、社区强化和所有其他可以阻断人们流往监狱管道的事情上。我们需要的不是把穷人犯罪化，而是为终结贫困进行充分的投资。

解除大规模监禁十分困难。即使犯罪率下降，科赫兄弟、格罗弗·诺奎斯特和纽特·金里奇（Newt Gingrich）① 大张旗鼓地介入，监狱人口还是呈现出时增时减的趋势。从积极的方面讲，大约有 30 个州已经立法实施了一些量刑改革和监禁替代方案。[5]虽然有个别州的监狱人口显著减少，也几乎未给公共安全带来什么负面影响，但仍有大约一半的州监狱人口每年有所增加，另有大约一半的州监狱人口每年有所下降，幅度大多很小。在全国范围内，州监狱人口自

_____

① 均为保守主义政治人物。

2009 年达到顶峰以后只下降了大约 3.5％；地方监狱人口从 2008 年达到顶峰以后下降略大于 5％。[6] 在出现这些小幅下降之前，全国范围内的州监狱人口经历了显著增长。从 1999 年到 2012 年这一数据增长了 10％。[7]

惩教官联盟、营利性监狱和相关企业、检察官与警察都具有政治影响力。几乎所有地方的预算节省幅度都要落后于监狱人口降幅。然后还要考虑将解除监禁的收益进行再投资的挑战，不过这些挑战可能不大。上了年纪的读者会记得，曾有人说在越南战争结束后会出现和平红利。但并没有。

来自俄克拉何马州的退休典狱官杰克·考利（Jack Cowley）接受《纽约时报》采访时表示："我很难不对此持怀疑态度。想想我们系统的规模，所有的法官和律师，他们要供孩子上大学，还有那些制造脚镣和泰瑟电击枪的人，也要靠这个系统养活。犯罪在驾驶这列火车。这就像一个企业，做得太大，不能倒闭。"[8]

一桩被大肆宣传的暴力罪案也可能会遏制这一势头。2011 年，阿肯色州为了省钱放宽了假释标准。2013 年，一名曾多次违反假释规定并多次被判抢劫罪的男子在小石城杀害了一名年轻男子。州惩教委员会立即重新制定了更为严格的标准。[9]

不过有些州取得了令人瞩目的进步。康涅狄格州、纽约州、新泽西州和加利福尼亚州做得都不错。对它们来说，解除大规模监禁的下一个阶段——为严重违法犯罪行为做出更合适的判决——指日可待。它们给我们带来了希望。

康涅狄格州

2008 年，康涅狄格州的监狱人口达到历史最高点，此后开始下降，到 2016 年下降了 25％。《纽约时报》赞扬了达内尔·马洛

伊（Dannel Malloy）州长的领导能力，还指出该州废除了死刑，使
医用大麻合法化，并制定了美国最严格的枪支法。2015 年，州长提
出了名为"第二次机会社会"的系列议案，在两党的支持下最终通
过。措施包括将仅持有毒品重新归类为轻罪，不再对非暴力持有毒
品罪的量刑设置强制性最低刑期，对受到非暴力罪行定罪之人加快
举行假释听证，并简化赦免程序。这些议案还包括为所有的州警察
配备执法记录仪，招募更多的少数族裔警员，以及对警察使用致命
武力进行独立调查。

　　马洛伊的改革取得了成效。成年人刑事责任年龄从 16 岁提高到
18 岁（这样就只有纽约州和北卡罗来纳州的成年年龄门槛为 16 岁
了），此后 18～21 岁年龄段的监禁率下降了 50%。犯罪率达到 48
年来的最低点。迄今，该州已关闭 3 所州监狱。[10]

168　　纽约州

　　纽约州的州监狱人口、地方监狱人口、假释人口和缓刑人口都
出现大幅下降（记住，数量的下降并不一定意味着质量的提高——
想想里克斯岛），这是为数不多在所有方面都有所下降的州之一。
1999 年至 2012 年，监狱人口下降了 26%。[11]这些趋势源于重罪案件
和毒品重罪逮捕量的大幅下降、对量刑繁重的法规的实质性改革以
及监禁替代手段的增加。[12]为什么会出现这些进展？为什么没有更大
的进展？这是两个重要的问题。

　　有人支持是这些方面数据下降的驱动因素。纽约惩教会、法律
行动中心、维拉司法研究所、布伦南司法中心、财富协会、毒品政
策联盟、法院创新中心、公共辩护律师、律师领头人、学者、基金
会、一些民选官员、记者和其他许多人都关注毒品法和执法改革，
多年来一直在为此努力。关注的焦点是长期饱受批评的《洛克菲勒

禁毒法》。在 20 世纪 90 年代反犯罪热潮的推动下，纽约市的毒品重罪逮捕量在 1998 年创下历史新高，达到 45 978 起。在 2009 年对《洛克菲勒禁毒法》最终进行改革前，反对该法律的大规模公共运动已持续了 10 年多，"放下石头"运动和"真正的改革"运动是其中之二。从 1999 年开始，民意调查显示出对改革的支持。受访者表示，他们更有可能投票给赞成改革的候选人。与此同时，纽约警察局不再将毒品重罪逮捕列为优先事项。（"重罪"包括持有少量毒品。）到 2011 年，重罪逮捕的数量下降到 21 149 起。[13]

　　扩大为毒品重罪犯提供替代性安排的缓诉项目，并增加对治疗项目的投资，也让该市的监狱人口有所下降。由雷德胡克社区司法中心牵头，该市的社区法院在避免过度监禁方面发挥了重要作用，在普通法院接受审理者受到监禁的概率比在雷德胡克社区司法中心接受审理者要高 15 倍。[14]

　　纽约市议会在 2016 年进行了投票，为其辖区内最为常见的低级违法行为建立民事诉讼程序，这延续了解除监禁的趋势。这些低级违法行为包括在公共场所饮酒、在公共场所小便、乱扔垃圾、大声喧哗以及天黑后在公园里留宿。在人行道上骑自行车和翻越地铁旋转式栅门已被定性为民事违法行为。市议会官员估计，当前会导致逮捕的 30 万例违法行为中有三分之一很快就会按民事违法行为来处理。[15]

　　然而，犯罪率表明监禁率本应下降得更多。根据纽约警方的记录，2000 年至 2015 年该市 7 种主要重罪案的数量由 184 652 起下降到 105 453 起，降幅超过 40%。为什么犯罪率下降得如此显著？这一问题本身众说纷纭，执法部门认为这是他们的功劳，其他人则指出这与"9·11"事件之后该市的新风气有关，还有一些人不确定到底发生了什么。

为什么监禁率没有同步降低现在更显而易见了。20世纪90年
代颁布的法律延长了刑期，这是主要原因。在克林顿总统推进并签
署1994年犯罪法案后，纽约延长了刑期。这项法律向各州提供了超
过90亿美元以建造更多的监狱，条件是它们必须遵循导致刑期更长
的量刑法中所谓的真理。在这一项目中，纽约州获得了2.16亿美
元，仅在20世纪90年代就增加了1.2万张监狱床位，监狱人口增
加了28％。在全国范围内，州成年人监狱和联邦成年人监狱的数量
增加了43％，从1990年的1 277所增加到2005年的1 821所。[16]

即使后来监狱人口有所下降，监狱预算也没有下降。实际上，
州惩教服务部的年度预算从1998—1999财年的16亿美元增加到了
2006—2007财年的25亿美元，而在此期间，监狱关押人数减少了
8 000人，没有任何监狱关闭。[17]惩教联盟和该州北部的立法者不想
让其成员和选民失业。这项预算最终在2008年稳定下来。在2011
年，该州关闭了10所监狱及其相关机构。

新泽西州

新泽西州是实现监禁规模显著缩减的另一个相对较大的州，其监
狱人口从1999年到2012年下降了26％。许多因素在新泽西州共同发
生作用。其中一个因素是犯罪率显著下降——暴力犯罪下降了30％，
财产犯罪下降了31％。2001年对假释委员会发起的诉讼胜诉也是关
键，这项诉讼指控假释委员会在处理案件时拖拖拉拉。诉讼的和解
使假释委员会承诺更快地处理案件。假释许可从30％增加到51％，
并保持在较高的水平。该州还减少了由于技术性违规①而再次监禁

---

① 技术性违规指那些未能遵守假释条件的违规行为，常见的技术性违规包括药检
呈阳性、缺席法院指定的课程、缺席会面、没有完成社区服务、未支付罚款及
假释相关费用等。

假释犯人的情况。此外，禁毒法改革也发挥了重要作用。2004 年，
一个量刑委员会通过消除"无毒品区法"运用中的种族差异，使其
得到更为公平的执行，同时立法机构也颁布了一项法律，规定学校
"无毒品区法"中不再设置强制性最低刑期。该州总检察长发布指
导意见，不再起诉最低程度的毒品犯罪，增加对毒品法庭的使用也
有助于避免监禁。最后，克里斯蒂州长签署了一项得到两党支持的
议案，对保释制度进行改革，这将影响羁押人数并间接影响监狱
人数。[18]

在克里斯蒂就职之前，这项改革已经开始，而克里斯蒂是坚定
的改革支持者，他使新泽西州成为两党合作的典范。在联邦层面，
科里·布克（Cory Booker）参议员偕同兰德·保罗（Rand Paul）
参议员在解除大规模监禁方面对两党的领导很可能部分源于布克在
新泽西州的从政经验。

加利福尼亚州

加利福尼亚州经常引领全国的改革，这种改革有时是好的，有
时则不然。由于独特的原因，加州取得了改变游戏规则的制度性进
步，这对整个国家有重要影响。

2011 年，联邦最高法院大法官安东尼·肯尼迪（Anthony
Kennedy）有天早晨从左侧下床，向加州发出指示：宪法要求采取
行动缓解监狱里人满为患的现状。在杰里·布朗州长和州议会通
过各种方式做出回应之后，加州人通过投票表决程序，在具有历
史意义的 2014 年《第 47 号提案》中更加实质性地向解除大规模监
禁迈进。

不久之前，加州还在相反的方向上引领潮流，其"三振出局
法"对第三次受到重罪定罪的人处以 25 年有期徒刑至终身监禁，无

172

论第三次的罪行多么轻微①（其他 26 个州和联邦政府随后纷纷仿效），并延长了总计犯罪五次者的刑期。2006 年，该州监狱人口达到 162 804 人的万史新高，25 年间建造了 22 所监狱。不过，到 2016 年年初，监狱人口已降至 112 792 人。下降部分是由犯罪率下降所致。2006 年至 2012 年，暴力犯罪下降了 21％，财产犯罪下降了 13％。[19]但这个故事还远未结束，并且至今仍在继续。

2007 年，假释政策发生了重大变化。此前，不管犯罪情节严重还是轻微，所有假释犯的假释时长和所受限制相同。这项政策是全国最为严格的政策之一，令许多假释犯重返监狱。新政策将低级犯罪行为的假释监管期限减少到 6 个月，前提是假释犯须遵守某些条件。撤销假释的情况显著减少。

第一项重大的立法举措发生在 2009 年，当时阿诺德·施瓦辛格（Arnold Schwarzenegger）州长在任，民主党在议会中势力稳固。州议会颁布了《加州社区惩教表现激励法》。由于担心监狱人满为患，这项法律试图通过减少各县撤销假释、送回监狱的犯人数量进一步减少监狱人口。可以想象的是，该州会将所节省资金的一部分分给各县。到 2011 年，假释撤销减少了 32％，为该州节省资金 2.84 亿美元（其中 1.36 亿美元流向了当地的缓刑和假释机构）。这些原本要被撤销的假释属于技术性违规，即没有涉及新罪行的假释违规。[20]

随后，在布朗诉普拉塔案中，肯尼迪法官提出了自己的意见。[21]加州的监狱人口在过去 11 年里一直保持在其容量的 200％的水平。联邦最高法院命令该州在 2 年内将人数降低到监狱容量的 137.5％。到那时，布朗已重新当选州长，该州又一次突破常规。州议会颁布

---

① 加州 1994 年通过的"三振出局法"规定，如果一个人有两次或两次以上严重或暴力重罪定罪，任何新的重罪定罪（不仅仅是严重或暴力重罪）都将被处以至少 25 年有期徒刑。

了《2011 年公共安全重组法》（以下称《重组法》）。

《重组法》有三个特征。第一个特征是"三非"，即有非暴力、非性相关、非严重违法犯罪行为的人不能再被关押在州监狱中，而只能被关押在县监狱中。第二个特征是，有这些违法犯罪行为的人不仅假释期会更短，而且将由县官员而不是州官员进行监管。第三，有技术性违规行为的缓刑或假释犯人只会被送到县监狱而不是州监狱中，而且监禁时间更短。

为了帮助各县实施《重组法》，该州增加了拨款。起初各县感到恐慌，他们的监狱人口也确实有所增加，但州和县的监狱总人口显著下降。尽管如此，即使有州的额外支持，地方监狱仍然人满为患，一度通过释放刑期未满的轻罪犯来解决这一问题。[22]

继 1996 年医用大麻合法化的投票表决和 2000 年要求对低级毒品使用者用治疗代替监禁的投票表决之后，下一步是 2012 年对《第 36 号提案》的投票表决，这一提案缩小了"三振出局法"的影响范围。这让超过 2 100 名被判无期徒刑且不得假释的犯人获释，其中有些人"第三振"的罪行十分轻微，比如商店行窃。[23]整个过程中，人们不时预测犯罪浪潮即将来袭，但每迈出一步，犯罪率都在下降。[24]

随后是《第 47 号提案》，即《安全社区和学校法案》，这是迄今为止最重要的一步。该法案于 2014 年 11 月以 20% 的优势通过，有四项规定，包括使加州成为第一个将持有毒品定为轻罪的州，即便持有的是可卡因和海洛因。《第 47 号提案》从许多方面来说都很重要，但对我们在任何州看到的所谓禁毒战争来说，个人持有毒品方面的转变都是极大的打击。监禁吸毒者是大规模监禁的主要手段。将毒品问题重新定位为公共卫生问题是至关重要的一步，不过这伴随着相应的义务：拨款用于成瘾治疗和社区精神卫生。

174

这项法律将针对六种犯罪行为的定罪从可重可轻重新划分成仅为轻罪，包括轻微毒品犯罪和小偷小摸，前提是被告没有严重重罪前科。对于那些符合条件的人来说，这意味着他们不会被长期监禁，而只是进地方监狱短期监禁，或被罚款，或短期监禁加罚款，或被处以缓刑。总价值不超过 950 美元的物品盗窃行为被归类为轻罪。受影响的案件中有 80％与私藏毒品有关。每年大约有 4 万人因为这些犯罪行为被送入州及以上监狱，因此改变这些罪行的定罪规则意味着，这 4 万人会被送入地方监狱。其次，正在狱中服刑或缓刑、假释中的人所犯罪行如属于规定的六种罪行，法律允许其请求法官作为轻罪重新判决，条件是他们不会对公共安全构成过度的风险。

此外，如果先前没有被判过其他重罪，这项改革措施允许有这六种犯罪前科的人申请改判轻罪。即使刑期已满，重新被归类为轻罪也可减轻附带后果，但不会终止所有的附带后果。这将是申请人数最多的类别，估计有 100 万人符合资格。

最后，监禁开支减少而节省出来的资金将被用于其他领域：65％将用于戒毒治疗、精神健康治疗和支持性住房，25％将用于减少学生旷课行为，10％将用于犯罪受害者的创伤恢复服务。新法律中没有任何条文明确表示有多少钱将分配给各县，有多少钱将分配给州。[25]据州立法分析师办公室最初的估计，每年节省的资金总额将达到 1 亿～2 亿美元，但实际节省的没有这么多。

《第 47 号提案》是一个非凡的成功，但这只是向目标迈进的中间一步。必须找到更多的资金。它能否获得最大限度的成功，取决于能否提供更多的工作岗位、更多的精神健康和成瘾治疗服务以及更多的平价住房给那些本来要被关起来的人。否则，《第 47 号提案》的良好意愿会被更多的无家可归者、更多的失业、更突出的精神健康和毒品问题以及更多的反复监禁取代。尽管如此，值得再提一遍，《第 47 号提案》取得了惊人的成功。《第 47 号提案》并非凭空产生，它的成功也并非出于偶然。

　　《第 47 号提案》是莉诺·安德森（Lenore Anderson）的突发灵感。她是一位受人尊敬的知名律师和公共政策倡议人，她和手下的工作人员以及合作伙伴组成了联盟，其中不乏执法机关领导者和来自两大政党的公众人物。联盟主席是圣迭戈前警察局长比尔·兰斯当（Bill Lansdowne）和旧金山地区检察官乔治·加斯孔（George Gascón）。其公共背书人包括兰德·保罗、纽特·金里奇和小 B.韦恩·休斯（B. Wayne Hughes Jr.）。休斯是一位保守派慈善家，他为这项运动提供了巨额捐款。该联盟还包括美国公民自由联盟、著名的受害者维权人士和数百名宗教领袖。安德森聘请了与联盟关系密切的组织专家罗伯特·鲁克斯（Robert Rooks）以及政治与传播专家埃斯·史密斯（Ace Smith），后者了解问题所在，懂得如何传达信息，进行推广。[26]

　　他们招募了数千名志愿者，截至任务完成之时，这些志愿者已联系了超过 30 万名选民，在 15 个重点县开展了 200 多场动员活动。公民参与组织"加州呼声"，以及在全国范围内广受尊敬、在信仰相关框架内进行社区组织的实体"PICO 全国网络"，筹建了电话库，邀请数百位精神领袖向政客表达他们对改革的支持。加州呼声和 PICO 全国网络还向少数族裔伸出援手，表达民权观点，确保获得他们的支持。加斯孔、兰斯当以及其他执法领域的领袖积极陈词，至少让许多执法人员从头到尾关注了这一斗争。[27]

　　安德森和她的组织如今正在继续努力。他们有资金向以其他州为根据地的组织提供战略性建议，计划在一场为期 8 年的运动中利用政治程序推进解除大规模监禁。当然，其他州的民主党势力远不像加州这样强大，即使个别州有这种允许变革推动者绕开立法程序

176

177

进行投票表决的安排，也很少。然而，现在势头强劲，正是进行反击的好时机。[28]

加州面临的紧迫挑战是充分利用《第 47 号提案》，并击退那些对新一轮犯罪浪潮持续表现出恐惧的人。一年以后，在该州最大的 9 个城市中，犯罪率略有上升。[29]《第 47 号提案》的支持者指出，圣迭戈县的犯罪率一直保持在历史最低点，还有其他一些城市的犯罪率没有发生变化。[30]在 2015 年至 2016 年，洛杉矶的暴力犯罪率上升了 38%，但仍处于历史最低点，然而尚不清楚这一犯罪率是否与《第 47 号提案》相关，因为这项改革并不适用于暴力犯罪。[31]一项研究发现，为犯人重返社会的创新方法进行投资的县比政策上以执法为重心、旨在维持现状的县再犯率要低。[32]最重要的是，2015 年全州的整体犯罪率是自 1960 年以来的最低水平。

警察中有传言称，不再允许轻罪逮捕。[33]另一种误解是将《第 47 号提案》视作"出狱自由通行证"，因为刑期短得根本不值得花费心思逮捕，所以轻罪逮捕变得毫无意义。[34]

媒体大肆渲染了一个名叫塞米斯·西纳（Semisi Sina）的年轻人的经历，他吸食冰毒成瘾，善于盗窃自行车等价值不超过 950 美元的物品，实施这种现在被判定为轻罪的犯罪行为而造成的后果充其量也就是伤及皮毛。但媒体没有指出，在《第 47 号提案》实行之前，西纳已经被捕 13 次，被定罪 5 次。实际上，该州轻罪逮捕的模式因县而异，有些县此类逮捕的比例大幅增加，有些县则显著减少，这表明政治可能影响了逮捕政策。[35]

对《第 47 号提案》的另一种批评意见是，长期监禁可激励毒品违法者选择接受戒毒治疗，除去这把"锤子"意味着仅受轻罪指控的成瘾者会更倾向于在监狱中短暂逗留，而不是恪守承诺，进行更为长期的治疗。一些治疗项目的统计数据的确有所下降，因此这些项目在政策上扩大了招募范围，毕竟有许多成瘾者没有落入法网但也有意戒瘾。毒品法庭的法官也在寻找受药物滥用的驱使犯下罪行的非毒品罪犯参加治疗项目。

《重组法》确实导致监狱提前释放了犯人，批评者抱怨，有时候被定为轻罪意味着只需服刑 60 天。但在《第 47 号提案》生效以后，洛杉矶市和县因毒品问题被逮捕的人数降到了足以缓解监狱人满为患问题的程度，犯人现在能够服完 70% 的刑，这意味着如今的"锤子"比过去的那个发挥了更大的效用。[36] 从更广泛的层面上说，我们可以指望最终实现一种转变，即将毒品成瘾作为公共卫生问题而非执法问题来处理。然而，这种转变不会在一夜之间发生。

批评者还在批评，其他人已在推动实施这项法律了。洛杉矶县政府督导马克·里德利-托马斯（Mark Ridley-Thomas）称，"关键在于执行"，对于该县要承担的这些任务，该州的资助还不够，这也在意料之中。此外，他还表示，地方上履行新职责所需进行的机构间资金再分配受到了来自官僚体制的阻力。他还批评提案中规定的行动实施过程过于僵化，难以根据实际经验进行调整。他说，过程中不允许进行"充分的实地测试"，还抱怨项目的倡导者们"戒心过重，不承认需要进行调整"。

尽管如此，里德利-托马斯和洛杉矶县政府督导委员会成员希尔达·索利斯（Hilda Solis）还是创建了两个特别工作组，一组负责与符合条件的违法犯罪人员取得联系，这些人中有许多本来不知道自己的罪行可以申请重新分类；另一组由商界、教育界、基金会和非营利组织的领导者以及政府官员组成，他们制定策略帮助有前科者获得工作和服务。里德利-托马斯指出，随着卫生部门承担起新职责，好的改变正在发生，精神服务得到改善。其他官员也参与进来。洛杉矶地区检察官杰姬·莱西（Jackie Lacey）召集了一个特别工作组，加大力度将精神病患从监狱中转移出来。洛杉矶市检察官迈克·福伊尔（Mike Feuer）负责处理大幅增加的轻罪案件，他联系该市和该县各机构，为轻微犯罪设计新的处理办法。

截至 2016 年年底，洛杉矶县有 51.9 万人有资格申请将其所犯的重罪重新归类为轻罪，而该县官员称，很难实际找到这些人。[37]另一项报告称，截至 2014 年年底，该县有 19.8 万项重罪定罪被降级。[38]这一报告中还包含公共辩护律师努力寻找潜在申请人的故事，这些人很可能不知道自己符合资格。一名律师称，她之所以坚持这样做，是因为"畸形的判决刺激（她）继续前行"。"在一项判决中，一名男子因为偷了几捆干草而被打上重罪犯的烙印。在另一项重罪判决中，被告只是偷了一个枕头。"

与此同时，州长仍在继续推进解除大规模监禁的进程。截至 2016 年年底，布朗已批准假释大约 2 300 名被判谋杀罪的无期徒刑犯和大约 450 名罪行相对较轻的无期徒刑犯。相比之下，在格雷·戴维斯（Gray Davis）州长的整个任期（1999—2003 年）内，总共只有 2 人获得了这样的赦免。该州还下令对在 23 岁前犯下暴力罪行而被处以长期监禁的犯人进行假释听证，以考量他们当时的不成熟如今是否足以支持他们获释。[39]

2016 年秋季，州长参与了一项成功的投票表决，即关于《第 57号提案》的投票。这项提案由莉诺·安德森、电影制片人斯科特·布德尼克（Scott Budnick）及后者所在的组织"反再犯联盟"提交。该提案准许提前释放完成改造项目并表现良好的非暴力重罪犯，废除了对善行折减制的法定限制，准许受到非暴力犯罪定罪的囚犯在服满基本刑期后获得假释资格。它还准许法官而不是检察官决定是否应该在成年人法庭对青少年犯罪嫌疑人进行审判，并由检察官承担青少年应当移交至成年人法庭的举证职责。后一项尤其会大大减少被移交至成年人法庭的青少年人数。[40]

《第 47 号提案》的未来关系重大。尽管有人声称《第 47 号提案》的实施导致犯罪增加，但截至 2015 年秋季，凭借该提案出狱的人的再犯率为 5%，而该州整体的平均再犯率为 42%。[41]在"三振出局法"变宽松后获释的那些人中，只有约 6%重返监狱，而且获得假释的无期徒刑犯中只有 2%有新的犯罪行为。[42]因此前景是乐观的。

随着《第 47 号提案》受益者人数的增加，这样的再犯率是否会保持下去还是个未知数，当然，再犯率的高低也不是衡量成功的唯一标准。就业、精神健康和戒毒治疗服务、平价住房、高中毕业率和其他参数都是解除大规模监禁行动的一部分。马克·里德利 - 托马斯的报告称，根据《第 47 号提案》获释的人中有三分之一无家可归。一名记者写道："《第 47 号提案》实施两年后，瘾君子们可以自由走动了，却无处可去。"[43]越来越多的人因《第 47 号提案》被解除监禁、流落街头，如果加州不采取后续行动并承担解除监禁带来的一切后果，犯罪就会增加，风险就会升高。

半个世纪前，我们将精神卫生系统去机构化，关闭了精神病院，承诺要代之以以社区为基础的服务，却没有履行承诺。如果我们在监狱系统这里重复同样的失败，我们很容易就会发现自己再次打开了监狱的大门。在解除大规模监禁的道路上，存在着一片巨大且十分显眼的坑洼地带：如果不解决国家的就业问题，解除大规模监禁就不会产生积极的效果。我们的青年劳动力当中已存在巨大的差距，可以预见的是，有色人种的年轻人将受到最重的打击。

加州安全与正义组织的莉诺·安德森展望《第 47 号提案》的影响时称："我们最大的机遇不是单单终结大规模监禁。我们需要用社区振兴取而代之。我认为我们现在可以做到这一点，这构成了我们的安全平台。我们不仅要减少大规模监禁，我们也要清理遗留的问题。"[44]

第十章　翻看硬币的另一面：
我们所了解的终结贫困

　　解除大规模监禁不仅涉及刑事司法体系的改革。如果我们不能让人们摆脱贫困（这可是项更重要的任务），它就不会成功。许多人因为贫困而坐牢，并且在获释后仍然陷于贫困。如果我们不能直接解决贫困和种族问题，贫困将继续被犯罪化。

　　我们必须翻看硬币的另一面，比起慈善赈济，我们更需要为所有人提供出生前的保健服务，为所有的儿童提供儿童发展服务，为所有人提供一流的教育、体面的工作和有效的工作支持、平价住房、身心健康服务、有需要时的律师服务、安全的街区，在街上和家中禁止暴力，打造健康的社区，实现经济、社会、种族和性别正义以及司法公正。人们可以补充这一清单，并细化已提到的项目。我们之所以想要达成上述所有这些目标，原因有很多，其中一个是，可以减少受监禁者的人数。

　　我们知道，大规模监禁的对象大多来自特定的几个邮政区，因此本书余下的部分将讨论缩小区域之间差距的尝试。关注地区和贫困之间的联系并将之作为终结贫困犯罪化策略的一部分，这至关重要。如果我们朝着正确的方向前进，居住在低收入地区的人和居住在富裕地区的人在受监禁方面的差距会缩小。大规模监禁的真正解除，即一个公正的社会，即将到来。

　　出于这个原因，我探访了七个项目，它们大多建基于高度贫困的地区，有合作伙伴进行大规模运作，改善了许多人的生活。这七个项目足以说明问题，但我其实还可以探访许多其他同样有效并且规模化运作的项目。这些实体为儿童和家庭提供帮助，构建社区力量。它们的工作突出了积极的影响，相应地遏制了负面因素。工作包括对个别儿童和家庭的支持以及在更广的范围内提供帮助的政策。用现在广为流传的术语来说，它们体现了对"集体影响"的追求。

　　然而，这些重要的项目只是变革策略的一部分。终结大规模监禁、贫困和种族主义还需要组织起来，展开政治行动。

俄克拉何马州塔尔萨市：
塔尔萨社区行动项目

　　在探访塔尔萨社区行动项目（原塔尔萨县社区行动项目）的第一天早晨，快到 8 点半的时候，我站在该项目执行理事史蒂文·道（Steven Dow）身旁，看着孩子和家长涌进斯凯利儿童早期教育中心。这个场景令人愉快，我感觉自己从头到脚洋溢着喜悦。

185

　　一名妇女带着同样开心的笑容走到道面前，对他说："我就是想来谢谢您，道先生。我对您感激不尽。您可能不记得我了，但您改变了我的生活。我从您的职业发展项目毕业，现在有一份很棒的工作——负责处理儿科医疗账单。现在我更加自信了。我的孩子们可以看到这种改变，他们想要向我学习。"她介绍说自己名叫杰西卡·叙林（Jessica Syring），说她的儿子（现在 8 岁）在 3 岁的时候参加了社区行动项目的领先计划，那时她也开始了自己的求学之旅。现在她的女儿3岁了，也参加了领先计划。

　　像叙林这样的家长我们还遇见了不少。塔尔萨社区行动项目是美国结合儿童发展和家庭支持的所谓"两代人"项目的典范之一。该项目在9个独立运营的领先教育教学点和2个位于教会中的教学点为2 300名儿童提供了服务——其中包括400名婴儿和学步幼儿——此外还包括350个家庭的上门上课服务和在一所小学内开办的少女妈妈项目。由于搬家、出勤率低或长期迟到，确实会有孩子离开，因此还有一份1 200人的候补名单。90％的孩子来自贫困家庭，另外10％属于特殊情况，比如残疾儿童和寄养儿童。

　　社区行动项目与家庭和儿童服务组织（包括27名家庭专家和11名精神健康专家）签订了合同，旨在帮助家庭解决财政、身心健康、法律和公共福利问题。社会工作者每天在上学时间迎接孩子和家长，如果遇到有人提出请求，或注意到有什么不对劲的地方需要跟进，他们随时做好准备提供帮助。每个家庭都会有一名具有文科学士或硕士学位的社会工作者提供支持，家庭和儿童服务组织也会为家长提供许多课程。社区行动项目总共有5 200万美元预算，来自联邦、州和私人的资金各占大约三分之一。

　　迎接孩子和家长的环节之后，道带我参观了这座美丽的建筑。除了有一处例外，该项目独立运营的所有建筑都毗邻学校，因此孩子们会感觉处在和学校一样的环境中。这个早教中心有186个孩子，因此建筑规模很大。教室是彩色的，道说，这样就比传统的学校更温暖。教室的门进行了特别设计，学生在关门的时候不会被夹到手指。卫生间在教室里，由3～4英尺①高的围墙围住，因此孩子如厕时隐私可得到保护，必要的时候，成年人也可以照应卫生间内的情

————————
① 　1英尺合30.48厘米。

况。我们走进一间教室，在那里，孩子们高声唱着："哦，亲爱的，这是什么东西？"每个孩子都会在歌词里加上一种新"东西"。

我们和拉托亚·尼科尔·史密斯（LaToya Nichole Smith）一起坐下，她是学校的领导，或者说校长。她起初是参与领先项目的家长，后来获得学士和硕士学位，成为一名教师，从代课教师、正式教师、校长助理一路做到校长。

史密斯的工作关键在于找到那些适合参加职业发展项目或其他项目的家长，然后帮助他们获得成功所需的支持，尤其是儿童保育方面的支持。有些家长参加了"聪明的单身者"小组，这个小组帮助人们鉴别一段情感关系是否健康，并教育家长如何处理可能成为成功障碍的家庭问题。还有人参加了"健康女性，健康未来"小组，这个小组由俄克拉何马大学护理学院的教师授课，帮助年轻女性决定是否怀孕以及学习应对孕期中的问题。大约有一半的家长正在为找工作或找更好的工作做准备。工作人员反复对我说，无论是获得普通教育发展证书、将英语作为第二语言进行学习，还是使一个家庭保持房屋整洁，每一小步都非常重要。

史密斯还负责管理出勤政策。没有人会因为迟到而被拒之门外，但一个月内如果出现 3 次迟到或 2 次无故旷课，她会和家长坐下来，一起制订出勤计划。社区行动项目坚信，早一点处理这样的问题可防止这些问题以后反复出现，而大多数情况确实如此。

教室管理是一个长期问题。教师定期进行评估，将孩子们按功能状态分成小组。有些孩子经常在家中遭受精神创伤，有些孩子则遭受了可怕的丧亲之痛，相关的孩子、其他的孩子和教师都需要丧亲辅导。还有一些孩子身有残疾或其他缺陷，需要进行鉴定以及定期咨询或治疗。

家庭和儿童服务组织的工作人员是他们的全程合作伙伴。他们从每一个孩子开始参与领先项目的时候就与其父母进行家庭需求和优势评估，定期联络回访。他们还组织并鼓励家长参与社会团体，从而建立重要的友谊，受到同伴教育。精神健康团队是该项目的重要组成部分，通常与父母一起为约三分之一的孩子提供服务。和两代人合作的方法论是家庭和儿童服务组织所有工作的关键，对整个社区行动项目也极为关键。

当初克林顿政府决定允许新的申请者与已有的领先项目承接者进行竞争，这在 20 世纪 60 年代该项目创建以来尚属首次，彼时道已成为社区行动项目的领导者。在社区公民领袖的支持下，道申请并获得了塔尔萨领先项目的拨款。该项目过去局限于非裔社区，而道想把它推广到全县。最初，由于社区行动项目接管时当地项目的运营情况不佳，该市只有 956 个名额（俄克拉何马市有 2 500 个名额），其中包括早期领先项目的 104 个名额，他的想法遇到了阻力。

2005 年出现了一个关键的转折点。现已解散的房利美基金会选择社区行动项目作为其资助的 15 个组织之一，以助力该组织重新审视其使命和战略并找到自身专长、利用合作伙伴完成其他工作。这项拨款使道结识了麦肯锡咨询公司长期合伙人道格·史密斯（Doug Smith），此人后来成为道的好朋友和长期顾问。史密斯说，道需要确立一个清晰而一贯的使命，否则他最终会沉迷于获得拨款，而非以目标为动力。

史密斯告诉道，他会处处对道提出质疑，使他明白如果要在 3 年内使效益提高至原来的 3 倍，可能要放弃什么——确定自己能够做什么，并在这方面成为世界上的佼佼者。当时社区行动项目正在进行资产开发方面的工作，帮助人们获得所得税抵免，并致力于推动平价住房供应和领先项目。道决定专注于领先项目和儿童早期发展，并将该组织的其他功能移交给了不同的团体。在接下来的 3 年里，塔尔萨社区行动项目在儿童早期发展方面的建设增加到了原来的 3 倍，这显然不是事先计划好的，可以说是个奇迹。

当时的情况是，一位任期有限但颇具影响力的州议员和亿万富翁乔治·凯泽（George Kaiser）携起手来，后者对儿童早期发展有着持久的热情，是道的老朋友，也是他工作上的支持者。这位议员当时是一个拨款委员会的主席，希望在离开州议会的时候留下点值得称道的东西。他告诉凯泽，如果该州每拨款 1 美元凯泽愿意投入 2 美元，他就会提供 500 万美元的州拨款。凯泽同意了。由他来做这件事无比合适，并且他认为这会是项很好的商业投资，这一观点很有说服力，州议会也同意了。整个州的新增投入总额为 1 500 万美元，其中用于儿童早期发展工作的部分是原预算的 2 倍。

这 1 500 万美元带来了新的挑战。如何在全州范围内分配这笔资金？这笔资金又有多少会花在凯泽和道全身心投入的 3 岁以下儿童福祉上？有多少会被用于提高教师的选拔标准和资质，招募到素质足够高的教师，并使他们得到足够的报酬？如有必要，怎样做才能使项目全年或者全天运转？如何将家庭支持和项目联系起来？

自从道接手领先项目以来，他就一直在为解决这些问题而努力。乔治·凯泽以多种方式提供了帮助。凯泽和其他一些人承包了教学楼的建设，增加教师工资投入由此提高了所聘人员的素质，支持在俄克拉何马大学对教师进行培训，并为 3 岁以下的孩子进行投资，由此帮助社区行动项目获得了极大的改观，甚至在整个州的资助大幅上涨之前情况就已有所不同。

这些年来，资助上涨的幅度变得更大了，州拨款达到 1 000 万美元，来自全州各地的慈善家的捐助达 1 500 万美元，大部分人都是凯泽招募的。即使在该州深陷预算困境时，借助凯泽和其他私人捐助者的影响力，截至 2016 年 6 月，该州仍在继续出资。

190

　　随着儿童保育在全州范围内的扩展以及塔尔萨领先项目的内容日益丰富，道也开始关心家长的经济状况，这种忧虑最终催生了职业发展项目。当《平价医疗法》出台时，他已向国家级的专家征求了建议，并从乔治·凯泽那里获得了试点资金，为准备投身于卫生保健工作的 15 名学生提供资助。他们在正确的时间做出了正确的决定。从 2010 年开始，他们获得了为期 5 年的联邦资助，在我到访时，他们正开始接受第二个 5 年的资助。他们从护理部门和通向护理部门的职业道路着手，随着时间的推移，又增加了其他卫生保健劳动力培训。当然，特朗普的当选使一切都处于不确定中。

　　然而，结果是，许多对健康相关工作感兴趣的人根本没有学习社区大学课程的基础。社区行动项目不得不退而求其次，开发了四级发展教育系统，其中最大的学生群体是小学英语和小学数学水平的人。每个被职业发展项目录取的人都会有学业教练、职业教练、财务教练和家庭生活教练各 1 名，在需要的时候他们会被动员起来。在最初 5 年里，在对表现出兴趣的许多人进行筛选后，这个项目培养了 376 人，他们取得了一定的成绩。在这群人中，有 271 人获得了卫生保健方面的工作，39 人完成了基础教育补习课程，66 人完成了一门 ESL 课程（母语为非英语学生的专业英语课程）。第二个 5 年的目标是完成 588 人的培训，其中 435 人将从事卫生保健方面的工作。

　　道带我去参加了职业发展项目的一个毕业典礼。这个班有 5 名毕业生，规模小到允许每个人都能得到工作人员的单独贺词并进行简单交流。现场布置有彩带和气球，还有大家庭为毕业生欢呼，塔尔萨社区行动项目的所有高级职员也在，他们随后送上了蛋糕和果酒。毕业生包括 1 名注册护士、2 名医疗技术员、1 名助理技术员和 1 名理疗助理。

　　接下来我与上门授课项目的运营团队见了面，该项目体量可观。与某些将上门授课塑造为灵丹妙药的公共话语不同，这次谈话复杂而细致入微。他们称，上门授课对一些人十分有帮助，但对另一些人没有什么明显的价值。招募家庭很困难，辍学率很高，但有相当一部分人受益匪浅。不必说，这个团队深信其工作的重要性和有效性。

"在家学习"这一项目有 350 个家庭同时参与，有 17 名工作人员，包括 3 名团队领导和 14 名家长教育工作者。员工流动率很低，因此具有可贵的连续性。这个团队每两周对有 3 岁以下孩子的家庭进行一次上门授课，时长为 90 分钟。他们的时间有三分之一花在家长与孩子的互动上——和孩子一起阅读、唱歌、玩耍——其余时间则与家长共度，为他们提供儿童发育相关的信息并解决关于家庭福祉的各种问题。每个新家庭都会接受一系列检查，以确定孩子在发育量表上的位置，并据此得到合适的资源。

192

道请团队介绍了一些成功的案例。杰姬·马歇尔（Jackie Marshall）注意到一个孩子的眼睛有斜视，于是她催促孩子的母亲带孩子去看医生。这位母亲两次爽约，但最终还是去了，男孩现在戴上了眼镜。马歇尔的督促还使内科医生确诊了一名心脏杂音患者。阿丽亚娜·贝当古（Arianne Betancourt）团队的一名成员合作的一个家庭房子非常脏，家长教育工作者说服家长为清扫房屋制定了多个小目标，家长逐步取得了很大进步。卡罗琳·麦克平（Carolyn McCulpin）组织了一个家长社团，有三名家长分享了他们在小时候受到虐待的经历。

我遇到了许多家庭，他们告诉我社区行动项目有多么重要。其中有个家庭的故事无疑覆盖了两代人，故事始于"在家学习"项目。这个家庭参加这一项目是因为他们 18 个月大的二儿子帕克除了叫"妈妈"和"爸爸"外不会说别的话。凯顿比他大 1 岁，是个话匣子。项目始于上门授课，主要是为了让帕克在 2 岁时能顺利在中心得到一个位子。而当他被安顿好，妈妈第一次把他留在中心的时候，他哭了。四天后，他在中心不停地讲话，两个星期后，爸爸听见他在浴缸里数到了 12。

193　　　　后来他爸爸在工作时炸伤了膝盖。他们拥有自己的房子，但因未如期还款，房屋赎回权濒临被取消，即使家庭和儿童服务组织一直在经济问题上为他们提供咨询。家庭和儿童服务组织常常帮助即将遭到驱逐的房客，但这次的情况不同。尽管如此，它还是找到了一个帮助有丧失赎回权风险者的组织，他们帮这个家庭制订了他们负担得起的还款计划。帕克的父母还受益于家庭和儿童服务组织的精神健康咨询服务。

　　爸爸进行了第二次膝盖手术，现在正在领取工伤保险补偿金。妈妈如今在外面工作。他们又回到了把儿子们送入大学的正轨上。

　　展望未来，道带我出席了一场有 100 名中心办公室工作人员参加的战略性规划会议，这是迈向新的 10 年规划的关键举措。一个核心写作团队已经正式行动起来，广泛听取各方心声，从家庭、教师、捐助者和其他人那里收集反馈信息，并草拟了征求意见稿。

　　道以数据和研究为动力，以证据为基础。社区行动项目有一个创新实验室、一个数据收集团队和一群评估顾问，道与全国的顶级研究人员、从业者和政策专家长期保持联系。战略性规划是一个不可或缺的特征。

　　新规划的关键挑战是解决有一定数量的孩子跟不上进度、没有做好升入三年级和进一步升学准备的问题。这个项目在提供学前教育方面已发挥一定作用。现在，道认为，它必须找准自身定位，研究要如何在孩子们升上三年级以后继续为他们护航。这个项目不是要自己运营学校，因此一个重要的问题是，为了帮助这些家庭，使他们的孩子跟上进度，它能够做些什么。

要取得进展，就要实现四个方面的成功：孩子的成功、家庭的成功、组织的成功和社区的成功。

孩子的成功包括做好前瞻性的工作——让家庭更清楚地了解这个项目会做什么以及期望家庭做什么；对早期预警指标更为警醒，这些指标可能会在 2 岁时出现，可能预示 6 岁时会出现的问题。

家庭的成功需要个性化的家庭课程以帮助家长变得更为自信，经济上更为稳定，身心更为健康；并需要将项目扩展到候补名单上的家庭和那些孩子已经从领先项目毕业的家庭。

组织的成功意味着对持续改进的承诺，尤其是在州预算削减的情况下，只有这样社区行动项目才能继续作为优秀人才的理想工作场所。对外，该项目必须争取州预算，不仅要为儿童早期发展提供资金，而且要为从幼儿园到三年级的教育提供充足的资金；对内，必须成为比现在更为专业的学习社区。

社区的成功需要与其他非营利组织合作，以满足家庭和儿童的那些社区行动项目本身无法满足的需求，需要与全国性组织合作，取长补短，互相帮助，包括能够帮助项目做得更好的研究团体。

参与塔尔萨社区行动项目的孩子和家庭都得到了很好的照顾。如果这一项目能按照自己的方式发展，未来只会做得更好。

芝加哥：洛根广场社区联合会

洛根广场社区联合会已有超过半个世纪的历史，无论客户构成，还是工作的广度和复杂性，都在与时俱进。20 世纪 60 年代，洛根广场是一个东欧社区，这个项目从根本上说就是一个社会服务所。如今，它的人口主要是拉美裔，它做最前沿的工作。

莫妮卡·埃斯皮诺萨（Monica Espinoza）是这个组织中的典型。她在一个据她本人描述"有点缺陷的家庭"中度过了艰难的童年，后于 17 岁时来到美国。她结了婚，上了班，有了孩子，但她说："我从未想过要有目标或抱负。"她在一家生产电脑塑料零件的工厂工作，第一个孩子正要开始上幼儿园时，有人告诉她，她应该申请联合会的招牌项目家长导师项目。她清楚地记得，面试时她被问及有哪些技能。她觉得自己"可能说了我什么都不擅长"。

她确信自己不会被选中，但她错了。这是一段非常美好的经历。她学会了"成为老师的第二双眼睛、第二对耳朵和第二双手"。她喜欢她的老师，她说，到年底的时候，"那些孩子也成了我的孩子"。

从开始到现在已过去 11 年时间，她的儿子现在是一所高中的模范生，她则是家长导师们的协调组织者。如今的莫妮卡·埃斯皮诺萨在社区里组织活动，还到州议会为家长导师项目进行筹资游说，并为她所在社区的教师们提供了家长的声援。起初她还会胆怯，但多年的经验"让我的内心变得强大了，因此现在我不再害怕和议员谈话了。我对他们说：'您曾请求我们的社区给您投票。现在我们需要您的票了。'"遇到有议员称自己身不由己爱莫能助，她发现自己会说："我们会帮您解除这种束缚。""知识就是力量，"埃斯皮诺萨说，"去斯普林菲尔德①，在那里你的力量会加倍，你会产生影响力。"

洛根广场社区联合会与合作伙伴及其他人士共同致力于移民融合、平价住房保护和扩展、反士绅化、恢复公正和防止暴力、成人教育和课后项目、卫生服务的获得及覆盖面的扩大、公民参与和立法支持，还有涵盖家长导师项目的家长参与，该项目正是我此次访

① 伊利诺伊州首府及政治中心。

问的原因所在。联合会影响的人数非常可观，其政治能见度也令人印象深刻。

该联合会在社区中有 51 个形形色色的会员组织、225 个伙伴组织，预算约为 300 万美元，大约半数来自基金会和公司，半数来自各级政府的拨款和合约。尽管它有大约 50 个资助方，但要保持偿付能力仍是一项持久的挑战，尤其是现在具有意识形态倾向的国会削减了帮助低收入人群的联邦预算，而伊利诺伊州人民又选举了一位持类似态度的州长。

我这次探访的向导乔安娜·布朗（Joanna Brown）是一名资深教育组织者。1993 年，在该社区最贫困区域的最贫困学校弗雷德里克·福斯顿小学，校长建议创设家长导师项目时，她领导了一场运动，争取让更多的学校加入。她认为这会对她所在的学校有所帮助，还可以帮助没有工作的母亲们继续接受教育，找到工作。这种做法已在该州其他地方和全国各地得到复制，值得进一步推广。

该项目的核心是让这些母亲每天在教室里花 2 小时与孩子们打交道。"这 2 个小时使你对所有事情着迷，"布朗说，"它改变了我的生活。"

作为开始，项目会在每学年初招募该校三年级或更低年级学生的母亲（也有一些父亲）。洛根广场社区的这些家长一般都是移民，通常（但远非全部）没有走出家门在外面工作过，在社区中并不活跃，大多来自讲西班牙语的家庭。他们收入自然很低。学校里几乎所有的孩子都有资格享受免费或减价的午餐。

接下来是为期一周的培训。这些家长各自与一名教师结对，被委以助教或教练的任务，因此他们的工作是一对一或按小组进行的。教师们经常将他们安排给有特殊需要的孩子。这些孩子中有许多有语言问题。（他们从不会被分配到自家孩子所在的教室。）

洛根广场社区的 9 所学校（每所大约有 1 000 名学生）各有
15～25 名家长导师。他们需要在一学期中工作 100 个小时——50
天，每天工作 2 小时——还要在周五参加培养领导技能的讲习班，
不过大多数人每次待的时间都超过 2 小时的最低要求。当他们做满
100 小时的时候，会获得 500 美元津贴。有些导师下一学年会来继
续工作，但该项目每年会尽量吸纳 50％～60％的新人。

该项目搭建了通往成功的机会之梯。自 1995 年以来，大约有
2 000 名导师参加了该项目，他们做得很好。有些人成为项目本身的
协调员，还有些在洛根广场社区联合会找到了其他工作。许多人在
学校里找到了餐厅工作人员、校车安全监督员或其他岗位的工作。
其他人有的开设了小型日托中心，有的在社区中心工作或在社区中
从事其他工作。许多人获得了普通教育发展证书。而乔安娜最引以
为傲的是，一些人通过该项目与社区组织联盟合作创建的"培养你
自己的教师"项目成了教师。

项目的启动很困难。从传统意义上说，教师甚至无法想象让父
母待在他们的教室里，更不必说让他们提供学业支持了。校长们担
心职责范围的问题。不过该项目有周密的安排。由了解邻里状况的
现任家长导师负责招募工作，校长对每名候选人进行面试，利用合
同、时间表和管理人员进行组织。教师们已成为该项目最好的支持
者和倡导者。

项目确实产生了效果。家长成为教师的合作伙伴。他们和学生
一样，一定程度上也是学校的主人翁。家长对于教育体系来说变得
更为重要；学校成功地使学生更容易融入学习环境，学生的成绩也
有所提高。

该项目也是一项领导力发展行动计划。洛根广场社区联合会使
母亲们参与公共事务，尤其是与她们所在社区的利益直接相关的事

务。这些母亲经常在州议会为州内公立学校的学费、无合法身份者的驾驶执照、扩展家长导师项目的州拨款和社区内的平价住房等事务作证，她们还邀请议员参观在州议会扩展该项目时获得资金支持的学校。她们去了华盛顿，为移民改革进行游说。

乔安娜称这个项目"具有变革性"。她说，它为移民家庭做出了不可思议的贡献。有些女性离开了母国的大家庭，在美国孤立无援，有时身边只有她们的核心家庭，有时远离丈夫和几个孩子。这个项目成为她们的第二个家。她们与有类似经历的其他女性碰了面，找到了组织。于是，她们中有许多人投身社区事务，比如尽力避免一所学校被改造成军事学校（这是拉姆·伊曼纽尔［Rahm Emanuel］市长的主意），反对拆除公共住房代之以混合收入开发项目（这会大大减少为低收入人群提供的住房数量），以及其他种种问题。家长导师是社区的使者，担负着许多职能，包括为防止丧失赎回权以及奥巴马总统的"童年入境者暂缓遣返手续"和"美国人父母暂缓递解行动"等移民项目进行投票和宣讲，告知人们他们的孩子有参加运动队和接受学业帮助的机会。乔安娜称家长导师项目是"针对低收入家庭的最好的移民项目"，固然这么说失之偏颇。

同样位于芝加哥的西南组织项目于 2005 年在该市部分地区的 11 个社区中复制了家长导师项目，使之更加多元化。如今，在州的支持下，该项目在全州的 70 所学校中由 16 个社区组织运营。洛根广场社区联合会和西南组织创建了家长参与机构，每年培训超过 600 名导师，他们为 600 名教师提供支持，并对 1.4 万名来自低收入家庭的学生予以更多的个人关注。该项目的成果得到了验证。与其他孩子相比，参加了这一项目的学校 10 年来州考分数提高了 35%，辍学率下降了 61%。

乔安娜带我参加了新协调员培训，这些协调员将在这一得到

200

州资助的项目中担任家长导师的培训者和指导者。最精彩的部分
是与当天来授课的十几名资深协调员共进午餐，几乎所有人都是
从家长导师做起的。不出所料，他们中的许多人都是老朋友，其中
两人，利蒂西娅·巴雷拉（Leticia Barrera）和西尔维娅·冈萨雷斯
（Silvia Gonzalez），招募了其他人中的大多数——先是成为家长导
师，后来又都成了协调员。

　　冈萨雷斯是其他女性的杰出榜样。她从 2002 年开始担任家长导
师，当时的契机是她有特殊护理需求的儿子面临严重的健康问题，
她正深陷抑郁。后来，她成为家长助教，在当地的学校委员会中任
职，然后又接受了洛根广场社区联合会的兼职工作，最终成为家长
导师协调员。如今她已当了祖母，正在大学攻读学位。她说，洛根
广场社区联合会彻底改变了她的生活。

201　　我问冈萨雷斯，她认为这个项目带来的最重要的影响是什么。
她说："自尊。你发现了自己内心深处的领导力。你学会从社区层
面上思考。你开始问如何才能建设更好的社区，如何才能为自己创
造更美好的未来。这个项目为你提供了方法。作为协调员，你就是
一个爱操心的人。你成为朋友、心理咨询师和导师。你是信任家长
导师的人。他们感到充满力量。"

　　巴雷拉也是一个很好的榜样。她在墨西哥老家是一名教师，但
因为不会说英语，到芝加哥后只能在工厂工作。她的大儿子 1998 年
开始在詹姆斯·门罗学校上幼儿园，她为儿子进去上学而自己却不
得不待在外面感到难过。（我拜访她时，她儿子已经上大学了。）当
时有一名妇女正在发放传单，告诉了她关于家长导师的事情。巴雷
拉明白，这个项目能让她和儿子一起上学。她还没确切知道自己要
做什么就报名了。

　　她现在是洛根广场地区 9 所学校的家长导师组织者，负责聘请

协调员、与校长沟通，以及和每所学校一起选择新的家长导师。与此同时，她加入了洛根广场社区联合会的"培养你自己的教师"项目，在踏踏实实地攻读芝加哥州立大学学士学位，以便再次成为一名教师。这是她的梦想。她说，她的丈夫是一名餐饮卡车司机，他一直在支持她实现她的梦想。

还有塔米·洛夫（Tami Love）。我一听她说话，就知道她是个重要人物。人们听她的话。洛夫也是家长导师项目的早期开拓者，现在她将时间分别用在住房供给和家长参与机构上。她在洛根广场的生活有点不同，她是非裔美国人，于 1994 年来到这个社区，必须找到负担得起的住所。她找到了一套月租为 450 美元的三居室公寓。她靠福利救济生活，有时间可以自由支配。她不断看到学校招聘志愿者的指示牌。

后来，洛夫在学校看到了一个会议指示牌，她走了进去。她听不懂西班牙语对话，但她看到那里的家长对所发生的一切都非常动情。她逐渐理解了指导理念，还知道他们将敲开社区的门。"闻所未闻！"如今洛夫说。她报了名，她和其他的家长逐渐找到了沟通的方法。她现在的工作是把家长导师安排到全市的学校，并跟进以确保一切进展顺利。她还致力于改善住房问题，每年都会去斯普林菲尔德据理力争以保持州资金的投入。

在洛根广场社区联合会执行理事南希·阿德玛（Nancy Aardema）看来，该团体的首字母缩写也代表着"领导者塑造社区行动"①。在对话中，她向我倾吐了该组织所面临的持续挑战，不仅包括要应对社区的新问题，也包括筹集资金维持运营过程中的酸甜苦辣。维持

202

---

① 洛根广场社区联合会的英文为"Logan Square Neighborhood Association"，领导者塑造社区行动的英文为"Leaders Shaping Neighborhood Action"，两者的英文首字母缩写相同。

项目资助为人们服务已足够困难，而洛根广场社区联合会还要进行组织和宣传工作，为后者筹集资金就更困难了。基金会的资助和公共资金时增时减，但洛根广场社区联合会坚持了下来，成为社区的重要部分。

203　　　联合会的工作以一项整体性计划为指导，以创建一个强大社区的综合性发展路径为战略基础。他们每年重订计划，50 个会员组织作为社区的主要利益相关方每年聚会两次，审视有哪些方面进展顺利，有哪些方面需要改善。

为我安排这次探访的主要负责人布里奇特·墨菲（Bridget Murphy）在探访结束时说："我们正在经历翻天覆地的变化。我们在北区有几位新当选的独立进步官员。因此，本市的这个地区在许多方面都处于领先位置，而洛根广场社区联合会在所有这些方面将发挥重要作用。从另一方面来说，士绅化使事情如此困难。这个社区很快就会看起来大为不同。"在现有议程上的所有事项之外，下一个挑战是与士绅化互为友好，创建一个经济和种族融合的地方，使每个人都成为赢家。

明尼阿波利斯：北区成就区

明尼阿波利斯的情况令人迷惑。这里的总体失业率很低，然而，全市范围内的非裔美国人贫困率超过 40%，失业率大约为 14%。北区成就区是奥巴马政府为改善集中贫困社区儿童和家庭的状况而建立的应许社区之一，人们都叫它 NAZ（Northside Achievement Zone），它位于明尼阿波利斯北部，主要集中在一块长 18 个街区、

204　宽 13 个街区的区域内，这里的居民 79% 是非裔美国人，73% 的家庭年收入不到 1.9 万美元，失业率很高，暴力事件频发。

关于高失业率，令人尤其不安的一点是明尼阿波利斯北部离闹市区很近。人们可以从那里看到高楼大厦，但又仿佛远隔千里。这使我想起恶魔岛①，犯人们在那里可以看到旧金山，却无法到达这座城市。

种族隔离和贫困由来已久。从 1967 年开始，该社区的非裔人口大幅上升。在马丁·路德·金去世后，明尼阿波利斯北部发生了城市内乱。这导致白人居民和企业主逃离，犹太人社区的情况尤其严重。与此同时，这个明尼阿波利斯北部的微型非裔社区有所壮大，这要归功于主要来自芝加哥的新移民，他们寻求更好的生活，也许是被低房价吸引到了这里。（索马里人也来了，但他们去了明尼阿波利斯南部，这又是另外一个不那么愉快的故事了。）

整个 20 世纪 70 年代，明尼苏达州在废除住房和教育的种族隔离方面都是民权运动领导者。开发商在郊区建设了足够多的平价住房，使种族多样性显著增加。然而，20 世纪 80 年代，可能是因为新的非裔家庭涌入这座城市，新一批政府官员和开发商观点相左。明尼苏达大学的迈伦·奥菲尔德（Myron Orfield），一位全国知名的研究种族和地域之间关系的专家，按照时间顺序对此进行了梳理。[1]这些官员让平价住房（在里根政府时期本就受到限制）主要建于市中心。与此同时，那些支持解除都市学校种族隔离的政府官员和教育领导者让位于今天仍在遏制合宪的解除种族隔离办法的人。

本该搬出明尼阿波利斯北部的家庭发现搬走更难。该地区的住房市场由于种族隔离而被分割，贫民窟的房东占了低收入客户的便宜，租金飙升。[2]在到处是低薪工作、太多人——在招聘中受到歧视

① 恶魔岛，位于美国加利福尼亚旧金山湾内的一座岛，四面为峭壁深水，对外交通不便，曾设有联邦监狱，也是野生动物的庇护所。

的人，尤其是有犯罪记录的人——没有工作的世界里，租金耗尽了工资、福利救济金和残疾津贴。从 20 世纪 90 年代末开始，人们使用次级贷款购买住房，却在丧失抵押品赎回权的浪潮中失去了住房，然后又看着贷款耗尽。2009 年至 2012 年，该社区超过 55％ 的抵押贷款申请遭拒，拒绝率是该地区最高的。[3]

学校也遭受了相似的灾难。20 世纪 50 年代我在明尼阿波利斯长大，当时就读的那些好的公立学校现在都已消失，非裔孩子们被困在社区里，受了太多糟糕的教育。他们大批辍学，经常因为反复停学和开除而遭到排斥。从 20 世纪 90 年代开始，特许学校成为一些人不错的选择，但质量参差不齐，而且基本上是实行种族隔离的。北区成就区的商业计划称，这些社区学校的成绩差距在全国是第二大的。[4]警察使情况变得更加糟糕。2012 年至 2014 年，该市的非裔美国人受到低级犯罪指控的可能性是白人的将近 9 倍。[5]

206　　　明尼阿波利斯北部是奥巴马总统建立应许社区的理想地点。社区里的各个组织做得很好，但没有一个生态系统将它们连缀在一起。如今在北区成就区有了一个。它远未达成一个成熟而成功的实体所应达成的成果，但工作人员了解他们所做的事情，家长认为值得花时间参与。

成就区使命的核心是改善儿童教育状况，但其变革理论建立在家庭的基础之上。该组织知道，父母的参与至关重要，而家庭可能需要的所有支持——住房、就业和社区安全等——对孩子们的成功同样至关重要。成就区住着 5 500 个 18 周岁以下的孩子，整个北区大约有 2 万个孩子。该项目已经实现了直接为其中的 2 500 人提供服务的目标，如今正在社区以外努力扩大服务人群。

安托瓦妮特·怀特赛德（Antoinette Whiteside）及其家庭的例子说明了成就区所取得的切实成果。成就区没有降低该社区的整体贫困率，但有许多像怀特赛德这样的个人受益。她有三个高中和大学学龄的孩子，她的工作、住房和三个孩子中的两个都有严重问题。与北区成就区搭上线的一年带来了很大的改变。

怀特赛德起初完全持怀疑态度。成就区的家庭教育和参与负责人、牧师、资深青年工作者安德烈·杜克斯（Andre Dukes）是她的家庭教练，这一角色在成就区的工作方法中居于核心。最初的挑战是怀特赛德的女儿，她搬出去和男友同居了，当时她是高中毕业年级的学生。怀特赛德在 21 岁时就已经有了两个孩子，她非常担心女儿会重蹈覆辙。工作人员强调了他们的看法，认为她的女儿不会朝那个方向发展。对事态有决定性影响的是说服怀特赛德不要像她之前威胁女儿时所说的那样在毕业舞会上露面，他们告诉她，那会给女儿造成一辈子的阴影。事实证明，远离毕业舞会是维护母女关系的正确之举。在成就区的帮助下，她的女儿后来上了社区大学。

怀特赛德的儿子在读高中时遇到了问题，被送到职业学校，这不是一项积极的举措。成就区的家庭教练与他一起努力，截至 2016 年秋季，他已进入毕业的正轨。怀特赛德本人做过一系列没有出路的工作，杜克斯敦促她与就业教练见面，后者会帮助她重写简历。怀特赛德拖延了一阵，但最终还是去了。当天她就碰巧从就业教练那里听说一个工作机会，正是她心仪的。怀特赛德被以更高的薪水雇用，换班方便，共事的人她也很喜欢。

最后，怀特赛德经常受到公共住房管理机构维修工人的骚扰，他们未提前通知就上她的公寓来。杜克斯为她维权，随后收到一封信，承诺说住房管理机构只会在经过她允许的情况下来访。如今这个家庭有了稳定的住房，女儿和儿子很有出息，妈妈也有了更好的工作。杜克斯说，他期待这个家庭从成就区"毕业"。

北区成就区的核心是以良苦用心建立高水平的家庭友好体系。

家庭教练就像家庭访客一样，他们最初会招募家庭，接着到家中和社区中拜访。他们还被安置在合作伙伴学校和早教中心。其职责是使家庭获得外部支持和非正式咨询服务。教练在家庭与成就区的各种专家（视需求而定）之间穿针引线，这些专家在教育、育儿、幼托、住房、就业和财务知识方面各具专长。

成就区的总体方法是面向两代人的，包括育儿策略中的家长参与、针对家长的服务、家庭学院的课程、家长作为工作人员受雇以及对家长担任引领者的强调。家庭学院根据孩子的年龄提供课程。首先是"锁定大学目标"的宝宝课程（3 岁及以下儿童），然后是"准备成功"课程（4 岁和 5 岁儿童），之后是"锁定大学学者目标"课程（幼儿园到五年级的儿童），还有面向所有家长的名为"家庭学院基金会"的课程。

成就区的工作人员不会告诉家长如何育儿，而是提供各种策略。所有这些课程都以实证为基础，由专家备课。课程周期为 8～12 周，成就区会为参与者提供津贴。没有人能够同时修两门以上课程，但如果家长认为课程有用的话，可以再上一遍。

一位爸爸说，他正在学习"一种不同的为人父母的方式，一种不同的养育孩子的方式，从而更好地与孩子沟通"。另一位爸爸说，这是他上的第三门课了，并补充说，他学会了"新的沟通方式"，"如何去说"非常重要。他接着说："我是在棍棒下长大的。我现在意识到还有其他的沟通方式。"他还与他的四个孩子一起阅读，帮忙照管他们。第三位爸爸是单亲监护人，称他学会了"帮助孩子的新方法"。他说自己从小没有父亲，然后说他学会了用自己的方式和孩子们沟通。他因为刚刚被一家酒店聘为客房管理员而欣喜若狂。

其他家长也分享了他们的心得："你必须清楚地告诉孩子要做什么。""我需要记住，我与孩子说话的方式会教会他什么。""永远要互相帮助。""做该做的事。不要总说不该做什么，而要说该做什么。""从积极的角度看事情。""使结果与所发生的事情一致。先提出警告。要表达清楚。保持一致性。""我做什么他们就会学着我做什么。""想想打孩子的后果。""我总是挨打。那时我通过挨打学到了所有事情，如今我学会了与之不同的东西。""表扬他们。强化好的方面。"

北区成就区总裁兼首席执行官桑德拉·塞缪尔斯（Sondra Samuels）是该市的资深公民领袖，也是成就区的居民。她的丈夫唐代表北区当了 12 年市议会议员。塞缪尔斯开车带我游览了成就区和部分周边区域。伯特利犹太会堂是我成长过程中常去参加青年聚会的地方，如今那里成了一个社区健康中心，由联邦政府出资新建，令人印象深刻。当我们开过普利茅斯大道时，我想起了那里的商店和东正教小教堂，看到北区中产阶级居住区的人家，我想起了我和朋友们在这个社区约会过的女孩。

在成就区的街区，我想起中西部小城市（还有洛杉矶）的低收入社区，那里和芝加哥或东部的低收入社区看起来不一样。成就区的房子大多是单户（或被建为单户式）。绿树成荫的街道看起来一派田园风光。在我们驶过时，塞缪尔斯指出哪里发生过帮派谋杀，哪里发生过警匪枪战，哪里发生过入室抢劫；与我交谈的许多家长也谈到了暴力事件。想到这些家长在充满挑战的环境中尽力为他们的孩子做正确的事，想到这种艰难的生活，就会让人感到不安。

塞缪尔斯一边开车一边给我指出了 2011 年一场强龙卷风的侵袭路线。她说，重建过程产生了预想不到的连带结果：积极的社区建设。她谈到了贫民窟的房东、暴力行为、性交易和关闭便利店的运动，这些便利店不过是贩毒者打的幌子。我们看到了不同收入水平的人群混居的设计精美的新住房。我们还看到一所公寓，里面容纳

210

了 100 名生活在恶劣条件下的非法移民。该市没有把它封掉是因为不知道怎么处理这些人。我们又看到一片区域，美国职业篮球联赛退役球员德维安·乔治（Devean George）正在那里开发平价住房和食品合作社，他是明尼苏达州本地人。

与这些家庭打交道的工作人员都是社区里的居民，他们或者本人也曾挣扎度日，或者认识有着艰难生活经历的人。他们都强调，"改变必须发生在人们自己身上"，正如丽贝卡·内森（Rebecca Nathan）所言。"你必须与人民一起脚踏实地地工作。"她补充说。她是一名大学毕业生，也有过无家可归的经历。在做过一系列不适合她的工作以后，当时 39 岁的她发现了北区成就区，成就区也发现了她。她从一所学校的教练做起，当我见到她时，她已经成为家庭学院的一名引导师——既是课程编写者，也是教师。

211　　　与我交谈的家长强调了他们所获得的这种帮助的价值，他们还对自己的教练大加赞扬，后者在很多情况下成了家长亲密的姐妹和朋友。卡拉赫娜·梅里克（Calahena Merrick）大学毕业，在州运输部的人力资源部门有着一份不错的工作。她有两个孩子，一个 8 岁，另一个 4 岁，她时刻牵挂着他们。她的教练（"非常热情"）为她的大儿子找到了一位导师，并为她的小儿子申请到了儿童早教项目的奖学金。梅里克也在家庭学院参加了两门课程。她说，她"在棍棒文化中长大"，从课堂上她"学到了更多育儿知识"，这些课程"互动性很强"，为她提供了"成为更好的母亲的方法"。

埃米·苏契（Amy Suchi）说，她对这个组织"起初有点疑虑"，但"他们真的做到了"。成就区让她的三个孩子参加了儿童早教项目，并帮助她解决了住房问题，她还在家庭学院上课。她说，家庭学院"教你用另外的方式惩戒孩子"。她特别赞扬了她的合作伙伴，并强调如果没有成就区，她很可能根本找不到他们。她曾在伯明翰和芝加哥东部待过，她说明尼阿波利斯的机会更多，但暴力问题也更为严重。她说："我必须让我的儿子们活下去。"

在短短几年里，北区成就区成熟起来，培养和扶持了一批有知识、有能力的强大合作伙伴，这是单个组织无法做到的。它已经给数百个家庭带来了切实的改变。不过，成就区未来面临的挑战是严峻的。随着其应许社区拨款的终结，维持资金投入成为挑战之一，在特朗普政府治下更是如此。又一个问题是，在社区学校受城市学校系统中心办公室控制的情况下，要如何对其进行改进。还有就业困难和住房短缺等其他问题。要使更多的居民找到工作，需要宣传和组织策略，成就区一直在开发这样的策略，但还未完善。

该市及其权力经纪人①应该为他们允许发生的事情感到羞愧。如何找到工作，尤其是好工作，是一个主要问题。治安也是个重要的问题。平价住房更是个显著的问题。大规模监禁是一个重大的问题。种族主义是一股持续不断的恶性力量。北区成就区和它的所有合作伙伴都在严峻的结构性问题的背景下运营。尽管如此，它已经使许多穷人的生活有了明显的改观，即使还未能撼动整个社区的总体贫困状况。

布鲁克林：社区解决方案组织和布朗斯维尔合作伙伴组织

罗赞·哈格蒂的计划不容小觑。长期以来，她一直是美国终结无家可归现象的主要实践者和倡导者。她致力于翻新纽约市具有历史价值的酒店并让无家可归者住进这些酒店，这给她带来了荣誉和

①　权力经纪人，指通过施加影响或阴谋故意影响政治或经济权利分配之人。

奖项，其中最高的一项是被选为麦克阿瑟基金会研究员。

然而，几年前，她开始觉得仅提供住房还不够。住房要位于健康和安全的社区，人们要付得起租金。她开始探询真正终结无家可归现象需要什么，并开始研究如何从源头上预防无家可归。2011年，她结束了她在"共同点"组织的出色工作（这项工作为纽约市4 000名无家可归者提供了住所），建立了"社区解决方案"组织以解决更为普遍的问题。社区解决方案组织为"住房优先"支持性住房行动领导了一场成功的全国性推广活动，并开始更加全面地开展实地工作，重点是纽约布鲁克林的布朗斯维尔和康涅狄格州的哈特福德，这是两个非常贫困的社区，在那里无家可归是家常便饭。

布朗斯维尔社区当然是块难啃的硬骨头。在这个有着8.8万人的社区，36％的人收入低于贫困线，44％的适龄劳动人口处于失业状态。18处公共住房和其他补贴开发项目构成了美国此类住房的最大集中地。该社区的人均凶杀率在纽约市所有辖区中是最高的，某些年份的凶案总量甚至比整个曼哈顿区都要高。这些凶杀案大多是年轻人所为，最年轻的行凶者只有十二三岁。2012年，一份重罪起诉状使两个帮派的43名成员同时因为谋杀、同谋和相关罪行指控受到审判。杀戮的受害者包括婴儿。

哈格蒂做过一次实地考察，发现有许多公共机构和非营利组织为社区居民服务，但这些服务是零散的，并非以居民整体或整个家庭为对象。她自问："我们能否找到办法，将当地的居民和机构、组织联系起来，使它们从方方面面为居民提供综合服务？"她以布朗斯维尔合作伙伴组织的形式回答了这个问题。

哈格蒂在布朗斯维尔的核心工作从预防无家可归开始——在人们变得无家可归之前找到他们。她将视线聚焦上游，想找出导致下游所有无家可归现象的原因。哈格蒂和她手下的工作人员从重点预

213

214

防驱逐着手。他们采纳不同社会服务机构的建议，挨家挨户地寻找面临驱逐危险的人，协调不同合作伙伴的资源，帮助这些人保住自己的家园。无论预防驱逐的关键是有代理律师、公共福利、身心健康专业人员的帮助、工作机会、慈善团体的扶持，还是上述所有因素，哈格蒂和布朗斯维尔合作伙伴组织已预防了 800 多起驱逐事件，为 350 多名居民提供了工作培训和工作岗位，防止了人祸的发生，节省了数百万美元。

根据这一经验，哈格蒂认识到，问题的核心是缺乏工作岗位。因此，她和她手下的工作人员发起了一场运动，要在 2018 年前为布朗斯维尔的居民找到 5 000 份工作，这是布朗斯维尔合作伙伴组织的中心工作。这一运动被称为“5 000 份工作运动”，旨在缩小布朗斯维尔的就业率和整个城市的平均就业率之间的差距。截至 2016 年年底，有 1 670 名布朗斯维尔居民在他们的帮助下找到了工作。

布朗斯维尔格雷戈里·杰克逊中心这个美丽的新场址被建设成布朗斯维尔合作伙伴组织的本部，也容纳了这一网络中的其他一些组织。当地出身的格雷戈里·杰克逊是布朗斯维尔的英雄，曾效力于纽约尼克斯篮球队。在篮球生涯结束后，他回到家乡，致力于为社区的年轻人提供帮助。他是布朗斯维尔合作伙伴组织的第一任负责人，但在 60 岁时因心脏病去世。这座建筑是一座合适的纪念馆。

在周一上午的一次员工会议上，议程的第一项是对前一周交付成果的绩效评估。接下来会议讨论了如何“优化”合作伙伴组织的其他一些项目所耗费的时间，从而腾出更多时间开展“5 000 份工作运动”。目的不是停止现在的其他尝试，包括为了改善营养和倡导积极、安全的生活方式而进行的健康促进活动，而是更有效率地开展工作。维持一个销售新鲜水果和蔬菜的青年市场的运营，在四家小杂货店、老年中心和社区中心进行烹饪示范，开辟一条健步道，

215

在十字路口建设更好的人行横道，上述这些举措都很重要，都需要保持。但应该怎么做呢？"5 000 份工作运动"要做的有分发传单、扩大活动范围、帮助人们写简历、准备人员配置表、招募和组织志愿者以及制定办公规范和协议。哪些人应该做哪些事？每项任务应该分配多少小时？还需要考虑哪些事情？

和这里所有的员工会议一样，会议结束时要重复说三遍："希望在哪里？就在布朗斯维尔 11212 邮政区里面。"

到 2016 年，布朗斯维尔合作伙伴组织已基本上从直接服务转变为更大程度上发挥信息中心的功能，充当合作团体的枢纽。驱逐问题现在由新的合作伙伴来处理，一个叫作"法律之手"的组织作用尤其突出，该组织就位于格雷戈里·杰克逊中心的底楼。总体而言，现在一个更加一体化的合作伙伴沟通体系已形成，核心合作伙伴每月会面一次，协调工作的各个方面。有些合作伙伴侧重于地方，着重促进公共安全和社区便利设施建设，改善公共住宅区，重修有百年历史的贝齐海德公园，改造贝尔蒙特大道。贝尔蒙特大道是该社区具有历史意义的市场街，年久失修，非常危险。还有的组织关注具体的问题，包括就业、食品系统、早教支持，当地还有一个"青年团"，旨在推动青少年参与改善公共空间，解决社区难题。

哈格蒂尤其为新的进展激动，包括房地产方面的更多动作。社区解决方案组织是布朗斯维尔合作伙伴组织的母体组织，正在尝试收购几块地块，为技术孵化器等合作伙伴和新的混合收入住房建设提供空间。又一个进展是社区、警察和精神健康专业人士之间的合作，旨在减少接触暴力对儿童造成的伤害，为不稳定的家庭提供帮助。第三个进展是财务服务的改进。其中很快就要推出的是格雷戈里·杰克逊中心的免费税务筹划所，长期举措包括寻找财务服务合作伙伴，在优化信贷来源和提高财务素养方面进行合作。

　　纽约市小型企业服务部承诺将把其最大的就业安置项目"1号劳动力"的一个分部设在此地，这真是个好消息。实地可达将对社区就业结果产生重要的积极影响。星巴克也成为雇主合作伙伴，它正在致力于向年轻人提供软技能和客户培训。

　　尽管如此，困难和挑战依然存在。最严重的问题是，"5 000份工作运动"承诺为处于极度贫困和长期贫困中的人们提供服务，这些遭遇障碍的人如果没有得到格外的关注，就不可能获得成功。很少有雇主愿意接手这些棘手的个案，使人们得到他们所需的帮助需要耗费巨资。障碍包括缺少普通教育发展证书、文化程度低、成瘾、有精神健康问题和有前科等。要移除这些障碍，需要的投资比通常用于职业培训项目的公共资金多得多。依靠公共资金的劳动力发展组织一般通过安置求职者并使其留在工作岗位上来获得拨款。择优就业是资助这些组织的项目意在实现的目标。正如哈格蒂所言："这座城里的每个人都认为，这里有一个就业系统，理应人人都能进入。但那些最需要帮助的人发现，实际上进入这一系统很难。"

217

　　在许多资助者看来，协调和整合者的角色是多余的。与该地区高中和附近社区学院建立联系的尝试进展非常缓慢，令人沮丧。后者提出了预算问题。布朗斯维尔合作伙伴组织需要更多的雇主雇用布朗斯维尔的居民，还需要更多的合作伙伴在教育和培训、身心健康及成瘾问题、家庭暴力、住房问题和刑事司法方面提供帮助。这些都是巨大的挑战。

　　合作伙伴组织中的两个合作伙伴值得特别关注。一个是组织非常重要的组成部分，另一个是一名出色的年轻人，和他打交道的人不多，但他绝对不容小觑。前者是布朗斯维尔社区司法中心，是布朗斯维尔不可或缺的机构。该司法中心是法院创新中心的一个项目，是它在全市范围内运营的各种创新项目之一。如果没有丑陋的

218 　地方政治，这个司法中心本会成为像布鲁克林的雷德胡克社区司法中心一样成熟的社区法院。雷德胡克社区司法中心在全国广受赞誉，在纽约的其他五个社区得到复制。雷德胡克社区司法中心及其克隆机构的工作是多方面的。其他方面暂且不说，它们有权以入狱之外的方式处理低级轻罪。不幸的是，布鲁克林当地的一名女议员限制了布朗斯维尔一所成熟社区法院的运营，至少暂时如此。

　　即便如此，布朗斯维尔社区司法中心仍在为帮助年轻人免于留下犯罪记录、规避定罪造成的各种困难而做着大量工作，因此它是布朗斯维尔合作伙伴组织极有价值的一部分。莉萨·伯纳德（Lisa Bernard）是司法中心的青年和社区项目协调员，她从小在布朗斯维尔长大，后来上了长岛大学。司法中心于 2011 年开始运营，现有 19 名全职工作人员，主要为社区中的年轻人服务。即使没有像雷德胡克社区司法中心一样的成熟社区司法中心的地位，它的工作也很重要。截至 2015 年夏季，一个因低级轻罪指控被捕的人被送上国王县刑事法庭后，如果他来自布朗斯维尔、年龄在 18～24 周岁之间且没有重罪前科，则可以被移交给布朗斯维尔社区司法中心的一个项目。

　　法官设置了社区服务、案件管理和愤怒管理等参考因素。当个人完成法官设定的要求后，法官可以驳回案件，在考虑驳回时准予休庭，也可以进一步移交案件，要求嫌疑人完成志愿服务或实习工作。有些参与者会请求继续与司法中心保持联系，这种联系最长可

219 持续 2 年。司法中心提供时尚、体育新闻、音乐和媒体等方面的带薪实习机会，2015 年夏季，他们已有 250 名实习生。

　　2015 年，该司法中心获准再进一步，开启"项目重置"。根据这一计划，首次遭到逮捕的年轻人完全可以跳过法庭，直接被送到司法中心，在达到规定的条件以后可以撤销案件。司法中心还建立

了布朗斯维尔青年法庭，在那里将 14～18 周岁的青少年培养成法官和律师，他们每年处理大约 100 起涉及低级违法行为的案件。参与者在司法中心的办公室中完成裁决。

伯纳德手下的工作人员还与社区中的年轻人一起工作。这些工作吸收了一部分最危险的年轻人，以帮助减少贝尔蒙特大道地区的暴力事件，那里以前简直是射击场。这些大多身背犯罪指控的年轻人打扫卫生，画街头壁画，将涂鸦抹掉，并为各种场合准备桌椅和伞。更为宏大的目标是努力实现和平。为了达到这一目标，工作人员进行家访，每天还派出大约 50 个人身穿紫色衬衫在社区里到处走动，宣传司法中心。伯纳德称，他们的确成功地将年轻人凝聚在一起，不过这种情谊在他们分开后往往会消失。

该司法中心工作的主要局限是它不能惠及因重罪指控而被逮捕的年轻人。他们和其他人现在正在努力实现的主要目标是将更多重罪减为轻罪（正如加州根据《第 47 号提案》所做的那样），以及把这些当前的重罪也纳入司法中心的工作范围。

夸丁·刘易斯-艾伦（Quardean Lewis-Allen）是布朗斯维尔的永久居民，人称"Q"。他是"布朗斯维尔制造"项目的创始人兼负责人，这个项目是一个青年合作伙伴项目，旨在培养年轻人的设计和技术技能以加大他们进入设计领域的机会。Q 从 8 岁起就想成为建筑师，后来在纽约州立大学布法罗分校和哈佛大学设计学院学习建筑学。接着他去了尼日利亚工作，负责设计环保型住房，之后有一段时间又在巴黎研究社会福利住房，师从著名建筑师安妮·拉卡顿（Anne Lacaton）。在读研究生的时候，他意识到，他希望自己的工作能促进经济稳定，尤其是布朗斯维尔的经济稳定。

在研究生院学习的最后一个学期，Q 为布朗斯维尔合作伙伴组织工作，接受委托为一些大型合同项目做创意工作。这一经历让他明白，如果他能够筹到钱，就可以建立一个雇用员工的系统，作为对社区的投资。

这一顿悟最终催生了"布朗斯维尔制造"，该项目通过调解冲突、建立社区愿景和赋予年轻人改变的力量来挑战社区中的邻里敌视和暴力行为。在 2015 年夏季，这个团体雇用了 1 名全职景观建筑师、1 名宣传协调员、2 名初级平面设计师（他们都完成了"布朗斯维尔制造"项目）和 1 名暑期实习生。Q 认为，如果一个人在其他方面都一事无成，那么一个工作机会可以使他的生活稳定下来。他的门是敞开的，他有经济来源，他还有地方让年轻人不必露宿街头。

当时"布朗斯维尔制造"的一名平面设计师是位才华横溢的文身艺术家，他参加了组织提供的所有工作室课程（产品外观设计、3D 打印、道具设计和城市设计）。正如 Q 所言，他还"在极大程度上参与了体系的运作"——他的缓刑期已过了 5 年，还有 5 年。他"尽力不偏离正轨"，Q 说。这名年轻人尽其所能来工作，他知道，"布朗斯维尔制造"项目不会因为"统计数据和成果的需要"而限制他。

Q 提到了两个具体的工作项目。一个是与纽约市小企业服务组织签的，涉及对贝尔蒙特大道周边地区进行需求评估，以确定其空置原因并制订复兴计划。他为这个为期 1 年的项目雇用了 5 名实习生，负责调查、绘制地图和对该地区进行延时拍摄。

另一个工作项目是来自马库斯·加维村的委托。这个村由一些私人所有的低层多户联排房屋构成，有些居民享受第 8 条款补贴。房屋后面的公共空间已变得不安全，致使房主对其使用进行了限制，这就意味着居民不能在那里烧烤或坐在自家的门廊上。Q 和 15 名年纪在 15～20 岁之间的年轻人一起工作，后者都受到布朗斯维尔社区司法中心的监管并从那里领取薪水。他们绘制了一份"安全地图"，说明采取哪些措施可以让居民能够在开发项目附近安全行走。

他们提议建设篮球场、社区中心和创业空间，还制订了计划并绘制了建筑效果图。

这些年轻人中有的从未去过曼哈顿，Q带他们去了那里，向哥伦比亚大学著名建筑学教授肯尼思·弗兰普顿（Kenneth Frampton）和他的学生们介绍了他们的计划。这位建筑师和这些年轻人就他们关于空间利用的决定交换了问题和意见。对于他们来说，这是一次拓展人生的经历。布朗斯维尔社区司法中心后来将这些计划提交给了管理该村的开发商。

Q有一个设想。他希望拥有一套包括店面、3D打印设备和创新空间在内的工业设计和生产设施。他的设想既有营利性的一面，也有非营利性的一面，这个体系不仅会成为整个布朗斯维尔最大的雇主，也会成为最大的非营利性雇主。

布朗斯维尔合作伙伴组织和"5 000份工作运动"是重要的发展举措，抓住了正确的问题，建立了可靠的框架。它们着眼于布朗斯维尔人的需求，要求排除包括儿童保育服务匮乏、教育和技能鸿沟、精神健康问题、成瘾和犯罪记录等障碍。同样，它们确切地知道需要在现有合作伙伴的出色名单中再加上哪些。它们正朝着正确的方向迈进。

纽黑文：纽黑文妈妈合作伙伴组织

大多数创新组织都源于杰出人士的领导力和创业精神。耶鲁大学医学院精神病学、儿童研究和公共卫生助理教授梅根·史密斯（Megan Smith）建立的纽黑文妈妈合作伙伴组织也不例外。在全国范围内，有2 060万儿童和患有精神疾病的家长生活在一起，这种情况在低收入家庭的儿童中比例更高。人们在贫困线上下苦苦挣扎，为应对日常生活的巨大压力付出了巨大代价。那些日常的挣扎并不一定意味着卷入其中的成年人会患上精神疾病，但它们使生活变得悲惨，而这种悲惨往往会渗入孩子的内心，造成长期影响。除了心理创伤、育儿困难和执行功能障碍等问题以外，重度抑郁症也很常见。

史密斯设立的项目的核心是压力管理小组。社区精神健康特使利用多种社区拓展策略招募母亲们参加，小组在 8 周时间内每周会面 2 次，每次 2 小时。工作人员从评估需求开始，接着把母亲们根据抑郁量表的测量结果分班。每个班级由一名临床医生（共有三名）管理，并由一位特使协助。

这些小组聚焦认知行为疗法，采用克利福德·W.比尔斯指导诊所开发的课程，这一纽黑文著名的精神健康组织专攻儿童和家庭研究。课程显然是贴近实际的，还提供临时保姆服务。它们不仅向母亲们教授管理压力和为自己腾出时间的技巧，还向她们推介社区资源。住公共住房的参与者每上一次课就会获得 20 美元的沃尔玛礼品卡。其他人则会获得一个基础需求包，里面尽可能多地包含妈妈们需要的物品。

224 　　妈妈合作伙伴组织还提供就业准备课程，但这些课程无关简历写作和面试培训，而是以精神健康为导向，关注与求职过程相关的压力和恐惧。过往的参与者可以在任何有压力或需要找人谈谈的时候回到妈妈合作伙伴组织的工作站。临床医生不仅会与她交谈，还会引导她或她的孩子接受社区的其他服务，尤其是精神健康相关服务。

一款实验性社交网络应用围绕分娩的共同经历将新妈妈们彼此联系起来，以应对通常伴随这种经历而来的孤立感和抑郁。加入实验小组的新妈妈会得到一部手机，安装有这款应用以促进持续的沟通。研究人员也会给对照小组里的妈妈提供手机，但没有安装这款应用。所有收到手机的妈妈在 18 个月内不需要付任何费用，但之后须按月付费。这款应用最初的用途是帮助应对产后抑郁，进一步的目的是增进人际关系。很快，妈妈们开始交换信息、建议和小窍门，她们的确在建立新的友谊，从孤立无援到有了一群朋友。有人会发消息说："我感到很紧张。我在哭。"其他的妈妈会立刻给予支持："打电话给我。""要我过来吗？"

实验的一个环节是向妈妈发出挑战，要她们在社区中和宝宝一起完成一些小活动，可能是在艺术博物馆和另一位妈妈见面。如果照做，她会收到一定数量的代币，这些代币积攒起来可以兑换沃尔玛礼品卡。指导老师会帮助妈妈们解决情绪问题，并且每两周进行一次抑郁症筛查。总体目标是减少产后抑郁的发生。

225

"妈妈长寿"是一款戒烟应用，旨在降低母亲产后烟瘾复发的概率。每位妈妈都会收到一部苹果 5 手机和一个一氧化碳传感器，技术人员可以远程读取数据。不吸烟的妈妈会获得金钱奖励；如果她们很想吸烟，可以点击"我渴望"键，她们会在应用中收到鼓励她们挺住的话语以及来自其他母亲的社会支持。

另一个研究项目长期成对追踪母亲和儿童。临床医生通过唾液采样和血斑测试寻找压力和病症的生物标志物，以及母亲的经历和生物反应之间的联系。妈妈们进来花 45 分钟时间回答关于病史的问题，临床医生对她们进行体质测评并采集血斑。他们通过检测染色体末端的端粒长度（和其他标志物）来寻找由毒性压力导致的过早衰老。压力和健康之间的这些联系在文献中已有记载，但要在实验室中找到它们尚属前沿研究。研究者的愿望是，如果能确定病兆，就可以采取相应行动减轻其影响。

压力管理小组和就业准备小组显然不能解决人们的所有问题，但压力管理小组的参与者称，她们现在已成为更好的家长和更好的

配偶（如果有配偶的话），参加就业准备课程的人数要少一些，她们也说自己有了积极的改变。当然，像缺少工作机会、基本技能、

226　平价托儿服务、平价住房、公共交通，以及家庭暴力和成瘾等问题并没有奇迹般消失，但这些小组的参与者称她们已从中受益。

金伯莉·斯特里特（Kimberly Streater）和她的六个孩子经受住了一些严峻的个人考验。孩子们的父亲是个暴力的人，最终因暴力行为而入狱。她的一个儿子对发生的事情非常愤怒，在家中表现出暴力倾向，最终她在儿童福利机构为他报了名，他很幸运地在那里获得了他所需要的帮助，现在他在读大学。斯特里特曾在美国电话电报公司工作多年，但在遭遇这一长久困境的时候，她没有工作，唯一的收入是食品券和医疗保险，以及来自母亲的偶尔接济。她申请了贫困家庭临时救助，却被告知她的资格已在早些时候用掉了。

斯特里特想办法参与了压力管理项目的试点。她很快发现，这不是一门学术课程，而是一门学习如何处理她的压力的课程，让她知道了可以将时间用到自己身上。她说："这让我感觉更像个妈妈了，能够管理好时间，做自己的事情，不再为此感到那么内疚。"

梅根·史密斯雇用了斯特里特，还在用工方式上非常体谅她，刚开始时让她一周工作 10 小时，这让这个家庭终于有了些许收入，8 个月以后变成每周工作 20 小时，最后转为全职。"这对我和我的家庭帮助很大，"斯特里特说，"我从未想到我能够找到一份可以兼顾孩子们日程安排的工作。作为什么都要做的单亲妈妈，在我的生命中我一度认为自己不行……没有钱，没有收入，这是你的生活中最艰难的斗争。你无法支付所有费用。"

227　斯特里特立即投入了这份工作。"在我开始工作后不久，我们就走进了社区，敲门向妈妈们做自我介绍，看看她们是否有兴趣参与，在路上拦住妈妈们，向她们介绍这个项目。我们随时随地接近

她们，与她们接触——在操场上，在公共汽车上。我们确实处处与妈妈们待在一起。我喜欢待在社区里。这种感觉很好。有些妈妈即使已经完成了这个项目，仍会打电话给我们汇报近况。许多人得知我经历过严重的家庭暴力而来找我，我毫不介意分享这个故事，我真的可以理解她们。"

切雷拉·克雷格（Cerella Craig）一辈子住在纽黑文，担任社区精神健康特使已有 3 年。她的母亲是耶鲁纽黑文医院的临床技术员，克雷格说，养育和照顾是这个家庭的一部分。她很幸运地得到了奖学金去一所私立学校读书，在康涅狄格大学专攻健康和社会不平等，于 2009 年获得公共卫生学士学位。她几乎在妈妈合作伙伴组织创始时就加入了。在她刚开始工作那会儿，这个项目要简单得多。那时是在公共住房小区中开设压力管理课程，基本上是挨家挨户开展外展服务。克雷格报告称，随着中心的建立和扩张、工作规模的重大变化、越来越多人的加入以及课程的持续进行，妈妈合作伙伴组织有了很大的发展。"这是好事，"她接着说，"刚开始时，我们只是待在我们居住的地方，如今，我们可以接触到来自不同地方的更多的人，交通不再是一大障碍。惠及尽可能多的人是每个人的愿景。"

娜塔莎·里韦拉－拉布蒂（Natasha Rivera-LaButhie）是最早完成妈妈合作伙伴组织需求评估的妈妈之一。她起初担任妈妈合作伙伴组织的特使，到 2015 年已成为该组织设于一家大型杂货店中的分支机构的现场协调员。她经历过艰难的岁月，但这些年她得到了家庭的大力支持。在里韦拉－拉布蒂的成长过程中，她的母亲时而离家，时而回家，她的外祖母在外工作，她因工负伤的外祖父成为实际上守在家里的家长。里韦拉－拉布蒂在高中最后一年成为一名注册助理护士，在耶鲁纽黑文医院工作，后来她的外祖父接受了肝移植手术，她为照顾他辞掉了工作。外祖父康复以后，她生了一对双胞胎，后来又重回职场。她的丈夫不时遭到解雇，她说："如果我不工作，就只能靠我那总是被解雇的丈夫，我知道一切还是要靠我。"

在里韦拉－拉布蒂和妈妈合作伙伴组织找到彼此之前，情况起伏不定。"我离身无分文总是只有一步之遥，但只要你还有一分钱，就得不到福利援助，"她说，"我从未得到过现金援助。是的，有食品券，还有一次是收入所得退税，我用它来支付了我一整年里假装忘记的各种费用。"

未预约的人和项目的毕业生都会来这家杂货店，里韦拉－拉布蒂面临的挑战是确保妈妈们了解这些服务并切实用上它们。她借鉴了自己的生活经验、卫生服务经验和在雅芳学到的销售经验。她见到的妈妈们处于人生的不同阶段，有着各自不同的问题，她需要弄清楚每个人需要哪种帮助。

斯泰茜·唐纳（Stacy Downer）也是一名特使。她对给母亲们联系工作并教给她们理财知识尤其感兴趣。"我以前从未学过关于信贷的知识，"她说，"我在过去的生活中做出了自降身价的人生选择。"她当时在处理退税的支票兑现处工作，于是开始与人谈及储蓄和投资的重要性。"我常常看到有人拿到自己的退税就好像成了大款，"她接着说，"拿到钱以后，有些男的会在这儿买双运动鞋，在那儿买双正装鞋，一个月以后，8 000 块钱就花没了。他们有这么一大笔钱，却不知道该怎么支配。"

唐纳听说过妈妈合作伙伴组织，她对自己说："我们为什么穷？我们为什么不能获得成功？我只想找到那些妈妈，对她们说：'听着，你必须好好看看自己是怎么生活的，因为你没有钱并不意味着你就一定会受穷。'"

她 15 岁时生了个孩子。她做过好几份收银员的工作，浪费了很多钱去购买电视上看到的东西。曾经有一段时间，万一领不到当月的薪水，她就得落得无家可归。现在，她同时在压力管理课程和就业准备课程中授课，并在全市开展外展服务。她还为妈妈们准备了理财课程，教授资金管理方面的内容。我见到她的那天，她刚去过就业工作团，还和她的学生们及一个男子委员会共进了早餐，后续是，委员会成员们的女性家属打来了 10 个咨询电话。

罗斯是一名满意的客户，真的很满意。她是个新手妈妈，有两个正在学步的孩子。她通过努力成为沃尔格林公司一家店铺的经理。但当她的丈夫找到一份薪水更高的工作时，他们决定让她待在家里，而不是花费她的大部分薪水请人照顾孩子。孩子们累了，又哭又闹，当她因此对他们大喊大叫、用手砸冰箱受了伤的时候，她意识到自己"出了点问题"。有一天，她的丈夫回到家，发现她坐在厨房的地板上流泪。她开始掉头发，做的食物尝起来"很糟，因为里面没有爱"。她意识到，如果她不能照顾好自己，她就不能照顾好她的家人。

她在驻步购物连锁店发现了妈妈合作伙伴组织就报名参加了，但并没抱多大希望。她说："在直面挫折之前，你甚至都不知道你要应对的挫折是什么。我学到了不同的沟通方式，了解到最轻微的沟通不畅会如何改变你的整个思维模式。这些女士确实教会我如何停下来喘口气，重新评估和思考你是如何处理日常生活中的压力和你的孩子们的压力的。和我的孩子们在一起时，我没有意识到我的压力程度对他们产生了影响。这个小组的确帮助我把一切都看清楚了。它让我停下来，认识到我对自己所做的一些不健康的事情确实影响到了我的孩子和我的婚姻。我拿我的丈夫出气，他在尽最大努力成为一个好爸爸，一个好的养家人。他回到家时可能会很累，只想休息，我却会为了他在起居室脱鞋而对他大发脾气。我总是对我

230

的孩子们大喊大叫。我的压力不仅对我自己有害，对他们也有害。我的压力越大，它就变得越有害。

"课程结束后，我的丈夫注意到发生了巨大的变化。现在，我在生气或有压力时会加以注意。我会深呼吸 5 秒钟，放松下来。现在，我会为自己留 10 分钟时间，因为如果我们不能为自己花 10 分钟时间，我们就不能照顾好身边的其他人。她们教我呼吸练习、散步方法，想象你所有的压力都在一个小气泡里，然后把它打发走。我的笑容比以前更多了，疲惫感减轻了。我的烹饪水平也有长进，因为我在自己做的事情中投入了更多的爱和关怀。它教我重新评估我认为严重的事情的重要性。

"自从我开始写日记、多控制气息、多散步并留心以前没有注意到的事情以来，我的体重减轻了 15 磅①。我从前每天吸一包烟，现在可能一天只吸五支，打算再次开始戒烟。

"我几乎每天都能见到妈妈合作伙伴组织的这些女孩。我可以和她们交谈，也能真真切切地感觉到她们在听我说话，给我提供建议。我也会请女孩们过来，她们会在这里玩耍和大笑。有这些女孩和你在一起，简直太棒了！如果遇到了什么事，如果我需要和人聊聊，如果我就要彻底崩溃，我知道这些女士会给我找一个可以倾诉的人。这种人的因素非同寻常。这是一个非常棒的项目。我真希望能早几年发现它。"

罗莎琳·福朗（Rosalyn Forant）是一位外祖母，她看到课程广告就过来了，并发现它"有点特别"。她没有意识到自己的压力有多大。她将课堂上的理念带到工作中，现在她在晨会上带人学习呼吸和身体活动技巧。她了解到各种各样的压力源，有的有益，有

———

① 1 磅约合 454 克。

的有害，并获得了如何管理有害压力源的信息。同时她也在抚养她的外孙，在课堂上，她认识到，她总是在用钱收买他的爱，而不是单纯地欣赏他。她可以通过语言和关爱来表达对外孙的欣赏。她了解到语言会伤害人："如果你和他说他几乎一无是处，就会给他不好的影响。语言会改变行为。你不必说：'如果你这样做，我就给你买运动鞋。'你可以和他说一些积极的东西：'我知道你可以做到！我爱你！'这就是她们教给我的。"她总结道。

232

接下来的情节变得复杂。她居住在城中更为贫困区域的女儿遭到了枪击，外孙决定搬回去和她同住。福朗不得不处理这件事。在男孩接近青春期的时候，她的丈夫（不是男孩的亲外祖父）和男孩开始发生冲突。她认为他们是为得到她的爱而争斗，她不得不周旋于他们两个之间。压力管理小组的手册告诉她，找一个安静的地方，在那里她可以做深呼吸，沉浸在自己的世界里。手册告诉她要给自己留点时间。她说，现在"我每天早晨在浴室里，我的安静地带，进行祈祷，是这个小组教会我这样做的。我以前从来没有这样做过，因为我从来没有为自己腾出过时间"。

和许多穷人一样，福朗有一大堆问题要应付。在我们这次交谈的两个月前，她的女儿遭到强奸。她的丈夫要接受化疗。她总结说："如果没有这门课，我甚至都不知道要如何应对压力。我以前吸毒成瘾，现在已经戒毒很多很多年了。这些年我滴酒不沾，也没有复吸。我要让全世界知道妈妈合作伙伴组织。"

加利福尼亚州圣莱安德罗：
阿拉梅达健康联合体

在我们称之为"向贫困宣战"的 1964 年立法中，社区健康中心

233   是最重要的组成部分，过去是这样，现在亦如此。毫不夸张地说，现在这一项目仍然活跃并蓬勃发展。1975 年，社区健康中心服务于 200 万低收入者，这一数量在当时十分可观。现在它们通过 1 300 个健康中心组织为 2 800 万人服务，共有 9 200 个分娩点。该项目自诞生以来几乎一直得到两党的大力支持，可能是因为它每年节省了大约 240 亿美元的国家医疗保健费用。

　　社区健康中心是组织间建立合作伙伴关系的典范，由拉尔夫·西尔伯（Ralph Silber）领导的加州奥克兰阿拉梅达健康联合体是这种合作伙伴关系的一个突出的例子。在阿拉梅达县，这个联合体拥有 8 个中心和 75 家诊所，2014 年为 18.4 万人提供了服务。

　　西尔伯召集了一次学校健康中心工作人员集体会议，向我展示了合作伙伴组织如何向儿童和家庭提供帮助。8 个中心里有 3 个派代表出席了会议，每个中心都经营着多家学校诊所。该县卫生部门高级官员阪下君（Kimi Sakashita）也出席了会议。该县总共有 160 家学校诊所。每家诊所都有 11.3 万美元的基础资金，这笔资金由投票表决、部分烟草诉讼和解费以及地方税收来保障，此外还有从医疗救助计划和其他来源获得的 5～10 倍的额外资金。每家学校诊所设置工作人员 3～10 人不等。所有这些诊所都提供医疗服务、牙科服务、行为健康服务、健康教育和青少年发展项目。这与我小时候的校医室判若云泥。

　　这种方法是全面而系统的。过来寻求急救的学生常常会试水诊
234   所的其他项目，因而为获得急救而就诊一般会引发更为广泛的参与。该联合体的目标是让所有的学生都健康毕业，从学业、身体、社交和情感方面为大学生活做好准备。因此，每家学校诊所都努力转变学校的政策和氛围，也到校外帮助有需要的家庭。他们的工作量很大。例如，拉泽诊所经营的 8 家学校诊所，每家每年就有 2.5

万人就诊。

学生们经历的心理创伤构成了工作的主题。露丝·坎贝尔（Ruth Campbell）说，拉泽诊所的学校诊所会对来此就诊的学生进行抑郁、物质滥用和心理创伤普遍筛查，接着会提供为期 10 周的小组诊疗和 1～3 次的个人诊疗，诊疗由硕士级别的注册医师提供给有意参加的家长和儿童。工作人员还向教师们提供他们称为"创伤 101"的培训，帮助他们了解心理创伤的表现和如何以非惩罚性的方式应对。心理创伤在人群中十分普遍：一项针对 23 名学生的研究发现，有 19 人至少经历过 1 次创伤事件，平均每人经历过 4 次创伤事件。

同样在拉泽诊所工作的米赞·阿克布卢-阿巴卡（Mizan Alkebulan-Abakah）谈到了他们以文化为基础、针对不同性别的康复圈子。她补充说，非裔的男孩和女孩以及拉美裔的女孩受益最多。他们一天的静修从分享自己所经历的创伤开始，然后找出他们之间的共同之处，最后为他们如何互动设立标准。这为解决这些问题创造了安全的空间，其中采用恢复性司法①模式分析所造成的伤害和进行修复的方法。因此，在进行这项工作的 4 年间，纪律处分减少了。作为拉泽诊所的 8 个设点学校之一，威尔逊中学每年的停学处分从约 300 起降到约 30 起。

特别值得注意的是，拉泽诊所开始和东湾社区法律中心建立医疗和法律合作伙伴关系。在这项由克力司吉基金会资助的倡议中，罗莎·玛丽亚·洛亚·贝（Rosa Maria Loya Bay）律师在 4 个学校健康中心之间巡回，甚至还在需要的时候上门服务。当学生来到学校诊所时，健康专业人员会通过提问弄清学生或其家人是否遇到法

235

① 恢复性司法，指在犯罪方和被害方之间建立对话关系，以犯罪方主动承担责任、消弭双方冲突，从而深层次化解矛盾，并通过社区等有关方面的参与，修复受损社会关系的一种替代性司法活动。

律问题。健康专业人员可能会发现这名学生面临教育问题、青少年司法问题，或其家庭可能遇到住房问题、移民问题。

然后诊所工作人员会将这些事务移交给贝。

就诊的学生源源不断，他们通常因其在校行为就诊，这些行为导致了逮捕，但其根源是心理创伤。因为移民问题而移交给贝的案子越来越多。贝可以为这些年轻人或他们的家庭提供代理，也可以将案子转给她的同事或其他律师。未满 18 周岁的学生需要得到家长的准许才能全程参与诊断并获得代理。该组织还每 2 周在每所学校举行一次一般法民事诊断会和移民诊断会，家长可以参加。

贝的工作还包括政策方面的系统性工作。她和其他人的倡议使该县青少年司法系统的"缴费坐牢"政策被取消。和加州的其他县及美国其他地区一样，违法的年轻人（实际上是他们的家庭）要为全球定位系统监控设备和其他程序缴费，这些服务通常由私营公司提供，坐牢期间的食宿费也要自理。如果这个家庭没有缴费，就可能要接受民事判决，并扣发工资。除了给犯罪受害者的赔偿金（作为民事诉讼的判决），这家诊所通过努力已使所有其他费用被取消。[6]

美国原住民健康中心的工作范围也与此类似。阿拉梅达县有着美国最多的城市原住民人口，中心在东湾有 9 个校内健康中心。他们接纳所有来此就诊的人，但重点关注年轻的原住民，这使他们开始了解原住民的文化传统。阿兹里·罗德里格斯（Atziri Rodriguez）告诉了我关于联合委员会项目的事情，这个项目在 3 个地点为拉美裔年轻男子和男孩举办类似成年礼的仪式，侧重于文化疗愈、领导力培养，以及预防酒精与药物滥用、未成年生育和暴力行为。诺瓦·威尔逊（Nova Wilson）描述了一个学生健康导航员项目，该项目能促进充分知情而健康的决策，并教育学生了解可用的服务。学生导航员每学期获得 200 美元的报酬，他们学习诊所的运营、未成年人同意法、避孕技术、朋辈心理咨询和压力管理。最终的益处是将年轻人与健康领域的就业市场对接。

普里提·拉古（Preethi Raghu）和迪莉娅·萨拉戈萨（Delia Zaragoza）描述了蒂武西奥·瓦斯克斯健康中心与学校诊所联合提供的综合行为健康服务。他们雇用了同龄人守护者，被雇用者会获得少量津贴和推荐信。他们时常将多元化的群体集中在一起以触达学校里不同的人群。同龄人守护者关注社会正义，他们与相关专业的同事一起，推动学生参与校内和更广大的社区中的热点时事讨论，并在所有九年级学生中开展避孕教育。不管什么时候，都有 60 名同龄人守护者和 1 500 名学生参加。学校诊所还为家长开设了讨论小组，讨论的话题包括大学升学、发现毒品和酒精问题以及治安和法律相关问题。

信任诊所于 2015 年开业，填补了奥克兰市区的服务缺口，为无法享受其他卫生保健中心服务的身体残疾和/或无家可归、接受（由州政府出资的）一般性援助的成年人提供身体健康和行为保健服务。在它的客户中，70% 为男性，70% 为非裔美国人。这家诊所旨在帮助健康产出[①]低的人，对于医疗系统来说，这些人是昂贵的负担。它提供高水平的支持：每 15～20 名受益人就配备 1 名病例管理人员。这一群体有特殊的需要，要求集中而有针对性的护理。通过将资金投向主动服务而不是被动服务，这类诊所的投资会产生更好的结果，花费也会更少。目标人群可以不经预约直接就诊或打电话预约。它意味着容易接近、大门敞开。

这家诊所的特别之处在于它对心理创伤的重视。为了优先帮助

---

① 健康产出指疾病干预手段对患者的影响，主要包括临床产出（临床指标的变化）和人文产出（患者主观感受的变化，主要指健康相关的生命质量）。

238　经历过心理创伤而被诊断为双相情感障碍和精神分裂症的人，它设有行为保健服务。服务设施非常人性化，全天供应食物、咖啡、茶和水，人们可以在休息厅读书、玩棋类游戏和打牌，想坐多久就坐多久。这里有淋浴房，需要的人可以使用。

县房屋管理处就在楼上，这家诊所还帮助人们申请补充保障收入福利。它可以将客户转给该县 60 多个诊所网点中的任意一个，它们可能会提供信任诊所没有的特定服务。人们有需要时，它还会为他们和县劳动力发展系统牵线搭桥。

信任诊所的选址并非偶然。拐角处就是哈里森酒店，它就像罗赞·哈格蒂改造的纽约市的酒店一样，现在是可容纳 80 人的支持性住房。居住在那里的人必须无家可归或身有残疾，住户需要缴纳收入的三分之一作为房租。他们通常都有物质滥用、精神健康、使人虚弱的慢性常见身体疾病或长期病痛等问题。居住在这座房子里的人并非都已戒毒戒酒：即使仍在为物质滥用而挣扎的人也可以搬进来。

总体目标是在这座房子里营造一个健康的环境。该市为一家恢复性司法组织提供资助，其工作人员为哈里森酒店联系上了开设社会福利项目的当地大学及一家艺术学院。此举的一个成果便是房屋住户们在墙上画出了一幅五彩斑斓的壁画，描绘了社区的景象。来自社会工作学院的实习生开设了关于精神疾病及其应对方法的课程，他们举行了联谊会，让住户们进行互动，并发起了午餐学习项目。

239　住户玛丽·安（Mary Ann）直言不讳地说，哈里森酒店太糟糕了，她压根就不想待在这里。[7]她说，这个地方是为失败者建的，这里的居民不应该全都是曾经无家可归的人。她不相信任何人，她认为这可能源于她小时候受到猥亵的经历。

另一位住户戴夫说，他眼下很难过，因为他的侄女试图自杀。[8]他在提到这群居民时说，虽然有些人经过一番挣扎会振作起来、出去工作并带着微笑回来，但也有些人最终会死在这里。还有一些人会找到工作，赚到足够的钱，然后搬出去。不过赚到足够的钱搬出去变得越来越难。奥克兰正在士绅化，房租在前一年上涨了 40%，通常占到个人收入的 70%。

戴夫告诉我，他有过艰难的时候，但他会阅读心灵方面的书籍。他过了 9 年无家可归的日子，住在桥下面，衣服被人偷走过。在哈里森酒店，他有电、暖气、水和指导老师。总而言之，他说，他很幸运能住在这里。他每周见一次指导老师，他知道外面有人比他生活得更差，因此他心存感激。

戴夫接着说，也许他应该停止埋怨自己，试着出去做点事情。他说，不利之处是，这个系统会使你回到你尽力逃离的地方。如果你赚的钱太多，可能会影响到你在这里的居住资格，而你可能又付不起外面的房租。你只能半工半读，得不到助学金（这表明他曾经坐过牢）。他的上一份全职工作还是在 2005 年。他说，雇主们不用他，因为他太老了。

不过他说，人都是有韧性的，他们确实能够生存下来。他记得自己遇见过一个女人，她遭到过数次枪击，在县陈尸所附近的街道上住了 10 年。她于 2009 年来到哈里森酒店，当时深陷毒瘾，但她扭转了困局，已在自己的公寓里独立生活了 6 年。她常说："我每天都尽力与上帝同行。"她还会谈起她的父亲。戴夫总结道，尽管困难重重，人们还是会拥抱生活。也许不用说人们也明白，信任诊所和哈里森酒店使人们远离了监狱。

亚洲健康服务组织社区健康中心的一个分支"定点"组织是奥克兰市区的一个青年中心，与"女王宫"毗邻，后者是一个安全空间，旨在保障东南亚年轻女性群体的权利，尤其是保护面临地下性交易危险或从事地下性交易的女性。

金伯莉·常（Kimberly Chang）是亚洲健康服务组织的家庭医生，关注青少年和人口贩卖问题。她在周三晚上经营青少年诊所。她和她的同事们开始注意到，奥克兰有许多站街的年轻女性，这是商业性剥削的体现。一个特别的事件促使她开始倡导政策变革：一名发着高烧并伴有其他严重症状的年轻女子（未成年）来到她的青少年诊所，但由于之前的医疗经历拒绝去医院。常最终了解到，这名年轻女子曾因为流产而入院治疗，办理住院手续时，不知何故泄露了一张法院逮捕令，显示她在受到拉客指控时没有出庭。出院后，她被送去坐牢，身为性贩卖的受害者却被定罪。

241　常和其他人继续推进奥克兰的工作，为面临地下性交易危险或从事地下性交易的女性提供服务。与此同时，常参与了改进阿拉梅达县和全国政策的尝试，并努力使其他健康中心加入照顾性交易受害者的行动。她和同事们一起建立了一个医疗专业人员网络，围绕这一问题组织起来。他们也开发了针对性贩卖的筛查工具，并负责教授医疗保健专业人员识别其征兆和临床指标。他们还更进一步，发布了关于社区健康中心在阻止人口贩卖中的作用的研究报告。

一直以来，"女王宫"的工作人员致力于解决导致性贩卖的根源性问题。项目经理恩考伊·拉布·杨（Nkauj Lab Yang）说，律师、精神健康服务提供者已经和医生一起参与进来，但人们没有考虑如何解决社会上的决定性问题，即将年轻女性推向或拉到性剥削中的力量。许多人来自战乱频仍的地带。她们的父母是难民，不得不想方设法生存下去。他们常常工作很长时间，他们的孩子作为美国人长大，这一过程中，家长在家中是缺席的。有些女孩和年轻女性在不健康的场所寻找爱情，她们发现，除了虚假的爱，似乎还找到了很容易就能赚到 100 美元的方法。

"女王宫"提供了空间，以积极的方式赋予年轻女性力量，教她们如何认清性剥削，如何掌握她们的生殖健康状况，以及如何展望未来、怀抱梦想。为了解决女孩们与长辈缺乏情感联结的问题，该组织开发了一个把烹饪和讲述相结合的项目，由女性长辈给年轻女性做饭，并讲述她们成为难民和重新定居的故事。这些食物和故事将女孩和年轻女性与她们的身份、历史、文化连接起来。这也在那些感到与社会失去联系的长辈身上产生了治愈作用。"女王宫"通过一个案例管理项目继续维护这种代际关系，并在很大程度上通过参与过该项目的女性向他人推荐这个项目来保持其延续性。

迈克·陈（Mike Tran）谈起了定点组织的成立及其面向男孩与年轻男性的项目。该中心首先对 500 名年轻人进行了调查，受访者说他们需要工作和可以一站式获取各种资源的地方。位于唐人街的定点组织应运而生。帮派是一个棘手的问题，但涉及面更广的问题是如何让年轻人找到一个自我发现的空间。

定点组织的项目始于与成员建立联系，使年轻人摆脱他们的这种恐惧——如果敞开心扉，自己的脆弱就会被人利用。针对暴力的项目雇用的是那些加入过帮派、有过暴力行为但现已成为社区积极力量的人，包括建筑工人、学校保安、副校长和理发师，比如理发师麦克·谢尔顿（Mac Sheldon）就当过毒贩和皮条客。另一个项目通过教授年轻男性营养学知识和烹饪技能来解决暴力问题。该项目的负责人名叫海沃，他在农场工作，是个有天分的厨师。他主持了一系列工作坊，每节课都会做一顿饭并讲解知识。他教做营养改良版的越南菜，训练班结束的时候会举办一次社区螃蟹宴。这些年轻男子中很多人从未见过螃蟹，更不用说吃过螃蟹了，他们负责为小组做准备并进行烹饪。

　　在被居民称为"杀戮场"的东奥克兰社区，定点组织为减少暴力做出了极其重要的尝试。

洛杉矶：青年政策研究所

　　青年政策研究所的执行理事狄克逊·斯林格兰（Dixon Slingerland）于 1996 年来到洛杉矶，此前他在华盛顿特区为罗伯特·F.肯尼迪最好的朋友戴维·哈克特（David Hackett）工作。在 20 多年的时间里，他取得了令人瞩目的成就。

　　这个研究所现在已成为奥巴马总统的应许社区的一部分，它的服务对象是家庭，尤其是其中的年轻人。恩西索一家就是它这些年来成功为数千个家庭服务的例证。这个家庭在 20 世纪 90 年代移民美国，经济状况良好，父亲朱利安是一名机械师。但随后他们遭遇了难以承受的悲剧——13 岁的女儿患病去世。她的两个弟弟，当时一个 10 岁，一个 6 岁，受到的打击尤其沉重，几乎完全失去了积极做事的动力。这种意志消沉、缺乏目标的状态持续了很长时间，直到他们的母亲西尔维娅说服他们参加青年政策研究所开设的项目。

　　小朱利安报名参加了该研究所的"做好准备"项目，这一联邦项目是对初中和高中课堂的补充。这个项目改变了小朱利安，如今他已 20 岁出头，上了大学，和他的父亲一起工作，还有了一个孩子。发生在他的弟弟路易斯身上的变化更为显著。路易斯完成九年级学业的时候成绩是 D，但在接下来的一年，研究所的一名工作人员注意到他的艺术才能，让他参与了他所在学校的一幅壁画的绘制工作。这使路易斯信心倍增，他成了一名模范生，被选入学生会办公室，还为九年级学生设立了一个辅导项目。现在他已从高中毕业，正在大学里学习计算机科学。

诺埃米·瓦尔德斯（Noemi Valdez）一直很聪明，但在她9岁时一家人离开了墨西哥，她陷入了困境。高中时她的成绩很好，但不清楚自己实际上能够做什么。青年政策研究所的大学特使项目和大学现金资助项目打开了通往最好大学之门，她最终去了哈佛大学，并获得了全额奖学金。诺埃米是家中第一个上大学的人，她的目标是有一天自己能在大学里任教。

安东尼·沙瓦里亚（Anthony Chavarria）在少管所待了4年，从学校退了学，20岁的时候无家可归。他的人生被研究所的青年中心改变了，在那里他得到了帮助，取得了普通教育发展证书，制作了简历，获得了工作面试机会。2015年，他获得了在加州大学洛杉矶分校医学中心工作的机会，晚上还在大学学习音乐技术。[9]

从更宏观的方面来讲，该研究所附属学校的标准化考试分数一直在稳步上升。例如，2016年夏末，好莱坞STEM①学院的英语语言艺术测试分数提高了38%，熟练程度达到了81%，在该学区所有中学中排名第六，而它的学生中有98%吃饭要靠免费或减价午餐福利。在2015—2016学年，18所应许社区学校中有16所考试成绩提高了。

245

该研究所还在校外开办了家庭中心，提供就业培训项目。除了直接管理洛杉矶联合学区的2所学校以外，它已开设3所特许学校。研究所现在有将近1600名雇员，其中超过300人为全职雇员，每年总预算将近5000万美元。它拥有137个项目点，每年为超过11.5万名儿童和成年人提供服务。

斯林格兰长期以来一直奉行以地点为基础的渗透策略，明白只

---

① STEM，科学（Science）、技术（Technology）、工程（Engineering）、数学（Mathematics）四门学科英文首字母的缩写。

有同时解决教育、健康和就业问题，才有可能取得成功。其工作的关键是以儿童为中心，嵌套在以家庭为中心的框架中。

"没有什么灵丹妙药。"他说，"你必须全都做到，还要做好，与学校和其他地方的合作伙伴一起做这件事，做好跟进工作，并综合衡量儿童和家庭的发展成果。这非常复杂。我们不得不在人际关系上花费很多时间。"他说，该研究所只在必要的情况下直接经营学校；他们和 100 多所学校合作，在每所学校配备至少 5 名工作人员。高中里配备的是提供全方位服务的社区学校协调员、家庭支持人员、辅导员（课前、课后、暑期）和大学择校与职业规划导师，还有针对具体学科的指导老师。他们提供学区不能提供的资源，并协助每位校长开展重点工作。

斯林格兰还热衷于结构性变革，总是在思考大事并大刀阔斧地付诸行动。2015 年，他和非营利世界的其他人为 2016 年的一项州投票表决奔走呼吁，如果提案通过，每年会为一众项目带来总计 77 亿美元的资金，从而改善儿童贫困，项目包括产前护理、上门授课、儿童保育、所有低收入家庭三四岁儿童的全日制学前教育、更大力度的州所得税抵免和职业培训等。该州计划向所有不动产的评估价值在 300 万～500 万美元的部分收 1% 的附加费来提供这笔资金。2016 年 3 月，各方力量说服发起人当年不要提出这一提案。他们无疑会卷土重来。现在的计划是在 2018 年进行投票表决。

继 续 前 进

新的贫困犯罪化是一场灾难。它使许多人卷入其中并深受其害，而我们中有太多人直到弗格森事件之后才开始明白发生了什么。可悲的是，我们目前缺乏以国家行动来修正这些问题的决心，唐纳德·特朗普当选总统使情况进一步恶化。新的方向和变革要求一种与现在不同的政治，为了实现这一目标，我们需要掀起新一波的组织浪潮，同时承诺在政府行动之外为了共同利益在社区中采取个人和集体行动。令人鼓舞的是，有许多人和组织正在奋起反击，远远不止这里重点提及的几位杰出人士。如果我们要改良政治，我们必须从底层做起，自下而上开展行动。

撇开国家政治不谈，一些州和地方层面的运动已取得一些成功，至少引起了人们的注意。迄今为止，虽然红州也有一些成功的案例，但成功主要集中在蓝州，这种成功的模式反映出几十年来这个国家在一面旗帜下正日益分裂为两个国度。

在我们这个富裕国家解决贫困问题的探索过程中，为提高最低工资而进行的公开而成功的斗争给我们带来了希望。2014 年，快餐行业工作者在 190 个城市举行了罢工，同年，沃尔玛员工举行了零售业自 20 世纪 30 年代以来的首次静坐罢工。2015 年 4 月，快餐行业、家庭保健行业、酒店客房管理行业、机场和连锁零售商店的低收入工作者在 500 个城市举行罢工。[10]走上街头的人们成功推动了公投和立法，数百万人因此受益，收入翻番，这比半个世纪以来的任何一项立法都更有助于减少贫困。尽管特朗普在 2016 年秋季以微弱优势在全国取得了胜利，但我坚信，为提高州和地方层面最低工资而进行的有效组织和民众支持仍将继续取得成功。

解除大规模监禁运动的呼声也越来越高。迄今为止，主要在加州、纽约市以及一些小州能够看到运动的具体成果。然而，不管遵循不同政治路线的人是否认为大规模监禁不合情理，他们都认识到，我们现有的惩罚制度浪费的金额之巨是无法容忍的。特朗普任内的司法部无疑会对此进行反击，但刑事司法程序主要在州和地方层面运行，我们看到越来越多的法官、律师、民选官员和学者在呼

248　呼改革，全国各地的相关诉讼都在快速增加。最重要的是，加州的《第 47 号提案》在大众的广泛参与方面起到了引领作用，这对加快前进步伐至关重要。

各个种族多达数百万的民众为非裔美国人遭到的极度不公正的杀害而感到震惊，从而引发了"黑人的命也是命"这一极其重要的运动。鉴于 2016 年大选结果，这一运动的组织工作将更多地转向实现具体政策的制定。这项工作必须继续下去，不断发展。

能否成功阻止贫困犯罪化趋势取决于我们的国家对贫困和种族的态度能否改变。贫困犯罪化建立在种族主义和普遍厌恶低收入人群的基础之上。为提高工资和解除大规模监禁组织起来对消除贫困犯罪化有直接效果，我们可以期待这些运动持续发展，但我们需要做得更好。

现有力量主要将在积极响应的州引发变革。希望和进步的曙光是好的，但当涉及更为深远的结果时，还没有足够的势能来正面迎击贫困或种族问题。或许这样一本书有助于更多地揭示犯罪化在何种程度上引发和延续了贫困与对有色人种的长期歧视，因而会从各种意义上为正义斗争的大厦添砖加瓦。

2017 年，我们看到了最重要的运动正在觉醒。这场关键的运动旨在击溃颠覆我们国家治理方式的势力。如果整座大厦已摇摇欲

249　坠，为正义斗争添砖加瓦也就毫无意义。2016 年，对自己的投票权，数百万美国人等闲视之，任由我们的国家落入那些只顾自身利益、断然反对（经济和种族）正义的人手中，而我们中的许多人曾为此奋斗了如此长的时间。我们会重新回到这条路上。如果我们每个相信正义的人都站出来，竭尽全力地扭转我们曾听之任之的事情，我们会更快做到这一点。这是我们必须做的事情。这就是我们现在亟待开展的头等重要的运动。

后　记

自从本书在 2017 年秋季首次出版以来，全国对贫困犯罪化的认
识已有所深化，更多的倡议人、立法委员和其他政府官员、司法领
导者及记者就这些问题展开工作，取得了显著的成果。

也许最大的成就就是在全国范围内开展的金钱保释改革。这一
成功并非出于偶然，而是通过所有参与者的协同努力实现的。记者
和倡议人反复述说这个故事，直到最终引发人们的共鸣。竞选连任
的官员必须对其予以关注，而参选者也必须优先考虑金钱保释改
革。律师们提起诉讼，并取得了胜利。立法委员开始立法。他们的
共同努力所产生的结果远远超过任何行动者单打独斗取得的成就。

最重要的成功案例出现在得克萨斯州哈里斯县（休斯敦）和加
利福尼亚州。随着 2017 年在哈里斯县首次胜诉，被指控犯有轻罪但
因为缺乏保释金而留在狱中的人开始被成批释放，根本不需要进行
保释。法律专业人士起了引领作用，其中包括亚历克·卡拉卡特萨
尼斯及民权团体、得州公平辩护项目组、萨斯曼·戈弗雷律师事务
所、联邦法官李·H.罗森塔尔和第五巡回上诉法院的法官们。罗森
塔尔法官这份强有力的判决意见书长达 192 页，包含了一些令人震
惊的报告，表明每个人的听证会通常只持续 1～2 分钟，在采用保释

的近 5.1 万起案件中，只有 4 人的保释金低于 500 美元。这些事实以及其他事实使她判定，该县有关保释的做法违宪，截至 2018 年 7 月，她的判决已使该县在一年内有大约 1.3 万人免于因等候保释而受到羁押。尽管如此，在 2018 年秋季，第五巡回上诉法院的法官们仍有可能推翻这一胜利。

然而，最近，政治进入博弈，产生了巨大的影响。2018 年，哈里斯县选举产生了 17 名非裔女性法官。这次选举受到广泛关注，为改革保释金制度关键性的最终诉讼打开了大门。新法官在驳回旨在推翻金钱保释禁令的上诉中发挥了不可或缺的作用，并开始为达成和解方案进行努力。这催生了 2019 年年初的一项协议，允许 85％ 的轻罪被告在被捕后按无现金保释程序立即获释。法院会依规为其余的人及时安排听证，届时法官会考虑在限制最少的非货币条件下释放他们。政治维度将事情带到了球门柱，休斯敦的改革现在几乎到了端区①，这可能最终意味着，每年在审前释放将近 2 万名被捕者，而就在两年前，这些人都会遭到羁押。

加州的斗争已变得更为复杂，故事仍在展开。民权团体和旧金山公共辩护律师在州法院提交了人身保护请愿书，法院随后裁定该州的整个金钱保释制度违反宪法，故事由此开始。

然而，这一次，政治使道路更为崎岖。州议会匆匆颁布了一项新法，但结果暴露出政治上相互勾连的法官和地区检察官的不端行为。虽然新法删除了将现金支付作为释放条件的规定，激怒了营利性保释担保行业，但它也赋予法官很大程度的自由裁量权，使他们可以羁押更多的被捕者，它还允许检察官在新法规定可以进行无担

---

① 端区，橄榄球用语，又称"达阵区"，球员如到达对方这个区域，极有希望得分，在此比喻改革接近成功。

保羁押的大量案件中延迟举行保释听证会长达两周。公民自由的支持者担心，这种程度的自由裁量权会在实际上导致少数族裔和低收入被告的审前羁押人数比以前更多。美国公民自由联盟谴责这一法案是一种背叛并表示反对。尽管如此，杰里·布朗州长还是于2018年8月签署了这一法案。

保释担保人和出贷保释金的保险公司几乎立即带头努力推动全民公投，以图在2020年就撤销这一法律。他们从保释代理企业和拥有保释担保公司的私募基金公司筹集了300万美元，其中最大的一家是名为奋进资本的俄勒冈公司，出资约80万美元。这项名为"加州人反对不计后果的保释项目"的倡议获得了近60万人的签名，从而进入投票表决。这是一桩大生意，全州共有3 200名保释担保人和7 000名相关雇员。

改革势头依然强劲，但加州的故事表明，反对意见并没有消失，甚至法律上的胜利也不能确保这个系统不会以不同的形式复制同样的不公。

罚款、收费的相关改革与金钱保释改革不同。罚款和收费问题在各州更为分散，需要采取不同的策略。州立法和法院规定当然可以在整体上实现，但许多工作涉及个别地区，尤其是农村地区。

罚款和收费司法中心的出现在这一领域受到欢迎。其创始人莉萨·福斯特（Lisa Foster）和乔安娜·韦斯（Joanna Weiss）是国内备受尊敬的专家。罚款和收费司法中心在佛罗里达州和纽约州两个州如火如荼地开展工作，充当信息传播的全国交流中心和推动更为有效的战略制定的全国改革中心。这是改革之重器，其影响已经显现。

旧金山财务司法项目是当地的瑰宝。它产生于该市财务主管的办公室中，负责鉴别对缓刑服务收费等不可接受的政策，并与法院和法律服务支持者一起制定了针对拖欠法院债务者的支付能力衡量指南。该项目的做法已被广泛仿效。例如，芝加哥开展了罚款、收费和准入协作计划，旨在联合民选官员、学者、倡议人和市政部门就罚款、收费和法院征收问题的改革建言献策。

　　密苏里州的例子既证明了所取得的成就，又说明了还有许多未竟之事。从好的方面来说，拱门城市辩护律师事务所和民权团体于2016年对詹宁斯市提起的诉讼为那些被关入债务人监狱的人争取到了价值475万美元的和解方案，随着该市监狱现在几乎变空，此案成为全国的典范。另一方面，弗格森市刚刚因为其债务人监狱给成千上万人造成损害而受审。事实在5年前就已清楚，但弗格森市将问题一直拖到最近。

　　2018年年末，密苏里州议会采取措施降低罚款和收费，州最高法院首席法官成立了市镇法院工作组，组织撰写了一份140页的报告，建议对程序进行多项改进。埃里克·施密特（Eric Schmitt）在2019年年初被任命为新的州总检察长，任命之初他就直言反对债务人监狱。《圣路易斯邮报》的托尼·梅森杰（Tony Messenger）精力充沛，从2018年秋季到2019年年初就债务人监狱和相关主题撰写了30篇文章。该州公共辩护律师办公室的马修·穆勒（Matthew Mueller）也是一股强大的力量。他专职代理州内的罚款和收费案件。截至2019年年初，他在密苏里州的全部3家上诉法院有6起案件正在审理，代理对象均是因为监狱罚款和相关债务收费而受到错误指控的穷人。

　　这是不错的进步，改变正在发生，但也很艰难。在密苏里州的农村地区，高额罚款和收费只是问题的一部分。"缴费坐牢"或收取食宿费的做法广泛存在，同样泛滥的还有营利性缓刑等。一起正在审理的案件说明了这一点。密苏里州沃伦斯堡的乔治·里奇

（George Richey）每月获得残疾津贴 600 美元。他先是被判缴纳 116.5 美元的诉讼费用，后来又被判缴纳 3 165 美元的"诉讼费用"，后者是他因无力偿还初始债务而被判的 90 天监禁的食宿费。在他拖欠这些费用的时候，他又被罚了 2 275 美元。法官将这笔债务称为"诉讼费用"，性质是刑事债务而非民事债务，要求他每个月为"付款审核日期"亲自出席听证。里奇先生住在邻县，没有驾照。他大多数时候都无法出庭，更无法付款。因此，法官又增加了"诉讼费用"。债务就这样反复叠加。

256

里奇先生的代理律师马修·穆勒认为这笔债务应该是民事债务，不应该每月举行听证并不断增加"诉讼费用"。更糟糕的是，法官没有考虑到里奇先生的支付能力，这是违宪的。尽管城市和郊县的检察官和法官谴责这些做法，但这类故事仍在该州的农村各县重演。

和农村地区的问题难以为人所知相比，吊销驾驶执照问题在全国范围内更为显著。加州在这一领域的违法情况最为严重，一度吊销了 400 万张驾照，但如今颁布了一系列法律，基本上终结了因未支付法庭债务和青少年法庭费用而被吊销驾照的情况。在田纳西州，有超过 25 万低收入者因为未能支付由交通罚单引发的法庭债务而被吊销驾照，为他们发起的诉讼催生了 2018 年秋季的预先禁令，允许这些人申请恢复驾照。联邦法官阿莱塔·特劳杰（Aleta Trauger）撰写了一份 116 页的判决意见书，根据平等保护和正当程序条款认为该法律违宪，这份意见书必定会成为全国的典范。在这一诉讼之后，南方贫困法律中心就吊销驾照问题对亚拉巴马州也提起了诉讼。

弗吉尼亚州也反对以未支付罚款和费用为由吊销驾照。夏洛茨维尔地区检察官宣布，他会停止起诉那些因未支付法庭罚款被吊销驾照而无证驾驶的人。弗吉尼亚州的一位联邦法官发布了预先禁

257

令，命令车辆管理处恢复因未支付罚款和费用而被吊销驾照的 3 名原告的驾照。州长宣布，他会寻求撤销那些要求吊销未支付罚款和费用之人驾照的法律，但他在 2019 年遭到了州议会的断然拒绝。

同样，新当选的波士顿地区检察官雷切尔·罗林斯（Rachael Rollins）已经履行了竞选时的承诺，即停止起诉因未支付罚款和费用被吊销驾照而无证驾驶的个人。密西西比州、缅因州和哥伦比亚特区都已采取措施减少吊销驾照的情况，并在有些情况下恢复了被吊销的驾照。在蒙大拿州、佛罗里达州和阿肯色州，美国公民自由联盟正在筹备新的法案以终结因为法庭债务而吊销驾照的做法。

至于惩罚因受到家暴而报警求助的低收入女性的做法，圣路易斯郊外的梅普尔伍德与萝塞塔·沃森达成了和解。沃森是家庭暴力的幸存者，因为两次拨打"911"而遭到驱逐，后根据地方法令条款被逐出这座城市 6 个月时间。和解协议包括全面修订这一令人震惊的法令。美国公民自由联盟的桑德拉·帕克不仅为沃森提供代理，也与其他人一起在这一令人烦扰的问题上取得了全国性的进展。艾奥瓦州、印第安纳州、伊利诺伊州、明尼苏达州、内华达州、宾夕法尼亚州和加利福尼亚州现在都有法律保护居民不会因拨打"911"而受到惩罚，并防止警察命令房东驱逐房客。

258　　过去两年中，有三个相关领域取得了重要进展。2018 年，佛罗里达州成功发起了一项投票表决，为 100 多万出狱重返社会的人恢复了投票权，民主取得了非凡的成功。同样值得注意的是联邦系统的《第一步法》，这项立法减少了一些刑期，并承诺改善监狱条件，相应地也在一些州促进了新的改革立法。此外，放眼全国，不仅能看到波士顿的罗林斯，还能看到新近当选的一拨地方检察官承诺减少监狱人口、终结金钱保释，以及在对穷人和有色人种产生过高比例消极影响的其他问题上取得改进。自 2017 年拉里·克拉斯纳（Larry

Krasner）高调当选费城地区检察官以来，其他改革派的候选人也成
为达拉斯、芝加哥、堪萨斯城和其他许多城市的地区检察官。

　　虽然这些进展大多产生了积极的结果，但进步并不总是直线
的。反对意见并没有消失，一些取得胜利的人发现自己正在应对新
的攻击。因为这个国家很大，所以即使是重大进展在全国版图上看
起来也只不过是零零散散。

　　因此，尽管人民的力量有所增强，但我们仍需要更多的力量。
我们需要各种发挥不同作用的律师。一流的非营利全职律师需要更
多的资金和更多的合作伙伴组织。公共辩护律师做出了至关重要的
贡献，却人手不足，在一些地方，他们是受制于当地法官的签约律
师。公益律师在重要案件中表现出色，力量需要得到进一步壮大。
国家和地方的立法委员、首席法官和记者已投身于改革工作，他们
需要争取让更多的同行加入。我尤其关注的是，我们需要招募法律
专业的学生，他们的诸多任务之一是帮忙找出不公正的法官、检察
官和治安官，让他们为自己的行为负责，如果他们不改进的话，就
努力让他们下台。

　　最具挑战性的是，尽管参与人员增多，对这些问题人们也有了
更为广泛的了解，但这仍然未能发展成为一场像反对大规模监禁的
斗争那样的全国性运动——具有教育意义，又鼓舞人心。在反对贫
困犯罪化的斗争中，我们需要同样的公众意识和政治行动主义。我
们应该对近年来取得的成就感到高兴，但要让这个国家真正说出
"贫困不是罪"，还有很长的路要走。

致　　谢

261　　　如果没有黛安娜·沃希特尔和新兴出版社的各位杰出人士，就不会有这本书。

这本书本来很简单，后来经过这么多人通过如此多的方式提供帮助，它变得复杂。有在不同阶段阅读了草稿的朋友，有受到不公对待和得到帮助的人，有律师、法官、政府官员、记者、组织者和其他正在进行反击的人，有为受困家庭提供帮助并在建设更为强大的社区的诸多人士，有在我探访全国各地时进行记录的各法学院的学生，还有乔治敦大学法律中心出色的研究助理们。谢谢你们所有人。特别要感谢比尔·特雷纳院长允许我休假一年，这使情况大为不同。

最初的读者包括：戴维·比伦鲍姆、杰夫·希索尔、阿利格拉·麦克劳德、马克·昂尼、马克·格林伯格、戴维·休珀、乔纳·埃德尔曼和贝齐·库恩。

律师和其他倡议人、政府官员和法官、记者和反抗者包括：莎伦·迪特里希、丹尼·恩格尔伯格、阿德里安娜·瓦特、亚历克·卡拉卡特萨尼斯、托马斯·哈维、乔纳森·史密斯、萨拉·杰拉蒂、萨姆·布鲁克、杰克·缪斯、丽贝卡·瓦拉斯、卢克·谢弗、

凯特·沃尔兹、安妮·李、宋志善、乔恩·伍尔、史蒂文·特斯克
法官、吉尔·韦布、迈克·赫勒尔德、罗伯特·赫茨伯格参议员、
洛杉矶县政府督导马克·里德利-托马斯、桑德拉·帕克、努斯拉
特·乔杜里、小迈伦·奥菲尔德、劳伦-布鲁克·艾森、马克·申
德勒、蒂姆·默里、德博拉·福勒、埃莉莎·德拉-皮亚纳、苏珊
娜·卡尔松、史蒂夫·格雷、尼娜·雷沃、罗莎·贝、维姬·图雷
茨基、克里斯·阿尔宾-拉基、雷切尔·西屈雷尔、特雷莎·纳尔
逊、玛丽亚·福斯卡里尼斯、哈利·瑞安、瓦妮莎·埃尔南德斯、
迈克·布里克纳、乔·夏皮罗、凯特·拉布、汉娜·本顿、凯特·
韦斯伯德、卡丽·格拉夫、马伦·赫尔登、马里亚姆·奥克曼、里
克·麦克休、约翰·菲洛、戴维·索科洛、安德烈亚·马什、珍
妮·伊根和玛丽·鲍尔。

社区和家庭建设者包括：史蒂文·道、罗赞·哈格蒂、桑德
拉·塞缪尔斯、狄克逊·斯林格兰、梅根·史密斯、南希·阿德
玛、拉尔夫·西尔伯和他们的所有同事。

我出色的研究助理包括：本·肖、乔舒亚·吉勒曼、奥利维
娅·杰吉安、劳伦·凯莱赫、奥斯汀·戴维森、马德琳·梅、内奥
米·伊瑟尔、格雷格·卡特、朱莉安娜·科泽托、丽贝卡·威廉斯
和雷切尔·史密斯。

在我的实地访问中极好地进行了记录的法学院优秀学生包括：
埃米莉·利卡哈尔、马修·罗洛夫、普丽西拉·安克拉、拉尼特·
帕特勒、安妮·伊斯顿、凯特·阿塞韦多、朱莉娅·沃特豪斯、米
沙·古滕贝格、奥列维亚·博伊金、琳赛·克罗斯代尔、托尼·瓦
达斯、索尼娅·侯塞尼、马克·哈特曼和西比尔·拉詹（我还无比感
谢卡罗琳·弗雷德里克森和她在美国宪法法律与政策协会的同事）。

我要向戴维·尤德尔和梅利莎·路德克致以特别的感谢，他们

时刻留心新的资料。还要感谢埃利卡·埃德尔曼，尤其感谢佐薇·埃德尔曼，她们一直在询问本书的进展。

263　　　最需要感谢的是那些告诉我他们如何受到无力负担的高额罚款、收费和保释金伤害的人，提供帮助的律师以及我在本书最后一部分中描述的那些机构。

索 引

（索引中页码为原书页码，即本书页边码）

青年中心，240，242 - 243

Atlanta, Georgia 佐治亚州亚特兰大市：Clayton County's juvenile court and zero tolerance regime 克莱顿县青少年法庭和"零容忍"制度，131 - 133; fair-chance hiring policies 公平雇佣政策，112

Aufderheide, Dean 迪安·奥夫德海德，66

Abady, Jonathan 乔纳森·阿巴迪，76

Baca, Lee 李·巴卡，70

Baggett, Trent 特伦特·巴格特，9

bail bondsmen 保释担保人，11，47，48 - 49

bail system 保释制度，见 money bail

Bainbridge, Georgia 佐治亚州班布里奇市，xi - xii

Baker, Donelson, Bearman, Caldwell & Berkowitz (law firm) 贝克、多纳尔森、贝尔曼、嘉威尔和伯科威茨律师事务所，31

"ban the box" 禁止询问犯罪记录，112 - 113

Banteay Srei (downtown Oakland) "女王宫"（奥克兰市区），240 - 242

Barrera, Leticia 利蒂西娅·巴雷拉，200 - 201

Bartholow, Jessica 杰茜卡·巴塞洛，150

Bartholow, Russell 罗素·巴塞洛，149 - 150

Bay, Rosa Maria Loya 罗莎·玛丽亚·洛亚·贝，235 - 236

Bearden, Danny 丹尼·比尔登，4 - 5

Bearden v. Georgia（1983）比尔登诉佐治亚州案（1983 年），4 - 6，9，24，30，59 - 60，87 - 88

Bennett, William 威廉·班奈特，122

Benton County, Washington 华盛顿州本顿县，28 - 30

Berg, Steve 史蒂夫·伯格，154

Bernard, Lisa 莉萨·伯纳德，218 - 219

Betancourt, Arianne 阿丽亚娜·贝当古，192

Bharara, Preet 普里特·巴拉拉，77

Black Lives Matter "黑人的命也是命"，248

Blackboard Jungle（film）《黑板丛林》（电影），122

Bland, Sandra 桑德拉·布兰德，10

block grants to states 地区分类财政补贴，93 - 94，98 - 99

Boise, Idaho 爱达荷州博伊西市，153

Booker, Cory 科里·布克，171

Boulder, Colorado 科罗拉多州博尔德县，12 - 13

Brennan Center 布伦南司法中心，17，168

Brickner, Mike 迈克·布里克纳，30

Briggs, Lakisha 拉基沙·布里格斯，135 - 137

Bright, Stephen 斯蒂芬·布赖特，33

"broken windows" policing and law enforcement policies "破窗"执法理论和执法政策，xviii，7 - 9，26，125

参 考 文 献

引言

1　Alicia Bannon, Mitali Nagrecha, and Rebekah Diller, "Criminal Justice Debt: A Barrier to Reentry," Brennan Center for Justice, 2010, 2, 28.

2　Alexes Harris, *A Pound of Flesh* (New York: Russell Sage Foundation, 2016), 51.

3　参见 United States Department of Justice, Civil Rights Division, *The Ferguson Report: Department of Justice Investigation of the Ferguson Police Department* (New York: The New Press, 2015)。

4　Douglas Evans, "The Debt Penalty: Exposing the Financial Barrier to Offender Reintegration," Research and Evaluation Center, John Jay College of Criminal Justice, August 2014, 7; Council of Economic Advisors, "Fines, Fees and Bail," Office of the President, December 2015.

5　参见 Ruth Marcus, "Policing by Fleecing, in Ferguson and Beyond," *Washington Post*, March 6, 2015。

第一章　弗格森无处不在：21 世纪的债务人监狱

1　参见 Mathilde Laisne, Jon Wool, and Christian Henrichson, "Past Due: Examining the Costs and Consequences of Charging for Justice in New Orleans," Vera Institute of Justice, New York, 2017。

2　Jessica Feierman, Naomi Goldstein, Emily Haney-Caron, and Jaymes Fairfax Columbo, "Debtors' Prisons for Kids? The High Cost of Fees in the Juvenile Justice System," Juvenile Law Center, Philadelphia, 2016; Eli Hager, "Your

Child Is Jailed. Then Comes the Bill," *Washington Post*, March 3, 2016.

3 *Bearden v. Georgia*, 461 U.S. 660, 668 (1983).

4 Alicia Bannon, Mitali Nagrecha, and Rebekah Diller, "Criminal Justice Debt: A Barrier to Reentry," Brennan Center for Justice, 2010, 21.

5 同上，第 22 页。

6 *Fuller v. Oregon*, 417 U.S. 40 (1974).

7 "State-by-State Court Fees," part of the special series "Guilty and Charged," National Public Radio, May 19, 2014.

8 Bannon et al., "Criminal Justice Debt," 7.

9 同上，第 12 页。

10 John Pfaff, "A Mockery of Justice for the Poor," *New York Times*, April 30, 2016.

11 United States Department of Justice, Civil Rights Division, *The Ferguson Report: Department of Justice Investigation of the Ferguson Police Department* (New York: The New Press, 2015), 19, 84.

12 Joseph Shapiro, "As Court Fees Rise, Poor Are Paying the Price," *All Things Considered*, National Public Radio, May 19, 2014.

13 Arianna Pickard, "Jail's Revolving Door: Thousands Arrested Every Year for Failure to Pay Court Costs," *Tulsa World*, September 28, 2015.

14 同上。

15 同上。

16 Barbara Hoberock, "Fees to Increase Friday as New Oklahoma Laws Take Effect," *Tulsa World*, July 1, 2016.

17 Casey Smith and Cary Aspinwall, "Jailed for Failure to Pay," *Tulsa World*, November 3, 2013.

18 参见 Douglas A. Blackmon, *Slavery by Another Name* (New York: Anchor Books, 2008), 1-2。在 20 世纪之前，南方人（主要是非裔美国人）如被判犯有"流浪罪"，则罚服苦役，被移交给美国钢铁公司这样的私营公司，置身于难以想象的可怕劳动条件下。这一状况一直持续到 20 世纪。

19 Chris Albin-Lackey, "Profiting from Probation: America's Offender-Funded Probation Industry," Human Rights Watch, New York, 2014, 33.

20 同上，第 3 页。

21 Karen Dolan with Jodi L. Carr, "The Poor Get Prison: The Alarming Spread of the Criminalization of Poverty," Institute for Policy Studies, Washington,

DC，2014，17.

22 Shapiro，"As Court Fees Rise."

23 Albin-Lackey，"Profiting from Probation，" 33.

24 同上，第 36 页。

25 Bannon et al.，"Criminal Justice Debt，" 1，7.

26 同上，第 7 页。

27 同上，第 2 页。

28 参见 Laisne，Wool，and Henrichson，"Past Due"。

29 Class Action Complaint，*Cain v. City of New Orleans*，No. 15 - 4479（E.D. La. Sept. 17，2015）.

30 Joseph Shapiro，"How Driver's License Suspensions Unfairly Target the Poor，" *Morning Edition*，National Public Radio，January 5，2015.

31 Marc Levin and Joanna Weiss，"Suspending Driver's Licenses Creates a Vicious Cycle，" *USA Today*，February 21，2017；Amanda Whiting，"75 Percent of All Suspended Drivers in Virginia Are in a Debtor's Prison Scenario，" *Washingtonian*，July 21，2016.

32 Western Center on Law and Poverty，Lawyers Committee for Civil Rights of the San Francisco Bay Area，East Bay Community Law Center，A New Way of Life，and Legal Services for Prisoners with Children，"Not Just a Ferguson Problem：How Traffic Courts Drive Inequality in California，" 2015，4.

33 Rebekah Diller，"The Hidden Costs of Florida's Criminal Justice Fees，" Brennan Center for Justice，2010，1.

34 Fla. Stat. §322.34（2011）.

35 Mike Riggs，interviewed by Michel Martin，"Reconsidering Driver's License Suspensions as Punishment，" *Tell Me More*，National Public Radio，March 10，2014.

36 Bannon et al，*Criminal Justice Debt: A Barrier to Reentry*.

37 同上。

38 Joseph Shapiro，"Can't Pay Your Fines? Your License Could be Taken，" *National Public Radio*，December 29，2014，http://www.npr.org/2014/12/29/372691960/cant-pay-your-fines-your-license-could-be-taken. 2017 年 1 月，民权团体的亚历克·卡拉卡特萨尼斯等人起诉该州，声称吊销付不起基础罚款之人的驾驶执照的行为违宪。Class Action Complaint，No. 3：2017cv00005（M.D. Tenn.，Jan. 4，2017）.

39 Shapiro, "As Court Fees Rise"; Council of Economic Advisors, "Fines, Fees and Bail," Office of the President, December 2015, 3.

40 Shapiro, "As Court Fees Rise."

41 Douglas Evans, "The Debt Penalty: Exposing the Financial Barrier to Offender Reintegration," Research and Evaluation Center, John Jay College of Criminal Justice, August 2014, 3.

42 American Civil Liberties Union, "In for a Penny: The Rise of America's New Debtors' Prisons," October 2010, 30.

43 Feierman et al., "Debtors' Prison for Kids?"

44 Amy Silverstein, "Dallas Bills a Dead Jail Inmate for an Ambulance Ride," *Dallas Observer*, April 27, 2015.

45 Shaila Dewan and Andrew W. Lehren, "After a Crime, the Price of a Second Chance," *New York Times*, December 12, 2016; Shaila Dewan and Andrew W. Lehren, "Alabama Prosecutor Sets the Penalties and Fills the Coffers," *New York Times*, December 13, 2016.

46 Shapiro, "As Court Fees Rise"; Council of Economic Advisors, "Fines, Fees, and Bail," 10.

47 Steve Mills and Todd Lighty, "State Sues Prisoners to Pay for Their Room, Board," *Chicago Tribune*, November 30, 2015.

第二章 反击：辩护律师及其工作

1 United States Department of Justice, Civil Rights Division, *The Ferguson Report: Department of Justice Investigation of the Ferguson Police Department* (New York: The New Press, 2015).

2 Class Action Complaint, *Fant et al. v. City of Ferguson*, Case No. 4: 15 - cv - 253 (E.D. Mo. Feb. 8, 2015); Class Action Complaint, *Jenkins et al. v. City of Jennings*, Case No. 4: 15 - cv - 00252, (E.D. Mo. Feb. 8, 2015).

3 Campbell Robertson, "Missouri City to Pay $4.7 Million to Settle Suit over Jailing Practices," *New York Times*, July 16, 2016.

4 Consent Decree, *United States v. The City of Ferguson*, Doc. No. 12 - 2, Case No. 4.16 - cv000180 - CDP (E.D. Mc. Mar. 17, 2016). 2016 年 4 月 19 日，凯瑟琳·佩里法官批准了这份和解协议。

5 Clyde Woods, "Les Misérables of New Orleans: Trap Economics and the Asset Stripping Blues, Part 1," *American Quarterly* 61, no. 3 (September

2009)：790.

6 Meghan Ragany, Rose Wilson, and Jon Wool, "Racial Disparity in Marijuana Policing in New Orleans," Vera Institute for Justice, New York, 2016, 6.

7 "A Waiting List for Justice in New Orleans" (editorial), *New York Times*, January 22, 2016.

8 John Simerman, "Orleans Criminal Court Judges Turn Over Documents Detailing Lavish Life-Insurance Benefits," *Times-Picayune*, April 17, 2013.

9 Micah West, "Financial Conflicts of Interest and the Funding of New Orleans's Criminal Courts," *California Law Review* 101, no. 2 (April, 2013)：521 – 552.

10 Campbell Robertson, "Suit Alleges 'Scheme' in Criminal Costs Borne by New Orleans's Poor," *New York Times*, September 17, 2015.

11 同上。

12 Class Action Complaint, *Cain v. City of New Orleans*, No. 15 – 4479 (E.D. La. Sept. 17, 2015).

13 Alexes Harris, Heather Evans, and Katherine Beckett, "Drawing Blood from Stones: Legal Debt and Social Inequality in the Contemporary United States," *American Journal of Sociology* 115, no. 6 (May 2010)：1753 – 1799.

14 American Civil Liberties Union of Washington and Columbia Legal Services, "Modern Day Debtors' Prisons: The Ways Court-Imposed Debts Punish People for Being Poor," February 2014.

15 同上，第 6 页。

16 同上，第 7 页。

17 Complaint for Declaratory and Injunctive Relief, *Fuentes v. Benton County*, 15 - 2 - 02976 - 1 (Wa. Super. Ct. Oct. 7, 2015).

18 高额罚款和收费世界的主要违规者得克萨斯州开始觉醒。首席法官内森·赫克特在其 2017 年关于司法机构状况的发言中指出，此前一年中有 64 万被告因为并不允许监禁的轻罪罚款而坐牢。这是敛财机器最糟糕的方面。这一敛财机器总共处理了 700 万起这样的案件，结果征收了超过 10 亿美元。众议院惩教委员会主席、州议员詹姆斯·怀特补充说："我们这里有宪法问题、费用问题、常识问题和同情心问题。" Sam DeGrave, "Texas Supreme Court Justice, House Corrections Chair Want to End 'Unconstitutional' Practice of Debtors' Prison," Texas Observer, February 23, 2017. 参见 Texas Appleseed and Texas Fair Defense Project, "Pay or Stay: The High Cost of Jailing

Texans for Fines and Fees," February 2017.

19 Chris Albin-Lackey, "Profiting from Probation: America's 'Offender-Funded' Probation Industry," Human Rights Watch, 2014, 18 – 19.

20 同上，第 44 页。

21 同上，第 17 页。

22 Michelle Willard, "Probation Violations Help Fill County Jail," *Murfreesboro Daily News Journal*, October 2, 2015.

23 同上。

24 Class Action Complaint, *Rodriguez v. Providence Community Corrections, Inc.*, No. 3.15 – cv – 01048 (M.D. Tenn., Oct. 1, 2015), 18.

25 Complaint, *Thompson v. Dekalb Cty.*, No. 1: 15 – cv – 00280 (N.D. Ga. Jan. 29, 2015).

26 Settlement Agreement, *Thompson v. Dekalb Cty.*, No. 1: 15 – cv – 00280 (N. D. Ga. March 18, 2015).

27 Class Action Complaint, *Edwards v. Red Hills Cmty. Prob.*, 1: 15 – cv – 67 (M.D. Ga. April 10, 2015).

28 Debra Cassens Weiss, "Court and Probation Company Are Running 'Extortion Racket,' Alabama Judge Says," *ABA Journal*, July 16, 2016.

29 Sarah Stillman, "Get Out of Jail, Inc.," *New Yorker*, June 23, 2014.

30 Amended Complaint, *Cleveland v. City of Montgomery*, 2: 13 – cv – 00732 (M.D. Ala. Nov. 12, 2013).

31 Class Action, *Mitchell v. City of Montgomery*, 2: 14 – cv – 186 (M.D. Ala. May 23, 2014).

32 Lee Romney, "A Frenzied Start for State's Traffic Ticket Amnesty Program," *Los Angeles Times*, November 14, 2015.

33 Marcus Nieto, "Who Pays for Penalty Assessment Programs in California," California Research Bureau, February 2006.

34 同上，第 6、9—10 页。

35 Western Center on Law and Poverty, Lawyers Committee for Civil Rights of the San Francisco Bay Area, East Bay Community Law Center, A New Way of Life, and Legal Services for Prisoners with Children, "Not Just a Ferguson Problem: How Traffic Courts Drive Inequality in California," 2015, 6.

36 Caroline Chen, "California Drives Up Traffic Fines with Fees Earmarked for Projects," Center for Investigative Reporting, September 25, 2013.

37 Darwin BondGraham and Ali Winston，"OPD Still Appears to Be Targeting Blacks," *East Bay Express*，February 4，2015.

38 Western Center on Law and Poverty et al.，"Not Just a Ferguson Problem," 6，12.

39 同上，第 6—7 页。

40 同上，第 16 页。

41 同上，第 17 页。

42 Daniel Denvir，"How a Dragnet Snagged Philly's Poor," *Philadelphia City Paper*，October 16，2014.

43 John Gibeaut，"Get Out of Jail—but Not Free：Courts Scramble to Fill Their Coffers by Billing Ex-Cons," *ABA Journal*，July 1，2012.

44 Suzanne Young，"A Successful Campaign in Philadelphia to Eliminate Unsubstantiated Criminal Debt," *Talk Poverty* (blog)，September 11，2015.

45 Denvir，"How a Dragnet Snagged Philly's Poor."

46 Gibeaut，"Get Out of Jail."

第三章　金钱保释

1 Jennifer Gonnerman，"Before the Law," *New Yorker*，October 6，2014.

2 Ram Subramanian et al.，"Incarceration's Front Door：The Misuse of Jails in America," Vera Institute for Justice，2015，7.

3 同上，第 4—5 页；"Bail Fail：Why the U.S. Should End the Practice of Using Money for Bail," Justice Policy Institute，2012，1，15。

4 "For Better or for Profit：How the Bail Bonding Industry Stands in the Way of Fair and Effective Pretrial Justice," Justice Policy Institute，2012，46.

5 Lorelei Laird，"Court Systems Rethink the Use of Financial Bail，Which Some Say Penalizes the Poor," *ABA Journal*，April 1，2016.

6 Nick Pinto，"The Bail Trap," *New York Times Magazine*，August 16，2015，41.

7 Christopher Mathias，"1，500 Rikers Island Inmates Have Been Behind Bars More than a Year Without Being Convicted," *Huffington Post*，April 14，2015.

8 "What Is Happening at Rikers Island?" (editorial)，*New York Times*，December 15，2014.

9 Pinto，"The Bail Trap," 45.

10 同上，第 42 页。

11 Margaret Talbot, "The Case Against Cash Bail," *New Yorker*, August 25, 2015.

12 同上。

13 同上。

14 Laird, "Court Systems Rethink"; Risk Assessment, Arnold Foundation, "LJAF Research Summary, Developing a National Model for Pretrial," 2013.

15 Shaila Dewan, "Judges Replacing Conjecture with Formula for Bail," *New York Times*, June 28, 2015; Laird, "Court Systems Rethink."

16 Lisa W. Foderaro, "Mercy vs. Risk as New Jersey Cuts Cash Bail," *New York Times*, February 7, 2017.

17 同上。

18 Laird, "Court Systems Rethink."

19 Ovetta Wiggins and Ann E. Marimow, "Maryland High Court Revamps State's Cash-Based Bail System," *Washington Post*, February 8, 2017.

20 Robin Steinberg and David Feige, "The Problem with NYC's Bail Reform," Marshall Project, July 9, 2015.

21 "Ending the American Money Bail System," Equal Justice Under Law, http://equaljusticeunderlaw.org/wp/current-cases/ending-theamerican-money-bail-system.

22 Jonah Owen Lamb, "SF Won't Defend 'Unconstitutional' Bail System in Lawsuit," *San Francisco Examiner*, November 1, 2016.

23 Michael Hardy, "In Fight over Bail's Fairness, a Sheriff Joins the Critics," *New York Times*, March 10, 2017.

24 Eli Rosenberg, "Judge in Houston Strikes Down County's Bail System, Saying It's Unfair to the Poor," *New York Times*, April 30, 2017.

第四章　精神疾病犯罪化

1 Julie K. Brown, "Behind Bars: a Brutal and Unexplained Death," *Miami Herald*, May 17, 2014; Julie K. Brown, "Prisoner: I Cleaned Up Skin of Inmate Scalded in Shower; Human-Rights Groups Call for Federal Intervention," *Miami Herald*, June 25, 2014; also see reporting by Brown in *Miami Herald*, May 17 and June 25, 2014, and May 28, 2015.

2 Eyal Press, "Madness," *New Yorker*, May 2, 2016.

3 Brown, "Behind Bars."

4 Judith Weissman et al., "Serious Psychological Distress Among Adults: United States, 2009 – 2013," Centers for Disease Control and Prevention, 2015, 2 – 3.

5 Brandon Vick, Kristine Jones, and Sophie Mitra, "Poverty and Severe Psychiatric Disorder in the US: Evidence from the Medical Expenditure Panel Survey," *Journal of Mental Health Policy and Economics* 15, no. 2 (2012): 83 – 96.

6 Robin E. McGee and Nancy J. Thompson, "Peer Reviewed: Unemployment and Depression Among Emerging Adults in 12 States, Behavior Risk Factor Surveillance System, 2010," *Preventing Chronic Disease* 12 (2015): 3.

7 KiDeuk Kim, Miriam Becker-Cohen, and Maria Serakos, "The Processing and Treatment of Mentally Ill Individuals in the Criminal System," Urban Institute, 2015, 12.

8 Dean Aufderheide, "Mental Illness in America's Jails and Prisons Toward a Public Safety/Public Health Model," *Health Affairs Blog*, April 1, 2014.

9 Jenny Gold, "Report: Jails House 10 Times More Mentally Ill Than State Hospitals," *Kaiser Health News*, April 8, 2014.

10 E. Fuller Torrey et al., "The Treatment of Persons with Mental Illness in Prisons and Jails," Treatment Advocacy Center, 2014, 101.

11 Aufderheide, "Mental Illness."

12 "Callous and Cruel: Use of Force Against Inmates with Mental Disabilities in US Jails and Prisons," Human Rights Watch, 2015, 3, 11.

13 Ram Subramanian et al., "Incarceration's Front Door: The Misuse of Jails in America," Vera Institute for Justice, 2015, 12.

14 "Callous and Cruel," 20.

15 Matt Ford, "America's Largest Mental Hospital Is a Jail," *Atlantic*, June 8, 2015.

16 Subramanian et al., "Incarceration's Front Door," 12.

17 Ford, "America's Largest Mental Hospital is a Jail."

18 CBS News, October 31, 2014.

19 Stephen Rex Brown, "City Settles for $3.8M in Rikers Island Inmate's Soap-Swallowing Horror," *New York Daily News*, November 17, 2015.

20 Greg Dober, "Corizon Needs a Checkup: Problems with Privatized Correctional Healthcare," *Prison Legal News*, March 15, 2014, 1.

21 Paul Von Zielbauer, "As Health Care in Jails Goes Private, 10 Days Can Be a Death Sentence," *New York Times*, February 27, 2005.

22 Dober, "Corizon Needs a Checkup," 1.

23 Rhonda Swan, "Time for State to Be Done with Corizon Health," *Sun-Sentinel* (Orlando), December 4, 2015.

24 Timothy Williams, "A Psychologist as Warden? Jail and Mental Illness Intersect in Chicago," *New York Times*, July 31, 2015.

25 同上。

26 同上。

27 Lisa Schenker, "New Cook County Clinic Aims to Keep Mentally Ill out of Jail," *Chicago Tribune*, November 1, 2016.

28 "Cook County Jail Population Down About 700 people," *Daily Herald*, January 3, 2017.

29 Eric Peterson, "Preckwinkle Addresses Role of King's Legacy in 2017," *Daily Herald*, January 13, 2017.

30 Class Action Complaint, No. 2016CH13587 (In the Circuit Court of Cook County, Illinois, County Department, Chancery Division, Oct. 14, 2016).

31 Williams, "Psychologist as Warden?"

32 Ian Lovett, "Los Angeles Agrees to Overhaul Jails to Care for Mentally Ill and Curb Abuse," *New York Times*, August 6, 2015.

33 同上。

34 Department of Justice, "Justice Department Reaches Agreement with Los Angeles County to Implement Sweeping Reforms on Mental Health Care and Use of Force Throughout the County Jail System," press release, August 5, 2015.

35 同上。

36 Cindy Chang and Joel Rubin, "After Years of Scandal, L.A. Jails Get Federal Oversight, Sweeping Reforms," *Los Angeles Times*, August 5, 2015.

37 Associated Press, "Former LA County Inmates File Action over Treatment of Mentally Ill Prisoners," CBS Los Angeles, September 28, 2015.

38 Frank Stoltze, "LA Sheriff, US Dept of Justice Announces New Reforms Protecting Mentally Ill in Jails," KPCC, August 5, 2015.

39 Maya Lau, "L.A. County Supervisors Vote to Expand Sheriff's Mental Health Teams," *Los Angeles Times*, January 11, 2017.

40 Devin Browne, "LA County's Plan to Keep Skid Row's Intoxicated out of Jail and the ER," KPCC, January 2, 2017.

41 Maya Lau, "After Scandals, a Group of Civilians Ushers in a New Era of Oversight for the L. A. County Sheriff's Department," *Los Angeles Times*, January 26, 2017.

42 Julie K. Brown, "Prosecutors Find No Wrongdoing in Shower Death at Dade Correctional Mental Health Unit," *Miami Herald*, March 17, 2017.

43 Disability Rights Florida, "Department of Corrections Sued over Inmate Abuse at the Dade Correctional Institution," September 9, 2014.

44 Disability Rights California, "Under Proposed Settlement, Fresno County Prisoners Will No Longer Be Denied Adequate Health Care," May 28, 2015.

45 ACLU of Florida, letter to Attorney General Eric Holder calling for investigation of Florida prisons, June 25, 2014, https://aclufl. org/resources/letter-doj-investigation-fl-prisons.

46 CBS Miami and Associated Press, "US Investigating Florida Prisoner's Death In Scalding Shower," May 20, 2015.

47 "Callous and Cruel," 64.

48 Jennifer Gonnerman, "A Lawsuit to End Abuse at Rikers," *New Yorker*, December 19, 2014.

49 同上。

50 Michael Winerip and Michael Schwirtz, "Rikers: Where Mental Illness Meets Brutality in Jail," *New York Times*, July 14, 2014.

51 Gonnerman, "Lawsuit to End Abuse at Rikers."

52 Jillian Jorgensen, "City and Bharara Reach Settlement in Federal Lawsuit over Rikers Island," *Observer* (New York), June 22, 2015.

53 Preet Bharara, United States Attorney, letter to the Honorable James C. Francis IV, June 22, 2015, https://www.justice.gov/usao-sdny/file/479956/download.

54 Benjamin Weiser, "Deal Is Near on Far-Reaching Reforms at Rikers, Including a Federal Monitor," *New York Times*, June 19, 2015.

55 Bharara letter to Francis.

56 同上。

57 Michael Winerip and Michael Schwirtz, "New York City to End Contract with Rikers Health Care Provider," *New York Times*, June 11, 2015.

58 Michael Schwirtz, "New Officers Add to Hope for Reform at Rikers Island,"

New York Times，December 5，2015.

59 Florence Finkle，"How to Really Fix Rikers," *New York Times*，June 19，2015.

第五章　子女抚养费：贫困父亲犯罪化

1 部分由于贫困家庭临时救助（TANF）骤减和新近的立法，95%的子女抚养费支付给家庭，只有5%的子女抚养费支付给联邦政府和州政府。Office of Child Support Enforcement，Administration for Children and Families，"FY 2015 Preliminary Data Report," DCL‑16‑07，April 16，2016.

2 父亲在监护方家长中大约占20%，有不少父母共享监护权。

3 Flexibility，Efficiency，and Modernization in Child Support Enforcement Programs，81 Fed. Reg. 93492，93493（Dec. 20，2016）.

4 Melissa Boteach and Rebecca Vallas，"3 Facts You Need to Know About the Obama Administration's Proposed Child Support Rules," Center for American Progress，June 18，2015.

5 Frances Robles and Shaila Dewan，"Skip Child Support. Go to Jail. Lose Job. Repeat," *New York Times*，April 19，2015.

6 Tonya L. Brito，"Fathers Behind Bars: Rethinking Child Support Policy Toward Low-Income Noncustodial Fathers and Their Families," *Iowa Journal of Gender，Race and Justice* 15（2012）：634‑59.

7 Elaine Sorensen，Liliana Sousa，and Simone G. Schaner，"Assessing Child Support Arrears in Nine Large States and the Nation," Urban Institute，2007.

8 同上。

9 Robles and Dewan，"Skip Child Support."

10 Mike Brunker，"Unable to Pay Child Support，Poor Parents Land Behind Bars," NBC News，September 12，2011.

11 Robles and Dewan，"Skip Child Support."

12 *Turner v. Rogers*，564 U.S. 431（2011）.

13 Brito，"Fathers Behind Bars," 622‑31.

14 Flexibility，Efficiency，and Modernization in Child Support Enforcement Programs.

15 Project to Avoid Increasing Delinquencies，Office of Child Support Enforcement，Administration for Children and Families，U. S. Department of Health and Human Services，Child Support Fact Sheet Series，Number 4，"Realistic Child

Support Orders for Incarcerated Parents" (2013).

16 同上。

第六章　公共福利犯罪化

1 Kaaryn Gustafson, *Cheating Welfare* (New York: New York University Press, 2012), 668, 708; Karen Dolan with Jodi L. Carr, *The Poor Get Prison: The Alarming Spread of the Criminalization of Poverty* (Washington, DC: Institute for Policy Studies, 2015), 7.

2 Bryan Lowry, "Bill Tightening Restrictions on Welfare Recipients Advances in Kansas," *Wichita Eagle*, April 1, 2015.

3 *The Daily Show with Jon Stewart*, "GOPsters Paradise," April 9, 2015.

4 Ife Floyd, LaDonna Pavetti, and Liz Schott, "TANF Continues to Weaken as a Safety Net," Center on Budget and Policy Priorities, October 27, 2015, 6.

5 Neil Abernathy and Rebecca Smith, "Work Benefits: Ensuring Economic Security in the 21st Century," National Employment Law Project and Roosevelt Institute, January 2017, 14.

6 David Super, *Public Welfare Law* (St. Paul, MN: Foundation Press, 2017), 957.

7 Alexandra Sircta, "How to Build an Economy That Works for All: Support Jobless Workers' Connection to Work and Careers," North Carolina Justice Center, Budget and Tax Center, Oct. 2016.

8 "Media Release: North Carolina's Unemployment Insurance System Offers Too Little for Too Few Workers for Too Short a Period," North Carolina Justice Center, Workers Rights Project, April 7, 2016.

9 Rachel West et al., "Strengthening Unemployment Protections in America," Center for American Progress, 2016, 39.

10 Jason Taylor, "MO Lawmakers Consider Reducing Unemployment Benefits," *Ozarks First*, January 30, 2017.

11 Chris Otts, "Bevin Administration to Pull Workers from 31 Ky. Employment Offices," WRDB, January 11, 2017.

12 Kristin Seefeldt, "We Need to Fix the Social Safety Net, Not Shame Those Who Need It," *PBS NewsHour*, February 2, 2017.

13 Wisconsin Office of the Governor, "Governor Walker Approves Rule Requiring Drug Testing for Unemployment Insurance Recipients," press release, May

4，2016.

14 Juliet M. Brodie, Clare Pastore, Ezra Rosser, and Jeffrey Selbin, *Poverty Law, Policy, and Practice* (Frederick, MD: Wolters Kluwer Law & Business, 2014), 561 – 62.

15 Ryan Felton, "Criminalizing the Unemployed," *Detroit Metro Times*, July 1, 2015.

16 H. Luke Shaefer and Steve Gray to Gay Gilbert, Administrator, U. S. Department of Labor, memorandum, "Michigan Unemployment Insurance Agency: Unjust Fraud and Multiple Determinations," May 19, 2016, http://democrats. waysandmeans. house. gov/sites/democrats. waysandmeans. house. gov/files/documents/Shaefer-Gray-US DOL-Memo _ 06 – 01 – 2015.pdf.

17 Felton, "Criminalizing the Unemployed."

18 同上。

19 同上。

20 "State Falsely Penalizes Thousands for Unemployment Benefits Fraud. Now Victims Want Their Money Back," Michigan Radio, January 11, 2017.

21 Paul Egan, "Aide Warned Mic. Governor Rick Snyder About Jobless Agency Leadership," *Detroit Free Press*, May 13, 2017.

22 Rebecca Vallas and Sharon Dietrich, "One Strike and You're Out: How We Can Eliminate Barriers to Economic Security and Mobility for People With Criminal Records," Center for American Progress, 2014, 1.

23 Robert H. DeFina and Lance Hannon, "The Impact of Mass Incarceration on Poverty," *Crime and Delinquency* 59, no. 4 (2013): 562 – 86.

24 Marie Gottschalk, *Caught: The Prison State and the Lockdown of American Politics* (Princeton, NJ: Princeton University Press, 2015), 243.

25 Shaila Dewan, "The Collateral Victims of Criminal Justice," *New York Times*, September 6, 2015.

26 同上。

27 John Schmitt and Kris Warner, "Ex-Offenders and the Labor Market," Center for Economic and Policy Research, 2010.

28 有些地方公共住房管理机构特意告诉人权观察组织，他们实际上没有这方面的数据。全美有 4 000 个公共住房管理机构，但许多机构或者没有保存数据，或者虽有数据却没有向全美公布。一项政府调查估计，有 4.9 万人因为犯罪活动未能获得公共住房，有 9 000 人遭到驱逐。但政府没有公布关于第

8 条款规定的租房补贴券福利数据，这种形式的资助占联邦资助住房的一半以上。Human Rights Watch，"No Second Chance: People with Criminal Records Denied Access to Public Housing," November 18，2004，31 - 34；Government Accountability Office，"Drug Offenders: Various Factors May Limit the Impacts of Federal Laws That Provide for Denial of Selected Benefits," GAO - 05 - 238，September 28，2005. 亦参见 Afomeia Tesfai and Kim Gilhuly，*The Long Road Home: Decreasing Barriers to Public Housing for People with Criminal Records*，Human Impact Partners，May 2016。

29 Human Rights Watch，"No Second Chance," 3.

30 禁令涉及的三类犯罪活动为与毒品有关的犯罪活动、暴力犯罪活动和会给他人健康、安全或和平享有房屋的权利造成不利影响的犯罪活动。Marie Claire Tran-Leung，"When Discretion Means Denial," Sargent Shriver National Center on Poverty Law，2015，7 - 9.

31 Human Rights Watch，"No Second Chance," 3.

32 Tran-Leung，"When Discretion Means Denial."

33 同上，第 28—31 页。

34 *Dep't of Hous. v. Rucker*，535 U.S. 125，130 - 31（2002）.

35 Tran-Leung，"When Discretion Means Denial," iii.

36 Mireya Navarro，"Federal Housing Officials Warn Against Blanket Bans of Ex-Offenders," *New York Times*，April 4，2016.

37 *Texas Dep't of Hous. and Cmty. Affairs v. Inclusive Community Project, Inc.*，576 U.S. ＿＿＿，135 S.Ct. 2507（2015）.

38 Society for Human Resource Management，"Background Checking—the Use of Criminal Background Checks in Hiring Decisions," July 19，2012，slide 3.

39 "Data，Analytics & Technology—Data," LexisNexis.com，http://lexisnexis.com/risk/abpit/datasource.aspx.

40 Vallas and Dietrich，"One Strike," 14.

41 Christopher J. Lyons and Becky Pettit，"Compounded Disadvantage: Race, Incarceration and Wage Growth," *Social Problems* 58，no. 2（2011）: 257.

42 Fredrick Kunkle，"Woman Who Killed Man She Says Abused Her Can't Escape Felony Past," *Washington Post*，March 30，2015.

43 Vallas and Dietrich，"One Strike," 12.

44 Half in Ten and Sentencing Project，"Americans with Criminal Records," Poverty and Opportunity Profile，2015，2.

45 Vallas and Dietrich, "One Strike," 22 – 25; Marc Mauer and Virginia McCalmont, "A Lifetime of Punishment," Sentencing Project, 2015, 2.

46 Vallas and Dietrich, "One Strike," 24.

47 同上，第 26—27 页。

48 同上，第 28 页。

49 "Use of Criminal Histories in College Admissions Reconsidered," Center for Community Alternatives, 2010, i.

50 Amy Hirsch et al., "Every Door Closed: Barriers Facing Parents with Criminal Records," Center for Law and Social Policy and Community Legal Services, 2002.

第七章 学校中的贫困、种族和惩戒：直接入狱

1 费城青少年法律中心于 2016 年完成的一份令人震撼的报告显示，除了成年人法庭实行高额罚款和收费以外，所有的州或部分州的青少年法庭也全面实行高额罚款和收费。Jessica Feierman, Naomi Goldstein, Emily Haney-Caron, and Jaymes Fairfax Columbo, "Debtors' Prisons for Kids? The High Cost of Fees in the Juvenile Justice System," Juvenile Law Center, Philadelphia, 2016, 20.

2 Susan Ferriss, "Virginia Tops Nation in Sending Students to Cops, Courts: Where Does Your State Rank?," Center for Public Integrity, April 10, 2015.

3 Emma Brown, "Five Eye-Opening Figures from the U. S. Education Department's Latest Civil Rights Dump," *Washington Post*, June 7, 2016.

4 "The Facts About Dangers of Added Police in Schools," Sentencing Project, January 2013.

5 Monique W. Morris, *Pushout: The Criminalization of Black Girls in Schools* (New York: The New Press, 2016), 76.

6 U.S. Department of Education Office for Civil Rights, "Civil Rights Data Collection: Data Snapshot: School Discipline," March 2014, 7.

7 Kari Dequine Harden, "Dealing with the School-to-Prison-Pipeline," *Louisiana Weekly*, April 27, 2015. 参见 Jason P. Nance, "Students, Police, and the School-to-Prison Pipeline," *Washington University Law Review* 93 (2016): 919。

8 Erik Eckholm, "With Police in Schools, More Children in Court," *New York Times*, April 12, 2013.

9 Morris, *Pushout*, 76.

10 Deborah Fowler, Rebecca Lightsey, Janis Monger, Elica Terrazas, and Lynn

White, "Texas' School-to-Prison Pipeline: Dropout to Incarceration," Texas Appleseed, 2007, 18, 76.

11 同上，第 5 页。

12 Associated Press, "Texas Law Decriminalizes School Truancy," *New York Times*, June 21, 2015.

13 Fowler et al., "Texas' School-to-Prison-Pipeline," 71.

14 同上，第 1、6、67、79—80、88 页。

15 同上，第 8、44、58、119—140 页。

16 同上，第 48 页。

17 同上。

18 Deborah Fowler et al., "Class, Not Court," Texas Appleseed, 2015, ii.

19 Texas Appleseed and Texans Care for Children, "Dangerous Discipline: How Texas Schools Are Relying on Law Enforcement, Courts and Juvenile Probation to Discipline Students," 2016, 4, 58.

20 Donna St. George, "Judge Steve Teske Seeks to Keep Kids with Minor Problems out of Court," *Washington Post*, October 17, 2011.

第八章　无犯罪住房法令和无家可归犯罪化

1 Eric Eckholm, "Victims' Dilemma: 911 Calls Can Bring Eviction," *New York Times*, August 17, 2013.

2 Sandra Park and Michaela Wallin, "Local Nuisance Ordinances: Penalizing the Victim, Undermining Communities?," *Municipal Lawyer Magazine*, May/June 2015, 9.

3 ACLU, "Nancy Markham v. City of Surprise," last modified August 27, 2015, https://www.aclu.org/cases/nancy-markham-v-city-surprise; Settlement, *Markham v. Surprise*, 2: 15 - cv - 0169 (D. Ariz. Sept. 2, 2015).

4 International Crime Free Association, "Crime Free Programs Instructor Workshop," Waco, Texas, October 19 - 21, 2016.

5 Nicole Livanos, "Crime-Free Housing Ordinances: One Call Away from Eviction," *Public Interest Law Reporter* 19 (Spring 2014): 107.

6 Matthew Desmond and Nicole Valdez, "Unpolicing the Urban Poor: Consequences of Third-Party Policing for Inner-City Women," *American Sociological Association* 78, no. 1 (February 2013): 117 - 41.

7 Eckholm, "Victims' Dilemma."

8 Bryce Covert, "When Calling the Police on an Abusive Partner Leads to a Victim Losing Her Home," Think Progress, August 27, 2015.

9 Rachel Swain, *Renting While Black—Antioch Tenants Charge Police with Campaign of Intimidation* (American Civil Liberties Union of Northern California, 2008); *Williams v. City of Antioch*, 2010 WL 3632197 (N.D. Cal. Sept. 2, 2010).

10 *Texas Dep't. of Hous. and Cmty. Affairs v. The Inclusive Community Project, Inc.*, 576 U.S. ＿＿, 135 S. Ct. 2507 (2015).

11 "Housing Not Handcuffs: Ending the Criminalization of Homelessness in U.S. Cities," National Law Center on Homelessness and Poverty, 2016, 9 – 10; "No Safe Place: The Criminalization of Homelessness in U.S. Cities," National Law Center on Homelessness and Poverty, 2015, 6 – 8.

12 "Housing Not Handcuffs," 22, 24, 25.

13 Rebecca Vallas and Sharon Dietrich, "One Strike and You're Out: How We Can Eliminate Barriers to Economic Security and Mobility for People With Criminal Records," Center for American Progress, December 2014, 7.

14 "Housing Not Handcuffs," 19.

15 John Flynn and Matt Kramer, "Sacramento's ＄100, 000 Homeless Man," *Sacramento News and Review*, February 16, 2017.

16 "No Safe Place," 8.

17 "Housing Not Handcuffs," 11.

18 "Picking Up the Pieces: Policing in America," American Civil Liberties Union, 2015, 15.

19 同上。

20 Adam Nagourney, "Aloha, and Welcome, Unless You're Homeless," *New York Times*, June 4, 2016.

21 Justin Jouvenal, "Cities v. the Homeless," *Washington Post*, June 3, 2016.

22 Jennifer Medina, "Los Angeles Puts ＄100 Million into Helping Homeless," *New York Times*, September 23, 2015.

23 Adam Murray, "Preventing Homelessness," *Los Angeles Daily Journal*, October 1, 2015.

24 Adam Murray, "L.A. Has 46, 874 People Who Are Homeless. If We're Not Smart, We'll Have 250, 000 More," *Los Angeles Times*, July 14, 2016.

25 Adam Murray, "From the Executive Director," Inner City Law Center 16th

Annual Awards Luncheon，2016.

26 "Housing Not Handcuffs," 7.

第九章　重视刑事司法改革

1 Melissa Kearney and Benjamin Harris, "Ten Facts About Crime and Incarceration in the United States," Hamilton Project，2014.

2 "We All Benefit from a Clean Slate for Minor Criminal Records," Community Legal Services，Philadelphia，2016，1.

3 "We All Benefit."

4 同上。

5 Richard A. Oppel Jr., "States Trim Penalties and Prison Cells, Even as Sessions Gets Tough," *New York Times*，May 19，2017.

6 Danielle Kaeble et al., "Correctional Populations in the United States in 2014," Department of Justice，Bureau of Justice Statistics，2015，2.

7 Marc Mauer and Nazgol Ghandnoosh, "Fewer Prisoners, Less Crime: A Tale of Three States," Sentencing Project，2015，3.

8 David Segal, "Prison Vendors See Continued Signs of a Captive Market," *New York Times*，August 30，2015.

9 同上。

10 Michele Deitch and Michael Mushlin, "What's Going On in Our Prisons?," *New York Times*，January 4，2016.

11 James Austin et al., "Ending Mass Incarceration: Charting a New Justice Reinvestment," n. d.，20，available at https://www.aclu.org/files/assets/charting _ a _ new _ justice _ reinvestment _ final.pdf; Mauer and Ghandnoosh, "Fewer Prisoners, Less Crime," 1.

12 James Austin, Michael P. Jacobson, and Inimai M. Chettiar, "How New York City Reduced Mass Incarceration: A Model for Change?," Brennan Center for Justice，JFA Institute，and Vera Institute of Justice，January 2013，6 - 7.

13 Austin et al., "Ending Mass Incarceration."

14 Jim Dwyer, "An Obstacle to Progress in Brownsville," *New York Times*，January 13，2016.

15 J. David Goodman, "Council Approves Bills to Divert Minor Offenders from Court System," *New York Times*，May 26，2016.

16 Austin, Jacobson, and Chettiar, "How New York City Reduced Mass

Incarceration," 6; Lauren-Brooke Eisen and Inimai Chettiar, "The Reverse Mass Incarceration Act," Brennan Center for Justice, 2013, 5.

17 Austin, Jacobson, and Chettiar, "How New York City Reduced Mass Incarceration," 7.

18 Eisen and Chettiar, "The Reverse Mass Incarceration Act," 10; S.P. Sullivan, "How N.J. Became a Nationwide Leader in Reducing Prison Population," NJ.com, October 31, 2015.

19 Rob Kuznia, "An Unprecedented Experiment in Mass Forgiveness," *Washington Post*, February 9, 2016.

20 Eisen and Chettiar, "The Reverse Mass Incarceration Act," 6.

21 563 U.S. 493 (2011).

22 Mauer and Ghandnoosh, "Fewer Prisoners, Less Crime."

23 Sasha Abramsky, "How California Voters Got So Smart on Crime," *The Nation*, March 26, 2015; "California's Prison Experiment," editorial, *New York Times*, November 14, 2015.

24 Margaret Dooley-Sammuli, "Changing Gears: California's Shift to Smart Justice," ACLU of California, 2015, 6.

25 同上，第 4 页。

26 同上，第 3、9—11 页。

27 Nell Bernstein, "Prop. 47 Is Changing Criminal Justice. Will It Take Root in U.S.?" *Equal Voice News*, September 29, 2015; Abramsky, "How California Voters Got So Smart on Crime," 10.

28 Bernstein, "Prop. 47 Is Changing Criminal Justice."

29 Ben Poston, "ACLU Faults California Law Enforcement Response to Prop. 47," *Los Angeles Times*, November 10, 2015.

30 "California's Prison Experiment."

31 Frank Stoltze, "Violent Crime Up for Second Straight Year in Los Angeles," KPCC, January 6, 2017.

32 Charis E. Kubrin, Carroll Seron, and Joan Petersilia, "The Crime That Wasn't in California," *Washington Post*, March 18, 2016.

33 Robert Greene, "California's Prop. 47 Revolution: Why Are Police Refusing to Make Misdemeanor Arrests?," *Los Angeles Times*, October 28, 2015.

34 Robert Greene, "California's Prop. 47 Revolution: Do Prosecutors Really Need a 'Felony Hammer' to Deal with Drug Offenders?," *Los Angeles Times*,

October 27, 2015.

35 Cindy Chang, Joel Rubin, and Ben Poston, "Prop. 47's Effect on Jail Time, Drug Rehabilitation Is Mixed So Far," *Los Angeles Times*, February 21, 2015; Cindy Chang, Joel Rubin, and Ben Poston, "Unintended Consequences of Prop. 47 Pose Challenge for Criminal Justice System," *Los Angeles Times*, November 6, 2015.

36 Chang et al, "Prop. 47's Effect on Jail Time, Drug Rehabilitation Is Mixed So Far"; Chang et al, "Unintended Consequences of Prop. 47 Pose Challenge for Criminal Justice System."

37 "LA County Counted on Prop 47 to Save Money. It Hasn't Yet," *Los Angeles Daily News*, November 15, 2016.

38 Brett Kelman and Cheri Carlson, "Nearly 200,000 Felonies Erased by Prop 47, but Some Felons Don't Know," *Desert Sun*, December 14, 2016.

39 Kuznia, "An Unprecedented Experiment in Mass Forgiveness."

40 Associated Press, "California: Brown Seeks Changes in Sentencing Laws," *New York Times*, January 28, 2016.

41 "California's Prison Experiment."

42 Kuznia, "An Unprecedented Experiment in Mass Forgiveness."

43 Kelman and Carlson, "Nearly 200,000 Felonies Erased."

44 Bernstein, "Prop. 47 Is Changing Criminal Justice," 12–13.

第十章　翻看硬币的另一面：我们所了解的终结贫困

1 Myron Orfield, "Metropolitics: A Regional Agenda for Community and Stability," *Forum for Social Economics* 28 (1999): 33–49.

2 Matthew Desmond, *Evicted* (New York: Crown Publishers, 2016).

3 John Eligon, "Minneapolis Grapples with a Community Being Left Behind," *New York Times*, January 11, 2016.

4 Northside Achievement Zone and Boston Consulting Group, "Business Plan FY 2015 – FY 2022," 4, http://northsideachievement.org/wp-content/uploads/NAZ-Business-Plan-11-Web.pdf.

5 "Picking Up the Pieces: Policing in America, a Minneapolis Case Study," Minnesota ACLU, 2015.

6 Jessica Feierman, Naomi Goldstein, Emily Haney-Caron, and Jaymes Fairfax Columbo, "Debtors' Prison for Kids? The High Cost of Fees in the Juvenile

System,” Juvenile Law Center，Philadelphia，2016.

7　为保护受访者隐私使用了化名。

8　戴夫在此不愿意使用他的真实姓名。

9　“2015 Impact Report,” Youth Policy Institute，11 – 12.

10　Annalise Orleck，“The New War on Poverty,” *Talk Poverty*，March 11，2016.

图书在版编目（CIP）数据

贫困不是罪：困在美国司法制度里的穷人 / (美)
彼得·埃德尔曼著；郝静萍译. — 上海：上海教育出
版社，2024.8. — ISBN 978-7-5720-2809-0

Ⅰ . D971.26

中国国家版本馆CIP数据核字第2024FU6767号

NOT A CRIME TO BE POOR: The Criminalization of Poverty in America

© 2017 by Peter Edelman

Afterword © 2019 by Peter Edelman

Published by arrangement with The New Press, New York

上海市版权局著作权合同登记号：图字09-2021-0270号

特约策划　孙三吉

责任编辑　宋书晔

装帧设计　郭振江

Pinkun Bushi Zui: Kun zai Meiguo Sifa Zhidu li de Qiongren

贫困不是罪：困在美国司法制度里的穷人

[美] 彼得·埃德尔曼　著

郝静萍　译

出版发行　上海教育出版社有限公司
官　　网　www.seph.com.cn
地　　址　上海市闵行区号景路159弄C座
邮　　编　201101
印　　刷　上海展强印刷有限公司
开　　本　890×1240　1/32　印张 8.75　插页 2
字　　数　215 千字
版　　次　2024年9月第1版
印　　次　2024年9月第1次印刷
书　　号　ISBN 978-7-5720-2809-0/C·0016
定　　价　68.00 元

如发现质量问题，读者可向本社调换　电话：021-64373213